U0113663

历史可以更好看

唐史并不如烟

帝国斜阳

曲昌春 著

第七部

中国文史出版社
CHINA CULTURAL AND HISTORICAL PRESS

图书在版编目（CIP）数据

唐史并不如烟．第七部，帝国斜阳 / 曲昌春著．——
北京 ：中国文史出版社，2018（2022.8 重印）
ISBN 978-7-5034-9623-3

Ⅰ．①唐… Ⅱ．①曲… Ⅲ．①中国历史－唐代－通俗
读物 Ⅳ．① K242.09

中国版本图书馆 CIP 数据核字 (2022) 第 132657 号

责任编辑：梁玉梅

出版发行：中国文史出版社

社　　址：北京市海淀区西八里庄路 69 号院　　邮编：100142
电　　话：010-81136606　81136602　81136603（发行部）
传　　真：010-81136655
印　　装：北京新华印刷有限公司
经　　销：全国新华书店
开　　本：16 开
印　　张：18.5
字　　数：302 千字
版　　次：2018 年 1 月北京第 1 版
印　　次：2022 年 8 月第 2 次印刷
定　　价：56.00 元

目　录

第一章　戛然而止

柳泌炼丹

元和十五年（820年），原本该是一个平淡的年份，皇帝李纯并没有过于放在心头，不过是又过了一年，又长了一岁而已。

四十三岁，从不惑往知天命的年纪奔跑的途中。

李纯没有想到，这会是他生命中的最后一年，而坑是他在十年前挖下的。

十年前也就是元和五年（810年），宦官张惟出使新罗归来，新罗位于今天的朝鲜半岛，张惟出使新罗走的是海路。

张惟向皇帝李纯转达了新罗国王对大唐皇帝的亲切问候，并邀请大唐皇帝在合适的时候对新罗进行国事访问，皇帝李纯愉快地接受了邀请。

汇报临近结束时，张惟左右张望了一下，李纯会意，屏退了左右。

张惟压低声音："奴才此次出使途中曾偶然登上一个孤岛，在岛上遇到一位鹤发童颜的神仙，神仙对我说，唐朝皇帝是我的朋友，劳烦你出使回去后帮我带一声问候，就说老朋友们很想念他啊。"

张惟将这次"巧遇"说得绘声绘色，李纯听得怦然心动："莫非我的前世真是神仙？"

从这时起，李纯开始对神仙的事好奇起来：神仙的事大约是有的，不然历朝历代皇帝为何都想跟神仙攀上关系；若是根本没有神仙，那历朝历代的皇帝

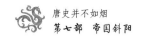
岂不是都错了？

相信神仙这件事，李唐王朝是有传统的，李纯的老祖爷爷太宗李世民是始作俑者。原本以他的身体素质，寿命有可能长过父亲李渊，可惜，征辽东之后，李世民的身体大不如前，在此之后便开始相信有神仙，长期服用天竺和尚的丹药，服啊服，服啊服，效果很显著。享年五十一岁。

具有对比意义的是，李世民的父亲李渊却活了六十九岁。李世民寿命不长有综合原因，但长期服用丹药是其中的主因。

现在李纯也迷恋上丹药，他相信那些神奇的小药丸能让他青春永驻乃至长生不老。

上有所好，下必甚焉。

元和十三年（818年），宗正卿李道古向李纯推荐了一个重要人物——方士柳泌。李道古无利不起早，他想用这个方士为自己的仕途加个保险。过去在地方官任上，他曾有过劣迹，他担心这些劣迹早晚有一天会传到皇帝耳中，那么不如先行一步，早些讨得皇帝欢心，那些劣迹也就不值一提了。

保官心切的李道古，保命心切的李纯，发财心切的柳泌，多么好的铁三角组合。

李纯与柳泌一见面便相逢恨晚，恨不得抱着柳泌大喊一声："你咋才来呢？"

柳泌也不含糊，很快亮出了自己的条件："臣炼制丹药需要多采集灵芝，天台山一带倒是灵芝众多，可惜臣权力有限，不能到天台山随意采摘。"

李纯一笑，区区小事，何足挂齿？

李纯下令，柳泌出任台州刺史，天台山正在台州辖区内，以后柳泌想采多少灵芝就采多少，能及时供上丹药就行。

任命一出，朝内哗然，方士出任台州刺史，这太滑稽了吧！

反对的声浪向李纯一波一波袭来，李纯岿然不动：如果能用一个刺史的任命换来皇帝的延年益寿，有何不可呢？

在反对声的包围中，李纯吃下了柳泌炼制的第一颗丹药。

第二颗。

第三颗。

......

立储难题

丹药在李纯体内四处游走，烦恼却与日俱增。不是说丹药没有作用，而是李纯的心病很重，一般的药治不了。

李纯的心病是储君之位，这块心病困扰了他一生。

初即位时，李纯名下已有数位皇子，长子李宁，次子李恽，三子李恒。三位皇子中，长子李宁的母亲品级为美人，次子李恽的母亲在《旧唐书》中没有记载，按常理推断，品级可能比美人还低，而三子李恒的母亲郭贵妃则让满朝为之侧目，她姓郭，是中兴功臣郭子仪的孙女，《醉打金枝》中男女主角的女儿。

《醉打金枝》的男主角叫郭暧，汾阳王郭子仪的儿子，郭暧迎娶的是唐代宗李豫的女儿升平公主。婚后的一天，郭暧喝醉了酒，回家与升平公主发生了冲突，据说醉酒的郭暧说了这样一句话："别以为你是公主就了不起，你们李家的皇位还是我爹保住的呢，要是我爹想当，还有你们李家的份儿？"

郭暧说的是醉话，发泄的是积攒多日的不满，只是这样的话一出口，后果就是坑爹。

一生谨慎的郭子仪闻讯后迅速行动，先把郭暧痛打一顿，然后将其绑进皇宫，交由唐代宗李豫处置。李豫倒是有大海一般的胸怀，大事化小，小事化了，说了一句："不聋不哑，不做家翁。"意思是说，小两口吵架的事就由他们自己处理好了，咱们当长辈的就装不知道。

一场危机被唐代宗李豫轻描淡写地化解，既显示了皇帝的胸怀，也从侧面印证了郭子仪的地位。如果换作别人，家中发生如此蔑视皇家的举动，后果不敢想象。

《醉打金枝》有后人演绎的成分，但剧中人物的关系却是清晰的。

从人物关系捋下来，郭暧的女儿郭氏按辈分跟李纯的父亲是一辈的，严格论起来，李纯应该称郭氏为表姑。为了亲上加亲，辈分也就顾不上了，李纯在皇族的安排下娶了自己的表姑做正妻。

从日后的表现来看，李纯对这段被安排的婚姻是不满意的，以致他对郭贵妃生的孩子李恒也不满意。

元和元年八月，李纯封郭氏为贵妃，括弧，皇后之位空缺。

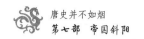
不是李纯不懂礼仪，其实他太懂礼仪，在他心中，他压根儿不想把皇后之位给郭家。郭子仪虽早已作古，但余威尚在，如果皇后之位再给了郭家，那么郭家将来是否会对李唐王朝构成威胁呢？

武则天的武家、韦后的韦家、杨贵妃的杨家，这些对于李唐王朝都是刻骨铭心的伤痛记忆，殷鉴不远啊！

皇帝心中想的永远都是自家安危，李纯也不例外。

从册封郭氏为贵妃起，李纯便生活在自相矛盾之中：后宫没有皇后，郭贵妃便是后宫之首，如果要立太子，那么郭贵妃的儿子理应是第一顺位，可李纯既不想让郭氏当皇后，更不想让郭氏当皇太后，问题变复杂了。

立太子的事拖了下来，一拖就拖到了元和四年。

李纯痛定思痛，在部分大臣的支持下，采用了折中的办法，册封长子李宁为太子。既然后宫没有皇后，那么诸皇子都是庶出皇子，索性立长子。

立储的问题似乎解决了，没想到两年后新的问题又来了。

太子李宁病逝了。

太子之位再度空缺。

立储的话题重启，该立哪位皇子呢？

李纯想照方抓药，但反对的声音越来越大，支持郭贵妃之子李恒的占了大多数。

二皇子李恽，生母出身寒微，三皇子李恒，生母为贵妃，又来自郭家，胜负已经没有太多悬念，即便李纯贵为皇帝，他也不能跟满朝文武对着干。

在人们的印象中，皇帝总是一言九鼎，为所欲为，实则不然。在很多时候，皇帝只是一个天下共主的符号，并不能完全一言九鼎为所欲为，古今中外，能够一言九鼎为所欲为的皇帝有几个？即便有，多数都是暴君。

无奈之下，李纯只能让步，顺应民意册立三子李恒为太子。册封之前，李纯还留了一个心眼，让翰林学士崔群替二皇子李恽写一个让位奏章，让位奏章将证明原本太子之位是李恽的，只是李恽品德高尚，让给了李恒。

李纯想为将来留一个伏笔，可惜伏笔还没有埋，就让崔群给掐了。

翰林学士崔群说："把自己的东西交给别人叫让，三皇子李恒本就是嫡子，二皇子李恽是庶子，哪里是让啊！"

李纯暗暗叹了一口气，他知道自己面前是厚厚的一堵墙。崔群的话不是没有漏洞，他说李恒是嫡子就是漏洞，但崔群的话代表了很多大臣的想法，他们都认为郭贵妃就是事实上的皇后，而李恒就是最尊贵的嫡子。

饶是皇帝，也得尊重礼法："立嫡立长立贤"，谁能绕过规则呢？

元和四年（809年），李纯灵活运用了规则，立了长子李宁，而到元和七年（812年），他再也灵活不起来了，满朝文武都将票投给了郭贵妃之子李恒，面对满朝文武的支持之声，他只能尊重大家的意见，立李恒为太子。

李纯心中充满了委屈，他不想被人操控，更不想自己百年归世后朝政大权落入郭家，可是他又能怎么样呢？

欲把心事付瑶琴，知音少，弦断有谁听？

知音少，但还是有的，打小就在李纯身边的宦官吐突承璀就是其中一个。

吐突承璀，字仁贞，闽（今福建一带）人。吐突是一个有鲜卑血统的姓氏，由于民族的融合和人口迁徙，吐突一脉也散播到全国各地，吐突承璀出生于闽地，那个地方在唐朝是宦官的高产地。顺便说一句，唐朝的宦官多数来自闽地和粤地（今广东一带）。

吐突承璀打小跟李纯一起长大，为人机灵，深得李纯赏识，李纯登基之后，吐突承璀颇得重用，甚至担任过征讨藩镇联军统帅。即便大臣们对重用吐突承璀颇有微词，但李纯依然故我，表面不再过于恩宠，但实际还是将吐突承璀视为第一心腹，让其出任左神策军中尉，手握禁军兵权。

别人不懂李纯的心思，吐突承璀懂。

看李纯一直为储位之事忧心，吐突承璀宽慰道："大家（唐朝近侍称皇帝为大家）不必过于忧心，太子可以立也可以废，最终谁继承大家的皇位，还是大家说了算。"

李纯微微摇头："谈何容易啊？满朝文武都站在郭贵妃那边，即便是朕，也不能无视满朝文武的意见啊。"

吐突承璀眼珠一转："大家放心，奴才会把这件事一直记在心里，一定协助大家把皇位传到最钟意的皇子手中。"

李纯看了吐突承璀一眼："你啊，自小跟在朕身边，朕的心思只有你最懂。"

吐突承璀倒有些不好意思了："全凭大家抬爱，奴才必当鞠躬尽瘁，死而后已。"

李纯略显宽慰地点了点头，朝臣们都说吐突承璀这些宦官不可委以重用，

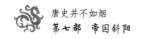

朕怎么就觉得他们值得信任呢?

看来朝臣们的话也不能全听。

李纯正出神,内常侍陈弘志上前奉茶:"大家,请用茶。"

李纯接过茶杯,刚喝一口就吐了出来,茶水居然有些烫。

李纯拿起茶杯向陈弘志砸了过去,发烫的茶水泼了陈弘志一身,陈弘志忍着痛跪了下来,连声求饶:"大家息怒,大家息怒。"

陈弘志已经记不清这是李纯第几次发怒了,近几个月来,李纯喜怒无常,动辄发脾气,甚至已经有几个宦官因为一点小事被处死了,众人在李纯身边大气都不敢出,生怕一不小心脑袋便搬了家。

李纯怒吼道:"狗奴才,茶水冷热都不知道,是不是该割了你的舌头喂狗!"

陈弘志冷汗涟涟,衣服都汗湿了。

吐突承璀上来打个圆场:"大家息怒,龙体要紧,龙体要紧,跟一个奴才生这么大气不值当。"

陈弘志心中暗骂一句,都是奴才,你摆什么谱啊。

李纯冷眼看着陈弘志:"滚!"

陈弘志唯唯诺诺地退下,眼角扫了一下吐突承璀:"狗仗人势的东西!"

常在李纯身边,吐突承璀知道李纯是丹药吃多了,方士柳泌炼制的丹药虽好,但不能多吃,吃多了就会对丹药产生依赖,进而就会掏空身体。吐突承璀不是没有劝过李纯,但李纯就是不听,他坚信世上有神仙,他坚信丹药能够让他延年益寿。

现实的情况是身体每况愈下,大不如前。

东宫内,年轻的太子脸上满是焦虑。

自从父皇患病的消息传出之后,太子李恒就成了热锅上的蚂蚁。虽说已是名正言顺的太子,但不到登基一刻,什么事情都有可能发生,历朝历代的变数史不绝书。

李恒正在等消息,等舅舅郭钊的消息。

一个时辰前,李恒派心腹前往舅舅郭钊家,名义上是送礼物,实际上是向舅舅问计,当此危机时刻,自己该做什么呢?

心腹终于回来了,带回舅舅的一句话:"安心做一个孝子就够了,其他的不用考虑。"

这就是舅舅的妙计?

万一,万一,有人拥立别的皇子怎么办?

李恒焦虑是因为他年轻,舅舅郭钊不焦虑是因为他经历的事太多了。

宦海浮沉多年,郭钊早就摸清了李唐王朝的脉,如今满朝文武都心属太子,皇帝李纯也得顺应这个民意。再者,一直为二皇子李恽摇旗呐喊的也只是吐突承璀少数几个人,应该翻不起什么大浪。

郭钊看似平静,实则还是有所担心,一旦皇帝龙驭上天,吐突承璀突然发难,伪造先帝遗诏,又该如何处置呢?

看来还是得早作打算。

山穷水尽

时间走到了元和十五年正月二十七日,夜幕降临。

吐突承璀服侍李纯睡下,走出李纯居住的中和殿。

中和殿门口,内常侍陈弘志低眉顺眼地站着,吐突承璀走上前关照道:"大家最近龙体欠安,好生照料着点。"

陈弘志点了点头:"中尉大人放心,我等自当尽心尽力,中尉大人早些歇着吧。"

吐突承璀没再看陈弘志,昂首走了出去。

看吐突承璀走远,陈弘志狠狠啐了一口,发狠道:"死到临头了还摆谱,看你不得好死。"

陈弘志转过身来,一向温顺示人的脸上有了少有的凶相,一道寒光从眼睛中闪过,他慢慢地走了进去。

夜半。

吐突承璀被猛烈的敲门声惊醒,恼怒至极:"谁啊,大半夜这么吵?"

"中尉大人,出事了,出大事了!"

吐突承璀披上衣服开了门,叫门的是他的心腹小宦官。

"中尉大人,皇上,皇上,龙驭上天了!"

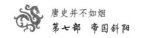
吐突承璀身子晃了一晃："怎么可能？怎么可能？"

"陈弘志他们已经封锁了中和殿，不让任何人出入，夜间在中和殿侍奉的宦官都在传，皇上已经宾天了。"

吐突承璀定了定神，别慌，千万别慌。

"你火速出宫，去把澧王请进宫来。"

打发走心腹，吐突承璀急得在屋里转圈，事发太突然了，居然一点征兆都没有。

吐突承璀的眼前浮现出陈弘志那张看似温顺的脸，肯定是他干的，近几个月受了陛下的责骂，可无论怎么责骂都不应该弑君啊。

事情恐怕没那么简单，陈弘志的背后可能还有人。

吐突承璀急忙去找自己的调兵印信，打开放印信的匣子，里面却是空的。

"啊呀！"吐突承璀顿时坐倒在地。

看来人家早有准备，早把印信偷走了，没有印信，怎么调兵？

"完了，完了，全被人算计了！"

正手足无措间，澧王李恽到了。

吐突承璀连忙上前抓住李恽的手："殿下，快走，快走，奔中和殿，成败就在今晚一搏！"

澧王还是一脸的糊涂，他稀里糊涂地被小宦官叫进宫，现在又被吐突承璀稀里糊涂地拉着奔往中和殿。

吐突承璀心里还打着如意算盘，凭自己在宫中的地位，关键时刻打出先皇遗诏的旗号，或许还能挽回局面。

一行人跑到了中和殿门口，吐突承璀仗着余威呵斥守门宦官，守门宦官不敢接话，眼神直往中和殿里扫。

中和殿里走出一行人，领头的是右军中尉宦官梁守谦。

梁守谦和吐突承璀分任右军中尉和左军中尉，同是李纯倚重的宦官，平日里吐突承璀压梁守谦一头，现在局面不一样了。

梁守谦尖声喝道："吐突承璀，未经传召，你来做什么？"

"梁守谦，你不要忘了我是左军中尉，跟随陛下多年，我见陛下还需要传召吗？"

"吐突承璀，都山穷水尽了还不忘摆谱，平日里你是在我之上，可那又怎样？如今左神策军你还调得动吗？你的中尉印信呢？"

吐突承璀强装硬气："中尉印信自然还在我身上，与你何干！"

梁守谦一伸手，身后宦官递上一枚印信，梁守谦拿在手里晃了两晃："吐突承璀，你看这是什么？"

吐突承璀脸色大变："梁守谦，你这个卑鄙小人，竟然背后捅我刀子！"

"吐突承璀，你的好日子到头了，如今这宫中，可不是你说了算！"

吐突承璀猛然大笑："梁守谦，你想当家做主？还轮不到你！"

吐突承璀往怀中一掏，大喊一声："先皇遗诏在此！"

众人刚欲下跪，梁守谦喝住了："吐突承璀，你这个胆大妄为的东西，陛下正在寝殿里休息，你却说陛下已经驾崩了，你是何居心！莫非你想弑君！给我拿下！"

早有右神策军将士将吐突承璀扭住，澧王李恽看呆了，这一幕幕，到底发生了什么？

梁守谦咄咄逼人地走了上来："澧王殿下，深更半夜，未经陛下传召，你到这里干什么？陛下如果知道了，会怎么看你呢？"

李恽唯唯诺诺："哦，哦，我知错了，我这就回去！"

吐突承璀心中泄了气，这个不成器的皇子，关键时刻一点都挺不起来。

梁守谦走到吐突承璀面前，一把扯下"遗诏"，展开一看，居然是空白的："吐突承璀，你好大的胆子，敢拿空白诏书冒充先帝遗诏，我看你是活得不耐烦了。"

吐突承璀还想辩解，却见中和殿里又走出了一行人，领头的居然是郭贵妃和太子李恒！

吐突承璀瘫软在地，哎，被人抢了先了。

早知道……

郭贵妃站定，威严地说道："陛下龙驭上宾，遗诏着太子李恒于太极殿即位，在此期间右军中尉梁守谦负责宫廷禁卫，任何人等不得冒犯。"

郭贵妃走到吐突承璀面前："吐突承璀，十年来你一直与我母子为敌，直到今天你还想扭转乾坤，你也不思量思量，小小的螳螂能否挡住车轮？"

吐突承璀辩解道："贵妃娘娘，奴才不敢造次，奴才所作所为都是谨遵皇上旨意，奴才从未自作主张！"

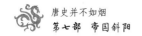
郭贵妃心中一寒,她知道吐突承璀说的是实话,但她不能承认,承认了就等于承认皇帝并不宠爱她,而且不钟意她的儿子。

"放肆!自己胡作非为,还要栽赃给圣上,拉下去!"

梁守谦使个眼色,神策军士兵将吐突承璀押了出去,一队士兵围着澧王李恽不知道该怎么办。

梁守谦大喊一声:"一块押走!"

吐突承璀和澧王李恽并肩走在一起,他们知道等待他们的是什么。

吐突承璀愧疚地流下了热泪:"对不起,澧王殿下,是奴才连累你了。"

"中尉大人不必抱歉,这个结局小王早就想到了。就算今晚不来,恐怕我也活不过明晚,我和太子注定是一个生,另一个必须死!"

手起刀落,冷月无声。

第二章 新旧更替

得偿所愿

中和殿里，只剩下郭贵妃和她的亡夫李纯，曾经的结发夫妻，如今阴阳两隔。

郭贵妃抚摩着李纯的脸颊，泪水不由自主地滑落，一滴一滴落在了李纯的脸上，当初举案齐眉，怎就落到了今天这副田地。

郭贵妃喃喃自语，如泣如诉："陛下，当年臣妾嫁与你看重的是你这个人，而不是你的地位。臣妾诚心待你一辈子，你却像防贼一样防了臣妾一辈子，臣妾将心都捧给了你，为何就换不来你的真心？咱们的孩子恒儿，满朝文武都交口称赞，唯独你对他一直不满意。可他是你和臣妾的亲生骨肉啊，你怎么就那么疏远他呢？"

一抬眼，郭贵妃看到了镜中的自己，年华已然逝去，白发也间或出现，三十年的陪伴让她心累，每天都在跌宕起伏中生活，尤其是最近这一个月。

一个月前，右神策军中尉梁守谦秘密求见郭贵妃。郭贵妃一看来人，心中就明白了七八分，此人早不来晚不来，偏偏在皇帝患病时前来，一切似乎已经很明了。

梁守谦小心翼翼，低眉顺眼："奴才给贵妃娘娘请安，望贵妃娘娘身体安康。"

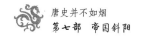
"中尉大人有心了，本宫在此谢过。"

"贵妃娘娘，奴才听说最近吐突承璀暗中有所行动，奴才想提醒娘娘，要早作提防啊。"

"本宫身在深宫，这些事自不当过问，吐突承璀如有图谋不轨，自有圣上过问。"

"看来娘娘还是信不过奴才，奴才此来便是为了告诉贵妃娘娘，奴才愿为娘娘和太子殿下执鞭坠镫，谁要是跟太子殿下过不去，就是跟奴才过不去。"

"哦，如此，本宫便代太子谢过中尉大人了。"

"贵妃娘娘言重了，能为贵妃娘娘效力是奴才的福分。"

"中尉大人，本宫一介女流，不宜过问太多，中尉大人可以自处。本宫这里正好有一件礼物要送给太子舅舅郭钊，有劳中尉大人帮本宫跑一趟。"

梁守谦点头会意，话说到这个份儿上，足够了。

一个月后，便迎来了石破天惊的那一晚，看似偶然，实则必然。

元和十五年闰正月三日，郭贵妃的儿子李恒于太极殿登基即位，为父亲奉上庙号：宪宗。尊母亲郭贵妃为太后，郭贵妃在夫君那里没得到的，在儿子这里彻彻底底地得到了。

于新皇帝李恒而言，多年太子终于熬成皇帝；于老皇帝李纯而言，还有太多太多不舍，还有太多太多的大业没有完成，真想向天再借五百年，即使五百年不成，哪怕有五年也好，再多五年，大唐王朝的命运可能会大不同。

忍字当头

宫城里一处深院，刚刚获封光王的李怡与母妃郑氏相对而坐。

十一岁的李怡看了一眼窗外，低声对母亲："母妃，皇兄此番大肆封王，有何用心？"郑氏轻叹一声："还不是想堵上你们的嘴，让你们都安心做你们的平安王爷。"

"母妃，孩儿这些天一直在想父皇驾崩前后的事情，总觉得事情大有蹊跷。"郑氏脸上一紧，赶紧抬头看窗外，压低声音："这种事岂能乱讲，小心有人大做文章。"

"母妃放心，孩儿事先已经安排侍女在外照应，此刻不会有外人偷听。孩儿思前想后，总是想不明白，即便父皇染病，断不至于这么快就驾崩，莫非有人对父皇……"李怡冲郑氏做了个"杀"的手势。

郑氏连忙制止："怡儿，有些事你心里明白就行了，断不可跟外人提及。娘一直让你对外装傻，娘知道你装得很累，可在这皇宫之内，险恶之地，你必须学会保护自己，不然随时就有生命之虞。你仔细想想，你除了有一个光头的空头衔，还有什么？怡儿，你一定要记住，凡事三思而后行，忍字当先，娘教给你的就只有三个字，忍，忍，忍。"

李怡点点头："孩儿明白母妃的苦心，只是孩儿真的不忍心父皇就这么不明不白地驾崩。依孩儿所见，太后和皇兄恐怕知道驾崩的真相，而且很有可能……"

郑氏摇了摇头："怡儿，你父皇驾崩的真相恐怕朝中一些大臣也能猜得到，只是新皇已经登基，贵妃也成了太后，大局已定了，再说也没有意义了。"

李怡握紧拳头，咬牙发狠："可惜我现在只是一个光杆王爷，他日我若觅得机会，定为父皇讨回公道。"

郑氏看着李怡，眼神中充满了期待和爱怜："怡儿，这件事到此为止，我们心知肚明即可。娘做过太后的侍女，知道她的手段，要在她的眼皮底下生存，需要低调再低调，你一定要忍，忍常人不能忍，你一定要熬，用时间把他们熬垮。"

李怡明白母妃的苦心："母妃，你为什么那么能忍能熬？"

郑氏轻声说道："以前母妃没有跟你讲过，今天就跟你说个实情吧。一开始娘并没有进宫，而是被镇海节度使李锜纳为小妾。有人给娘相过面，说娘面相尊贵，能生下贵人，娘是不信的，但李锜却信。他本属李唐宗室，又当上了镇海节度使，再加上有人说娘尊贵，他就有点想入非非，以区区镇海之地，就想席卷天下。朝廷很快派兵平叛，李锜兵败身死，娘也被罚没入宫。管事的宦官看娘还算机灵，就安排娘去侍奉贵妃娘娘，这一侍奉就是几年。在贵妃娘娘身边，娘学到了很多，也见识了贵妃娘娘的手段，在她面前，必须小心翼翼，不能让她挑出一点儿毛病，不然，后果不堪设想。元和四年，你父皇宠幸了我，十月怀胎后，我就生下了你。为娘还是跟你沾光，才有了个名分，品级也很低，只是个御女。这次又沾你的光，你获封光王，我也成了太妃。怡儿，你

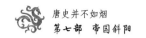
现在明白了吧，这些年来，如果娘不忍不熬，能活到现在吗？"

李怡看到郑氏的眼泪从脸颊滑落，忙不迭拿出手绢为母亲拭泪："母妃放心，孩儿一定谨记母妃教诲。孩儿发誓，一定保护好母妃，一定让母妃将来也能享尽荣华富贵。"

"怡儿，只要你平安就好，其他都不重要。"

诗人元稹

宫城回廊上，几个宫女正聚精会神地看着一本诗集。

"曾经沧海难为水，除却巫山不是云。取次花丛懒回顾，半缘修道半缘君。"

"元稹的诗真是太美了，真想见见他本人长什么样子。"

"哦，是吗？朕也想见见这个元稹！"

宫女们回头一看，皇帝李恒不知何时已经站到她们身后，赶忙下跪："陛下万岁万万岁！"

"起来吧！"李恒如沐春风，一脸笑意，"你们也喜欢元稹的诗？"

"回陛下，奴婢也喜欢元稹的诗，尤其这句，曾经沧海难为水，除却巫山不是云，真是意境优美，耐人回味。"

李恒依旧挂着笑："哦，你一宫女，用词倒是讲究，看来也没少读诗书。"

宫女壮着胆子回道："陛下过誉了，奴婢只是粗通文墨。"

李恒意味深长地看了宫女一眼："哦，不错。"

李恒转身离去，几个宫女手指着回话宫女，一脸调皮的坏笑。

李恒偏头问身边的宦官："朕身为太子时就喜欢元稹的诗，很想见他一面，不知他现在何处？"

宦官回应道："回陛下，元稹现在担任膳部员外郎。"

"哦，如此大才，担任膳部员外郎，岂不是大材小用？"

李恒欣赏元稹的消息很快传递了出去，宦官崔潭峻迅速作出了反应。原来，崔潭峻与元稹是旧相识，早在元和年间，两人就在江陵相识，当时元稹担任江陵士曹，崔潭峻担任监军宦官，由于同是从京城到江陵为官，两人不知不觉就成了至交。现在皇帝欣赏元稹的消息传出，崔潭峻觉得自己该做点什么了。

崔潭峻用心整理了一百余首元稹的诗篇，这些诗或许就是元稹翻身的制胜法宝。

诗篇送到了李恒面前，李恒翻看着诗篇，赞不绝口："果然是不世出的大诗人，妙，确实是妙！"

李恒叫过身边的宦官："传旨，任命元稹为祠部郎中兼知制诰。"

大诗人元稹接到圣旨时已经四十一岁了，此前已经宦游二十年。在这二十年里他先后三次被贬，一贬江陵，二贬通州，三贬同州，经历了宦海浮沉，尝尽了人间冷暖，受尽了宦官的殴打，剪不断的是对亡妻的思念。"曾经沧海难为水，除却巫山不是云"，正是他写给亡妻的最长情告白，生生不息，代代相传，道是风流最痴情，越是长情，越是永久。

突然的升迁改变了元稹的人生际遇，然而，却改变不了高官们对元稹的冷眼，毕竟元稹长期官阶偏低，在高官的眼中，他还是个不入流的角色。

元稹不以为意，活自己的，为自己活，不为别人的眼光活。

这天，文武百官一起到中书省吃西瓜，元稹也在吃瓜的行列。长期在中枢为官的中书舍人武儒衡冷眼看了看元稹，恰巧有一只苍蝇嗡嗡地落到了一块瓜上，武儒衡一边挥舞扇子驱赶苍蝇，一边振振有词："你是什么东西，怎么能到这个地方来？"

指桑骂槐，赶着苍蝇骂着元稹，众人都听得出弦外之音，武儒衡心里很明白，元稹心里也很明白，这就是官场，没有和风细雨，有的只是针尖麦芒。

元稹正妄自菲薄之际，旁边走上两位官员，拿起瓜站在元稹旁边吃了起来，边吃边安慰元稹："他那个人就那样，别跟他一般见识。"

元稹感激地看了看两人，一个是翰林学士李绅，另一个是翰林学士李德裕。

从此时起，元稹、李绅、李德裕被捆绑上一辆战车，在以后的日子里，无论高峰还是低谷，他们都一起走过。

子曰，君子矜而不争，群而不党。说说而已，在官场上，你不站队也得站队，没得选。

第三章　党争初起

名言另一半

元稹进入中枢之后，或有意或无意地与李绅和李德裕走得越来越近，元稹并没有意识到，他正一步一步走进党争的深渊，直到无法自拔。

同元稹相比，李绅和李德裕在后世的知名度要低一些，实际上两人也是当朝知名的诗人。李绅更是知名的悯农诗人，知道其诗篇的人很多，知道其人的人却有点少。

李绅最知名的诗篇是什么呢？妇孺皆知。

> 锄禾日当午，汗滴禾下土。
>
> 谁知盘中餐，粒粒皆辛苦。

没错，这正是李绅的诗，也正因为《悯农》诗，李绅被称为悯农诗人。

上一首是妇孺皆知的诗，其实还有一首，也经常被人引用。

> 春播一粒粟，秋收万颗子。

很多人引用这句话的目的是想强调播种希望，收获满满，实际上很多人不知道的是，这首诗的后一半。

> 四海无闲田，农夫犹饿死。

由此可见，如果只知其一不知其二，只知前一半不知后一半有多可怕。

延伸一下吧，与大家分享几个名言的后一半。

1. 父母在，不远游。

下半句是"游必有方"，意思是若要出游，必须要告知去处，根本不是"父母在不能远游"的意思。

2. 言必信，行必果。

出自《论语·子路第十三》，后面还有一句："硁硁然小人哉。"

意思就是：固执的庸士就是这样子。庸者，庸言庸行之庸，作平常义。

"硁（kēng）硁然"形容浅薄而固执。因此孟子同学直接就说：大人者，言不必信，行不必果，惟义所在。"惟义所在"——只要合乎道义。

3. 吾生也有涯，而知也无涯。

出自《庄子·养生主》，一直被许多人用于鼓励学习者珍惜时间、努力学习。但在这之后还有一句"以有涯随无涯，殆已"，意思大概就是说，你拿有限的生命去学什么没完没了的知识，你是不是傻，是不是傻！

4. 不孝有三，无后为大。

这句话现在人们普遍理解成：作为儿女，要为家族续香火，不然就是不孝。其实这完全错了。

这句话出自《孟子·离娄上》，原话是："不孝有三，无后为大，舜不告而娶，是为无后也，君子以为犹告也。"意思是不孝的事情有很多（有三种之说，但孟子说过有五不孝），以不守后代之责为大。舜没有告知父母就结婚了，这就是无后，但君子以为，和告知了差不多（因为一是舜离家在外，二是尧要把女儿嫁给他，古有以帝王为父母一说，三是舜的父亲对他很暴力，即使这样他还是很孝顺。所以君子们都认为，"犹告也"）。和生孩子续香火没一毛钱关系。

总结陈词，丁克们不要有丝毫压力，该怎么过就怎么过。

5. 酒肉穿肠过，佛祖心中留。

世人若学我，如同进魔道。

6. 天地不仁，以万物为刍狗。

原句：天地不仁，以万物为刍狗，圣人不仁，以百姓为刍狗。——《道德经》

一般人的理解："天地残暴不仁，把万物都当成低贱的猪狗来看待，而那些高高在上的所谓圣人也没两样，还不是把我们老百姓也当成猪狗不如的东西！"

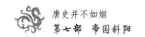

其实这句话的真正意思是说：天地不情感用事，对万物一视同仁；圣人不情感用事，对百姓一视同仁。

7.《周易·乾卦》："群龙无首，吉。"

8. 人是生而自由的。

下一句是："但却无往不在枷锁之中。"

再下一句是："自以为是其他一切主人的人，反而比其他一切更是奴隶。"

9. 人不为己，天诛地灭。

其中的"为"字有两种读音，但是正确的读法是第二声（阳平），这里的"为"是动词。

句意为：人如果不修习自己的德行（提升自身，弥补不足），那么天理难容（朽木不可雕也）！

10. 三思而后行。

其实原文是："季文子三思而后行。子闻之曰：'再，斯可矣。'"

孔子的意思是，想两遍就赶紧去做，想来想去地还不行动你磨磨唧唧等啥呢！

11. 老来多健忘，唯不忘相思。

12. 闭门造车，出门合辙。

13. 百善孝为先，原心不原迹，原迹贫家无孝子。万恶淫为首，论迹不论心，论心世上少完人。

14. 相濡以沫，不如相忘于江湖。

15. 中国是一头沉睡的巨狮，当他醒来全世界都会震惊，那就永远别让他醒来。——拿破仑

看完名言的另一半，是否有醍醐灌顶的感觉？看问题还是得全面一些。

党争初起

回过头来说元稹、李绅、李德裕的三角组合，三人一度在中枢风光无限，人称"三俊"。

相比于元稹和李绅，李德裕在诗的造诣上有些差距，不过在他们所处的那

个时代，李德裕才是真正的风光人物。因为他是领袖，影响力长达数十年的领袖，没错，他就是"牛李党争"的风云人物，李党的党魁。

李德裕成为党魁，不是因为别的，而是因为基因，当他的父亲李吉甫在元和年间埋下党争的种子后，身为儿子的李德裕只能在党争的路上埋头向前了。

李吉甫，赵郡（今河北省赵县）人，自幼好读书，善写文章，其父李栖筠在唐代宗时代出任御史大夫。李吉甫二十岁凭借门荫入仕，之后一步一个脚印，在元和年间当上了宰相。

出任宰相之前，李吉甫名声颇好，声望极高；然而出任宰相之后，李吉甫变了，变得患得患失，将宰相之位看得极重。

都说宰相肚里能撑船，其实，古往今来肚里能撑船的宰相少之又少，李吉甫这个宰相如果肚里也算能撑船的话，恐怕只是纸船。

唐宪宗元和三年（808 年），皇帝李纯诏举贤良，进士牛僧孺、李宗闵、皇甫湜一起参加了这次考试，他们在试卷中汪洋恣肆，针砭时弊，对朝政指指点点，毫不留情。

牛僧孺和李宗闵一腔热血，一身本事要卖与帝王家，他们的高谈阔论受到了学子们的认可，也得到了主考官们的认可，更得到了当朝宰相李吉甫竞争对手的认可。

经过层层推波助澜，牛僧孺和李宗闵的试卷被当朝宰相李吉甫看到了，李吉甫的肚子里连纸船都跑不了了。

宦海浮沉多年，当宰相是李吉甫的人生最高目标，现在宰相当了没多久，却被牛僧孺、李宗闵这些进士指责得一塌糊涂。牛僧孺和李宗闵以为只是针砭时弊，对事不对人，而在李吉甫看来，这就是打自己的脸。

李吉甫的患得患失让自己掉进了旋涡，他不能忍受牛僧孺和李宗闵的挑战，他必须反击。

要反击，就必须抓住把柄，当然只要用心找，鸡蛋里还是能找出骨头的。

李吉甫经过研究发现，与牛僧孺、李宗闵一起参加考试的还有一个叫皇甫湜的考生，皇甫湜恰好是主考官的外甥，而主考官事先没有就甥舅关系作出声明也没有选择回避，这不是徇私舞弊是什么呢？

经过李吉甫上下其手，几个主考官纷纷被贬出长安，牛僧孺和李宗闵虽然没有被贬，但长久不能得到重用，在李吉甫有生之年，牛僧孺和李宗闵升迁无

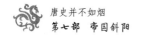
望，前景一片漆黑。

梁子就这么结下了，当李吉甫之子李德裕走进帝国中枢之后，他继承了父亲的能力，也继承了父亲的气量。牛僧孺和李宗闵以为事情就这么结束了，但李德裕认为事情没完，虽然父亲已经在元和年间暴卒，但自己还在，一定要给当年挑战父亲的那些人一点颜色看看。

李德裕并不是一个人在战斗，他的身边也有同盟，李绅和元稹。

李德裕一直在寻找机会，功夫不负有心人，他很快找到了。

长庆元年，长安城内举行了一场文官考试，历来文官考试都不消停，这一次同样如此。

为了让自己的子弟榜上有名，大唐上下的高官们都行动了起来，纷纷给主考官写推荐信，请其在适当的时候照顾一二。

主持考试的是礼部侍郎钱徽和右补阙杨汝士，给他们写推荐信的高官名单很长，有西川节度使段文昌、翰林学士李绅，以下省略若干人。

在众人的盼望中，榜单出来了，段文昌和李绅一下子跳了起来，他们推荐的人都没有上榜。

不公平，绝对不公平。

绝对有黑幕。

段文昌眼光上下逡巡，发现了问题，上榜名单上有一些熟人：

> 谏议大夫的弟弟；
>
> 河东节度使的儿子；
>
> 中书舍人李宗闵的女婿；
>
> 主考官杨汝士的弟弟。

哦，原来这就是一场拼爹、拼哥、拼岳父的考试，没有公平可言。

段文昌立刻参了主考官钱徽和杨汝士一本，皇帝李恒坐不住了，身为皇帝，他必须作出回应。

李恒召来了一众翰林学士询问，没想到李德裕、李绅以及元稹异口同声："陛下，段文昌说得对，今年礼部举行的考试确实有失公平。"

三个人各有立场，但目的只有一个，整人。

李德裕要整的是李宗闵，这个人是父亲的死敌，那么也就是自己的死敌；

元稹要整的也是李宗闵，两人同在中枢，时间长了相互看不上，矛盾重重；李绅要整的是主考官钱徽，明显不拿自己当干部，生生让自己推荐的人落选。

三人成虎，更何况还有西川节度使段文昌上蹿下跳。

李恒震怒之下，将两位主考官贬出了长安，女婿上榜的李宗闵也受到了惩处，被贬出长安出任开县县令。

李德裕达到了目的，却没有想到就此彻底拉开了党争的大幕：从此李德裕为一党，李宗闵与同受李家排挤的牛僧孺为一党，牛李党争就此闯入唐朝的历史，融进了王朝的血脉，从此时，一直到唐朝灭亡，牛李党争的印记始终如影随形，作为始作俑者，李德裕该发表一篇什么样的获奖感言呢？

很多人天真地以为，牛李党争在一定程度上代表着唐朝的民主达到了一定的程度，实则不然。中国大历史中的党争与现代政党的相互竞争完全不同，党争更多的是结党营私拉帮结派，凡是对方反对的，就是本方支持的，而凡是本方支持的，又必然是对方反对的。

现代政党竞争可以对事不对人，党争呢，完全是对人不对事，于个人言，个人命运跌宕起伏如坐过山车，于王朝言，纷纷扰扰，一团乱麻，如同绝症病毒随身携带，看似风平浪静，实则早已沉疴在身。

第四章　不孚众望

资质平平

不孚众望和不负众望是两个词，不过要说清楚两者的区别还是需要一点语文功底。前者是说不能使大家信服，未能符合众人的期待，后者是说没有辜负众人的期待，两相对比可以发现，前者是贬义，后者是褒义。

那么费尽千辛万苦才登基成功的皇帝李恒属于哪一种呢？

原本众人以为他会不负众望，时间一长，众人发现，李恒属于不孚众望，他没能对得起众人的期待。

回望李恒的登基之路，走得无比艰难，原本早早就可以得立太子，却因为父亲忌惮外祖家的势力，拖延不决，最终以长幼有序为名立了皇长子李宁。

两年后李宁早逝，李恒以为这一次该立自己了，不料父亲还是想照方抓药，册立二皇子李恽。

若不是李恽生母身份过于低微，这次照方抓药有可能继续瞒天过海，但李恽生母的身份给了郭贵妃和李恒机会，支持他们的大臣们在生母身份上大做文章，纵使皇帝李纯想独断专行，他也需要考虑满朝文武的意见。

在君臣角力拉锯中，李恒得立太子，但他始终感觉自己的太子头衔前还有两个字——临时。

李恒的忧虑无法排解，他不知道谁能给自己一颗定心丸。

回想这几年母妃的遭遇，李恒有些泄气。

以母妃的身份和资历，在父皇登基时就应该被册立为皇后，然而父皇却迟迟不立。元和八年（813 年），大臣们又一次纷纷上疏请求册立贵妃为皇后，父亲便采用拖延战术："今年已是年尾，不宜立后，明年是甲午年，也不宜立后，此事日后再说吧。"

从元和元年到元和八年，从元和八年再到元和十四年，立后的奏疏此起彼伏，却始终换不来父皇的千金一诺。

"说到底，父皇还是信不过母妃。"李恒长叹一声。

错失好局

直到元和十五年（820 年）正月，石破天惊，李恒终于不再是随时有可能倒台的临时太子，他终于登基成了皇帝。

在他登基之前，大臣们以为他会是一个有为皇帝，然而真正登基之后，大臣们悲哀地发现，这是一个与其父相去甚远的皇帝，如果说他的父亲大有作为，那么他属于没有作为。

苍龙诞下了跳蚤，雄鹰孵出了小鸡，遗传这件事，挺不靠谱。

就接手的局面来看，李恒面前是一盘好棋，同时也是一盘云谲波诡的棋。这盘棋的棋手原本是他的父亲，按照其父的规划，河北藩镇不久就将彻底归顺中央，安史之乱后的藩镇割据有望彻底终结，到那时大唐王朝重归一统，全面复兴指日可待。

可惜，天不假年，陈弘志和王守澄这些宦官痛下杀手，早早结束了李纯的棋手生涯，剩下这盘大棋只能由稚嫩的棋手李恒来下了。

李恒会怎么下呢？

得过且过，走一步看一步。

高手下棋，走一步需要提前看十步，臭手下棋，走一步看一步，直到自己的大龙彻底被屠，才恍然大悟，哦，原来我要输了。

原本在李纯的霹雳手段之下，河北藩镇已经不再敢自说自话地割据，在元和年间，凡是与朝廷与皇帝李纯作对的，最终大多身首异处，河北藩镇与朝廷

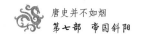

的武力对比已经发生了逆转，再也不可能像以往一样搞独立王国了。

李纯一面打，一面拉，在他的运筹之下，河北藩镇相继表示臣服，愿意接受朝廷指派节度使到藩镇镇守，这是破天荒的一次，也是绝无仅有的一次。抓住这次机会，江山重归一统，抓不住这次机会，江山永无宁日。

向左，还是向右，新皇帝李恒走上了十字路口。

如果他有其父的能力，他有望让自己跻身有为皇帝行列，在父亲的肩膀上，实现比父亲更多的成就。

可惜，他不是孙仲谋，他无力维持既有的局面，也无力开创新局面。

可惜，他连曹丕都不是，有为皇帝做不成，守成皇帝也做不成，形势大好的棋局让他搞得满盘皆输。

即位后的李恒在做什么？他在向皇太后尽孝，他在享受皇帝的排场，他的心思只在小小的皇宫内，至于天下，离他还有些远。

对于一个王朝而言，持续的时间或长或短，但决定王朝命运走势的时间往往很短暂。这一次留给李恒的时间说长不长，说短不短，前后几个月的时间。

几个月，对于老皇帝李纯来说，足够了；几个月，对于新皇帝李恒来说，太短了。

就在这新旧交替的几个月，河北藩镇翘首以待新的节度使到任，同时也期待着朝廷用于安抚的赏银及时到位。

历史留给唐朝命运转机的时间就是这几个月，李恒一挥手，错过了。

在这几个月中，派往河北藩镇的节度使要么所托非人，要么乱点鸳鸯谱，而河北藩镇所期待的赏赐也迟迟没有下发。

耐心一点一点被时间磨光耗尽，河北诸藩镇对新皇帝渐渐死了心，我本将心向明月，奈何明月照沟渠，算了，不归顺也罢。

耐心耗尽，图穷匕见，久久看不到皇帝诚意的河北藩镇终究与朝廷撕破了脸，有的将新任节度使斩杀，有的将新任节度使囚禁，原本抛向朝廷的橄榄枝，变成了杀气腾腾的刀锋，河北藩镇再次走回地方割据的老路，唐宪宗李纯前后十五年的努力毁于一旦。

回过头看宪宗李纯对藩镇的手段，可以说是武力震慑加和平赎买的双重叠加，在他的运作之下已经卓有成效。如果继承者们照方抓药，大唐王朝可以看到疗效，可惜他的继承者错过了时机，大唐王朝也错过了全面复兴的最佳时机。

离奇中风

即便错过了复兴的时机，李恒也没有过多在意，错过了就错过了，以后再说。

时间走到了长庆二年（822 年）冬季，李恒还在自我感觉良好中度日，他再一次不顾群臣反对，自顾自地陪同郭太后到了骊山脚下的华清宫。

因华清宫乃荣华之地，容易滋生皇帝惰性，再者华清宫离长安城尚有一些距离，沿途存在安保隐患，因此群臣都反对皇帝前往华清宫。李恒却不以为意，他不说自己去，他说是陪太后去，打着太后的旗号，李恒又一次前往华清宫，他不知道这竟然是他最后一次前往华清宫，也不知道他的生命已经进入倒计时。

从华清宫回到长安的第九天，李恒召集了一场马球比赛。在唐朝，打马球是贵族的时尚运动，据历史记载，唐玄宗李隆基就是一位打马球的高手，而现任皇帝李恒以及他的儿子们也是打马球的高手，他们对马球的热情甚至超过了朝政。

李恒正在场上纵横捭阖，耳畔是一片片喝彩声，在属下的衬托下，李恒成了场上最耀眼的明星球员，他喜欢这感觉，这让他很有成就感。

李恒驱马向前冲锋，他的眼前出现了一个小宦官，小宦官作势要拦截皇帝。他们一般都是虚张声势，哄皇帝开心，让皇帝产生自己是马球天才的错觉。正当小宦官要接近皇帝时，他突然坠马了。

小宦官不是简单的坠马，他坠马的过程极其诡异，如同神秘空间里飞来一记重锤，将小宦官重重地砸落马下。读者可以自行脑补一下武侠电影里大侠一脚踹飞坏蛋的场面，总之，小宦官的坠马很有画面感，似乎有天外飞仙将他击落马下。

落马的小宦官并无大碍，目睹这一过程的皇帝李恒却意外中招，他被这诡异的一幕惊吓过度，居然中风了！

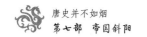

众人赶紧上前将皇帝抬回了寝宫，气氛顿时紧张了起来。

在接下来的几天里，李恒一直卧病在床，不能走路，不能说话，群臣无法见到皇帝，上奏的奏折也迟迟得不到批复。

右仆射裴度坐不住了，他几次上疏，请求皇帝早日确认太子，以安民心。

十天之后，皇帝李恒终于露面了，宦官们用绳编的椅子将他抬上了紫宸殿，这是十天来群臣第一次见到皇上本尊。

气氛凝重起来，宰相李逢吉走了出来，他要做什么？

李逢吉，出自陇西李氏，以明经中举，又擢进士第，元和年间做过皇太子侍读，长庆年间爬上了宰相之位。

李逢吉很有手腕，其上位宰相的过程堪称经典。

原本元稹在长庆年间出任宰相，但元稹度量有限，生怕有朝一日更有威望和战功的裴度会夺去自己的宰相之位，因此私下里多次针对裴度，拆裴度的台。裴度宦海浮沉多年，一眼便看透了元稹的花招，随即上疏弹劾元稹，两人你来我往，矛盾便暴露在群臣面前。

长于手腕的李逢吉抓住了机会，他指使人造了一个谣言："有人想替元稹刺杀政敌裴度。"

一个谣言将元稹和裴度都装了进去，虽然谣言经查实是妄言，但两人的矛盾终究是朝野皆知，皇帝李恒一狠心，将两人都免去宰相之位，这样宰相的位置就有了空缺。

与李恒有过师生之谊的李逢吉就此上位，成了群臣之首的宰相。

此时李宰相站到皇帝面前，他会说什么呢？

"陛下，景王（李恒嫡长子李湛）渐已成年，请册封为太子。"

李逢吉说这话有风险吗？要说有也是有的，要说没也是没的。

虽说臣子不能过多参与立储，但身处官场多年，李逢吉深知其中的奥妙，景王李湛早已是众人看好的太子人选，又是嫡长子，此时建言立李湛为太子，皇帝李恒不会反感，景王李湛更是会对李逢吉感恩戴德，这是一个有百利无一害的建言。

右仆射裴度冷眼看了看李逢吉，心中恨恨："这只老狐狸。"

李恒此时还不能说话，便点点头，表示同意。

实际上，李逢吉从不打无准备之仗，早在他建言之前，与他相熟的宦官早就暗地里试探过皇帝的态度了，等宦官将话传了出来，李逢吉已经有必赢的信心。

眼见李逢吉卖了好，裴度只能紧跟着表态："那么就请陛下正式下诏册封太子，以安天下民心。"

众人松了口气，国储终于定了。

之后的几天众人又松了口气，皇帝慢慢恢复了，可能用不了多久又能打马球了。

第五章　来去匆匆

不　买　账

在历史长河中，有的人就像黄山上那棵迎客松，历经风雨，却牢牢把根扎住，坚持不退出历史舞台，此类人是常青树；也有的人就像随波逐流的浮萍，昙花一现，转瞬即逝。

同父亲李纯相比，李恒的命运像祖父李诵，有皇帝之名，却没有享几年皇帝之实，李诵的皇帝生涯前后八个月，而李恒的皇帝生涯前后也不过四年。

时间走进了长庆三年（823 年），这是李恒生命中的最后一个整年，他注定是一个来去匆匆的过客，同时他的宰相李逢吉也是宰相位置上的匆匆过客，他们同样匆匆。

李逢吉在算计中爬上了宰相之位，同时也在用算计的手法寻找搭班子的人。

同僚之中，该选谁跟自己并肩作战呢？

进入李逢吉视野的有两个人，一个是户部侍郎牛僧孺，一个是浙西观察使李德裕，两人都有宰相之才，都有出任宰相的声望，该选谁呢？

李逢吉知道，这二人各有自己的阵营，选哪个都会得罪另外一个阵营，如何才能将自己的风险降到最低呢？

李逢吉冥思苦想，想起了一件往事。

时任司徒的韩弘有一个儿子叫韩公武，韩公武当时的职位是右骁卫将军。为了保住爷俩的富贵，韩公武在京城里扮演起送财童子，将父亲在地方官任上搜刮来的钱财拿出一部分，一一送给关键位置上的关键人物。这样在父子俩的有生之年，他们享尽了荣华富贵，并安全地入土为安。

韩公武早逝，其父韩弘没过几年也去世了，偌大的家业落到了韩公武年幼的儿子手里。由于孩子年幼，打韩家家产主意的人不在少数，有管理家产的奴仆，也有与韩家有接触的地方官员，时间不长，各方就为了利益打得不可开交。

各方争夺韩家家产的新闻传入皇宫，皇帝李恒于心不忍，不能眼睁睁看着重臣的子孙如此受人欺凌。也罢，将韩家所有财产清单造册送入皇宫，由皇帝本人过目加以保护。

与韩家财产清单一起进宫的还有一个神秘的账本，上面写着，某年某月送给某某官员多少钱，说白了就是一本行贿账册。

李恒翻着账本，脸色越来越难看，突然眼前一亮，跳了起来，将手中的账册往宦官手中一放："看看，看看，朕就说朕不会看错人吧！"

宦官顺着皇帝手指的方向一看，上面赫然写着："某年某月某日送户部侍郎牛僧孺钱一千万贯，被拒收。"

宦官们一边恭维皇帝，一边将牛僧孺的名字记到了心里，经过你告诉我、我告诉他的口口传播，"皇帝欣赏牛僧孺"的消息便不胫而走了。

想到这一层，李逢吉不纠结了，这不是和尚头上的虱子，明摆着嘛！

在李逢吉的推举下，牛僧孺由户部侍郎转任中书侍郎，进入宰相行列。

远在浙西的李德裕听到消息，眉头一紧，他知道自己以后的日子将会更加难过，本来牛、李二人都有望出任宰相，现在宰相之位落入牛僧孺之手，将来还有自己的好果子吃吗？

一定是李逢吉故意排挤，一定是牛僧孺与李逢吉沆瀣一气，这是什么世道，让小人得志，让君子屈才。

李德裕心中愤恨，却不能表达，熬吧，用时间去证明自己，用耐心去打败敌人。

李逢吉不理会李德裕的愤恨，他还有更重要的事情要做，在他的视野中还有一个人必须排除掉，此人不被清理出中枢，那么李逢吉将永无宁日。

让李逢吉坐立不安的是悯农诗人李绅，满朝官员都买李逢吉的账，李绅偏

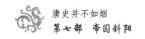

偏不买账。

前面说过李绅与元稹、李德裕曾经都是翰林学士，三人既有同僚情谊，又有诗人之间的惺惺相惜，眼看元稹和李德裕先后被整，李绅不免有兔死狐悲之感。李绅看到，李逢吉上位之后便与枢密使王守澄勾结到了一起，这让李绅对李逢吉鄙视到了极点。

堂堂大唐宰相，居然对宦官投怀送抱，成何体统？

从此，李绅坚定地站到了李逢吉的对立面，誓与李逢吉斗争到底。

起初，李逢吉不以为意，他没把李绅放在眼里。

时间一长，李逢吉发觉有点不太对劲，以往自己递给皇帝的公文草稿以及人事任免很快就会得到批复，而且基本不打折扣地准奏。这段时间完全大变样，皇帝批复的公文以及人事任免令上多了很多指责，而且批复下来大打折扣，有的甚至全盘否定。

前后为何有如此巨大的反差？

李逢吉通过宫中的朋友一打听，原来是李绅在捣鬼。

有唐一代，翰林学士的作用时大时小，皇帝充分信任宰相时，翰林学士对朝政几乎不起作用，而当皇帝并不十分相信宰相时，翰林学士就起到了制衡宰相的作用。翰林学士李绅能对宰相李逢吉的奏折上下其手，根源就在于这个制衡体系。

让李绅更有底气的是，皇帝李恒对其非常信任，因此他更加有恃无恐，与李逢吉彻底杠上了。

借力打力

宦海浮沉的李逢吉陷入沉思，他该如何搬开这块绊脚石呢？如果说一般的绊脚石他可以轻松挪开，那么这块叫作李绅的绊脚石想挪开却没那么简单，他的背后站着的可是皇帝。

必须用一个妙招，隔山打牛，借力打力。

李逢吉将满朝官员的名字在心中过了一遍，最后锁定了一个名字——韩愈。

  韩愈，唐宋八大家之首，在《唐史并不如烟第六部：元和中兴》中有过出场，当时他上疏劝说皇帝李纯将佛骨舍利付之一炬，被盛怒之下的皇帝差点杀掉，最终逐出长安贬往瘴疠之地潮州。

  韩愈在潮州前后只待了八个月，然而对于韩愈而言，八个月已经足够了。他用八个月的时间将自己的名字写进了潮州的历史，代代相传，生生不息："八月为民兴四利，一片山水尽姓韩。"

  在这八个月中，韩愈关心农桑，兴学延师，用自己的俸禄作为潮州教育的发展基金，大胆起用赵德主持潮州学政，后者在韩愈离任后继续韩愈未竟的事业，终成潮州唐宋八贤之首。

  据地方志记载，自韩愈离开潮州之后的千余年来，潮州的山水纷纷易姓为韩，如韩江，在古代因滩石险恶，且有鳄鱼出没伤害人畜，故称为"恶溪""鳄溪"："自韩公过化之后，江故名恶溪，改曰韩江。""韩山，在城东，即文笔山……又名双旌。唐韩愈尝览其上，邦人思之，名曰韩山。"还有韩山上的韩木，笔架山上的韩文公祠，已成千古奇观。韩愈以八月之治而令江山易其性，为中华文化增添一个深邃的历史之谜。

  值得一提的是，在潮州韩愈还留下不少名篇，其中《祭鳄鱼文》堪称其中的经典。这篇散文既显示了韩愈的功力，也显示了韩愈的幽默感。

祭鳄鱼文
韩愈

  维年月日，潮州刺史韩愈，使军事衙推秦济，以羊一、猪一，投恶溪之潭水，以与鳄鱼食，而告之曰：昔先王既有天下，列山泽，罔绳擉刃，以除虫蛇恶物为民害者，驱而出之四海之外。及后王德薄，不能远有，则江、汉之间，尚皆弃之，以与蛮夷、楚越。况潮，岭海之间，去京师万里哉？鳄鱼之涵淹卵育于此，亦固其所。今天子嗣唐位，神圣慈武，四海之外，六合之内，皆抚而有之，况禹迹所揜，扬州之近地，刺史、县令之所治，出贡赋以供天地宗庙百神之祀之壤者哉！鳄鱼其不可与刺史杂处此土也！

  刺史受天子命，守此土，治此民，而鳄鱼睅然不安溪潭，据处食民、畜、熊、豕、鹿、獐，以肥其身，以种其子孙，与刺史亢拒，争为长雄。刺史虽驽弱，亦安肯为鳄鱼低首下心，伈伈睍睍，为民吏羞，以偷活于此邪？且承天子

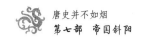
命以来为吏，固其势不得不与鳄鱼辨。

鳄鱼有知，其听刺史言：潮之州，大海在其南。鲸、鹏之大，虾、蟹之细，无不容归，以生以食。鳄鱼朝发而夕至也。今与鳄鱼约，尽三日，其率丑类南徙于海，以避天子之命吏。三日不能，至五日；五日不能，至七日；七日不能，是终不肯徙也，是不有刺史听从其言也。不然，则是鳄鱼冥顽不灵，刺史虽有言，不闻不知也。夫傲天子之命吏，不听其言，不徙以避之，与冥顽不灵而为民物害者，皆可杀。刺史则选材技吏民，操强弓毒矢，以与鳄鱼从事，必尽杀乃止。其无悔！

韩愈的核心意思是，给鳄鱼七天时间令其自行离开，否则严惩不贷。历史传说给了一个皆大欢喜的结尾，鳄鱼们在七天内真的自行离开了，从此潮州再没有鳄鱼伤人之患。历史传说可能是为了将韩愈神化，于是就加了这个美好的结尾。

在20世纪80年代的热播电视剧《八仙过海》中曾有这样一个桥段，玉树临风的韩湘子用自己的笛声帮乡民们驱逐了鳄鱼，而韩湘子的原型正是韩愈的侄孙韩湘。电视剧这个桥段，创意应该就来自韩愈潮州驱逐鳄鱼的故事。

李逢吉选择韩愈并不是看重他能驱逐鳄鱼，而是看重韩愈的火爆脾气。

韩愈被李逢吉看重时，正担任京兆尹管理京城。禁军六军听说他上任京兆尹，纷纷相互提醒："以后收敛点，这可是个狠角色，敢劝说皇帝烧佛骨舍利，千万别栽在他手里。"

韩愈成为李逢吉的一颗棋子，但韩愈并不知情，李绅也不知情。

李逢吉看到御史中丞出缺，便热情地推荐李绅出任御史中丞，这样李绅就成了御史台的二把手，仅次于御史大夫。

那么御史大夫是谁呢？

李逢吉推荐韩愈兼任御史大夫。

要命就在这个"兼任"二字上。

韩愈虽是御史大夫，但他的正职是京兆尹，御史大夫只是兼任，这样御史台实际负责的就是御史中丞李绅。

恰恰韩愈和李绅又面对着一条惯例——新任京兆尹需要到御史台参见，以便日后好开展工作。

然而，韩愈本身就兼任御史大夫，这个惯例就变得模棱两可了。

在韩愈看来，虽然新任京兆尹需要到御史台参见，但自己本身就兼任御史大夫，参见一事就免了吧；在李绅看来，虽然韩愈兼任御史大夫，但你的正职是京兆尹，该遵守惯例还得遵守惯例。

两个官员，两种解释方式，两个直筒子脾气，你不让我，我不让你。二人唇枪舌剑，公文往来，打起了笔墨官司，火药味越来越浓。

两人不和的传闻传到了李逢吉的耳中，李逢吉诡异地一笑，两个棒槌，这就中计了。

李逢吉照方抓药，按照当年整元稹和裴度的路数，又给皇帝李恒上了一份奏折：李绅与韩愈关系不睦，无法合作。

皇帝李恒再次头疼起来，怎么净是官员不和的消息，那就把他俩分开，别合作了。

李逢吉按照皇帝的意思很快做出了人事调整，任命韩愈为兵部侍郎，李绅则被贬出长安，出任江西观察使。

事情走到这一步，李逢吉总算如愿了，不过他千算万算还是漏算了一步——纵使被打压，韩愈和李绅还是有机会见到皇帝。

几天后，韩愈和李绅一起到皇帝面前谢恩，这也是依照惯例，像他们这种级别的官员得到新的任命后都需要到皇帝面前谢恩，然后再上任。

曾经斗得难解难分的两人不再斗了，他们规规矩矩地站在皇帝面前。

李恒不无惋惜地看着两人，都是一等一的人才，怎么就不能携手共进呢？

李恒试探着问道："卿等二人皆是本朝重臣，何故水火不容？"

韩愈和李绅对视了一眼，竹筒倒豆子地说出了自己的委屈。

韩愈说完，李绅紧接着说出了自己的委屈。

两人把话说完，三个人都明白了，他们都被蒙在鼓里，而蒙住他们的正是当朝宰相李逢吉。

李恒眉头紧蹙，心中叹息："如此肚量，怎么能当宰相？"

李恒按下心中的不满，先给这次韩李争斗画了一个句号，任命韩愈为吏部侍郎，李绅为户部侍郎，相比于上一次安排，这一次都是重用。

韩愈和李绅谢恩离去，李恒若有所思。自从接过帝国的千斤重担之后，李恒也想努力，但天不遂人愿，河北藩镇降而又叛，割据之势已无法控制，朝中

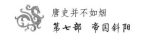
大臣相互倾轧，党争苗头已起，如此下去，可如何是好呢？

是时候了，该整顿一下了。

庙号穆宗

长庆四年（824 年）正月初一，李恒第一次登含元殿主持元旦朝会，他相信新年新气象，今年一定比往年更好。

对于别人而言，一年更比一年强，对于李恒来说，留给他的时间已经不多了。

这段时间以来，李恒能感觉到自己的身体在报警，健康情况每况愈下，时常有力不从心之感。

这一切都是前年中风的后遗症。

前年那次中风，李恒看似已逐渐康复，但一切都只是表象，李恒的病没有去根，随时有复发的危险。

李恒想到了仙丹，他父亲曾经吃过的仙丹。

身边的宦官马上行动了起来，热情地向皇帝引荐一个个能炼出仙丹的方士与和尚。

得到引荐的方士和尚们迅速行动了起来，他们坚信自己的仙丹能够帮助皇帝延年益寿。

人在看到利益时往往不计后果，也会故意忽略利益掩盖下的危险，仅仅四年前，帮助皇帝炼丹的方士柳泌被乱棍打死，柳泌的引荐者左金吾将军李道古被贬为循州司马，引导宪宗李纯走上炼丹之路的宦官张惟在史书上没有留下结局，按常理推测，要么被打死了，要么档案上被盖上了黑戳——永不重用。

殷鉴不远，在夏后之世，可惜利益驱动下，真正能吸取前世经验的人少之又少，方士和尚们如此，梦想延年益寿的皇帝也如此。

李恒同他的父亲一样，在生命的最后时光里走上了服用仙丹之路，这条路看似光明实则黑暗，看似通往幸福的彼岸，实则通向生命的终点。

长庆四年正月二十日，李恒旧病复发，留给他的时间过去论天，现在论秒了。

消息传到郭太后那里，太后的眼泪就像断了线的珠子。

她的眼前浮现出过往的一幕幕，母子俩相依为命，好不容易熬到了拨云见日，这才几年，新皇帝马上就要成大行皇帝了。

郭太后心中默默盘算，自己在德宗朝出生，成年，出嫁，在顺宗朝成为太子妃，在宪宗朝成为贵妃，在儿子这一朝成为太后。用不了多久，就要成为太皇太后。对于一个女人而言，这是幸，还是不幸呢？

"回太后，宦官王守澄求见。"管事的宫女禀告道。

郭太后点点头，管事宫女机灵地出去引王守澄进来。

"奴才见过太后。"

"王公公不必多礼，起来吧！"

"太后，奴才此来，有些话不知当讲不当讲？"

"公公不必拘礼，但说无妨。"

王守澄壮着胆子，道："太后，如今皇帝龙体欠安，奴才等合计了一下，太后得早作打算。太子如今年幼，太后不妨临朝称制，以安天下人心。这不，奴才把诏书都带来了。"

王守澄说罢，便把诏书递给管事宫女，只要郭太后将太后宝印一盖，临朝称制就开始了。

郭太后心中一凛，厌恶之意已从心底起。不过当此多事之时，她不能流露，便软中带硬说道："昔日武后临朝称制，几乎颠覆社稷。我家世代忠义，不是武氏所能比的。太子虽然年少，但只要有贤德宰相辅佐，你们不干预朝政，何患国家不安宁！自古哪有女子为天下之主而能达到太平盛世的？"

郭太后一把扯过诏书，将诏书撕碎摔到了地上。

王守澄脸上红一块，白一块，不知该如何回话。

死太监就是死太监，人家自己家的江山轮得到你指指点点？

王守澄红着脸退了出去，拍马屁拍马腿上了。

长庆四年正月二十二日，皇帝李恒在寝殿宾天，享年二十九岁。盼了多年，想了多年，谁能想到皇帝宝座还没坐几年就追随父亲而去，如果可以选择，他还会对储君之位那般辗转反侧孤枕难眠吗？

李恒注定是一个来去匆匆的皇帝，在位四年，他没有留下属于自己的痕迹。他只知当孝子，却不知如何当一个合格的皇帝，短短四年就把自己的身体

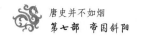

搞垮，把偌大的江山留给母亲和年幼的儿子们。

白发人送黑发人是何等的痛，郭太后以为这是自己人生中的最后一次，却没有想到，这仅仅是个开始，以后还会接二连三。

等到李恒的儿子李湛登基，给李恒奉上庙号——穆宗，李恒来去匆匆的一辈子便彻底终结了。

也不算白混，至少还混了个庙号。

第六章　顽童李湛

李绅倒台

长庆四年正月二十三日，宰相李逢吉被任命为摄冢宰。这个任命表明李唐王朝将重任压在了李逢吉身上，希望他能辅佐新皇帝尽快走上正轨。

正月二十六日，皇太子李湛在太极殿东厢登基称帝，这是李唐王朝第十六任皇帝，也是郭太皇太后经历的第五朝，这会是郭太皇太后经历的最后一朝吗？

走着看吧。

登基时，李湛十五岁，按照现在的标准，就是一个高中生，指望一个高中生做出太大的作为是不现实的，现实的是，看这个高中生是不是上进。

登基后的李湛没能给朝臣留下惊叹，只有摇头，仅仅在登基后的几天内，李湛对喜爱的宦官大发爱心，今天赐穿绿色官服，明天又赐穿红色官服。在他眼中，官服似乎如同戏服，想怎么穿都行。

皇帝应该有的持重没有，有的只是一颗爱玩的心。

趁着小皇帝年幼，宰相李逢吉看到了自己的机会。一人之下，群臣之首，名号摄冢宰，此时不抓住机会，更待何时？

李逢吉将矛头再次指向了李绅，宠信你的皇帝已经宾天了，新皇帝更信任我，你这个丧家犬还怎么跟我斗？

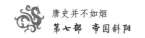

李逢吉再次开始寻找棋子，这一次他又有了新发现。

李绅的堂侄李虞在文学界享有盛誉，但自命清高，一向标榜自己于仕途无意，常年在华阳川隐居。对于这个堂侄，李绅有所了解，他一直怀疑李虞表面无心仕途，实则在欲擒故纵待价而沽。

果然如李绅所料，李虞并非清心寡欲。时间不长，李虞的一位堂叔李耆出任左拾遗，李虞便迫不及待地给堂叔写了一封信，请求李耆推荐自己步入仕途。

鬼使神差，本该给堂叔李耆的信被送到了堂叔李绅那里，可能送信人记错了具体人名，把李绅当成李耆了。

接信一看，李绅哈哈大笑，我这大侄子果然是装清高，这不低三下四请求别人推荐了吗？

李绅性格耿直，更有文人相轻的通病，急三火四地给堂侄李虞回了封信，信中充满了对李虞的讥讽。这还不算完，李绅还把李虞写信求官的糗事宣扬了出去，这下华阳川隐士的面具被揭穿了，而李绅与李虞的叔侄关系也到头了，接下来二人不再是叔侄，而是死敌。

李虞不甘心白白受辱，根据朝中的传闻，他推定李逢吉是李绅的死敌。本着敌人的敌人就是朋友的原则，李虞来到了李逢吉的府上，将平日里李绅曾经私下评论李逢吉的话添油加醋地告诉了李逢吉。

李逢吉心中的怒火又被浇上了一桶油，一不做二不休，指使李虞联合右补阙张又新以及张又新的侄子、前河阳掌书记张仲言组成了扳倒李绅小组，小组的主要任务就是查访李绅的短处然后将之公布于众。

经过三人不懈的努力，李绅在朝中的声望越来越低。三人在散布流言的同时，又散布了一个升级版流言——李绅经常探查士大夫的聚会，动辄就指认为结党营私，然后向皇上禀告。

升级版的流言更具杀伤力，士大夫们由此谈李绅色变，谁也不愿意跟一个动辄告密的人共事，还是早点敬而远之吧。

李绅被彻底孤立了，身边没有剩下几个能说话的人。

即便如此，李逢吉还是很忌惮，既然李绅已经成了落水狗，那么就一定要痛打，不能给他反击的机会。

李逢吉思虑半天，必须再次下手，不能让新皇帝重用李绅，一旦新皇帝召见群臣，李绅就有机会见到皇帝，两人万一有了交流，后果便不堪设想。

必须彻底阻挡皇帝与李绅的联系，必要时可以痛下杀手。

李逢吉在宫中是有朋友的，王守澄就是他的朋友之一。

李逢吉将自己的想法说给了王守澄听，王守澄轻轻点点头，小事一桩。

王守澄抓住机会，看似轻描淡写，实则雷霆万钧："陛下之所以能成为储君，这一过程奴才心里跟明镜似的，这一切都是李逢吉的功劳。至于杜元颖、李绅那些人，他们都想拥立深王。"

深王李悰是宪宗李纯的儿子，前任皇帝李恒的弟弟，李悰即位可以算"兄终弟及"。"兄终弟及"在中国大历史中出现过，只要支持的力量够大，并非没有可能。

王守澄如此一说，就是把李绅往死路上逼。历朝历代，没有几个皇帝能容得下竞争对手以及竞争对手的得力干将，通常的结果都是一方上位，另一方入土。

王守澄与李逢吉将李绅架到了拥立深王的位置上，李绅危矣。

在王守澄之后，又有人上疏弹劾李绅，依旧是指责李绅此前意图拥立深王。

李逢吉盘算着时间，估计火候已到，又一封奏疏递了上去："李绅想对陛下图谋不轨，陛下需早作防范！"

倒李绅运动进展到这个地步，小皇帝李湛不表态是不行了，在再三询问之后，李湛终于作出了决定，贬户部侍郎李绅为端州司马。

户部侍郎，位高权重，上可以出任宰相，下也是朝中高官。端州，则位于今天广东省肇庆市，那儿盛产砚台，史称端砚，唐时的端州山高水长，尚未完全开发，虽山清水秀，但终是偏远之地，端州司马只是无足轻重的州府军务秘书长。

从户部侍郎到端州司马，李绅的落差有多大，旁人都清楚，至于他的心理阴影面积有多大，只有他自己清楚了。

即便如此，李逢吉还不准备放过李绅，每天指使张又新上一封奏疏，强烈要求处死李绅以绝后患。

李湛对张又新的奏疏秀不胜其烦，终于承诺将处死李绅。

满朝寂静，没有人替李绅说话。他们都知道，这一次摄冢宰李逢吉要彻底

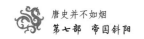
置李绅于死地。

关键时刻，还是有人替李绅说了话。翰林侍读学士韦处厚是唯一一个替李绅说话的人，他上疏写道：李绅被李逢吉的党羽谗言攻击，满朝震骇。李绅受先帝重用，即使有罪，也应该有所宽容，以完成"三年不改为父之道"的孝思。更何况李绅本就没有罪。

一片喊杀声中有了不和谐的音符，李湛若有所思，看来李绅一案确有可疑之处。

事有凑巧，李湛近来正在翻阅宫中的文书，发现一箱父皇李恒封存的奏疏。李湛打开一看，皆是裴度、杜元颖、李绅请求立李湛为太子的奏疏。

李湛放下奏疏，沉思良久，颠倒黑白，三人成虎，这下都明白了。

李湛马上下令，命宦官将所有攻击李绅的奏疏付之一炬，从此任凭谁人饶舌攻击李绅，李湛却再也不听。

由此可见，李湛是可造之材，只是上位过早，没有可靠的人引导，也没有超一流的帝师对其打造，最终白瞎了材料。

平地惊雷

长庆四年二月二十七日，小皇帝李湛在中和殿留下了属于自己的坐标——打马球。

李湛继承了父亲对马球的热爱，从这一天起，他把自己对马球的热爱写进了历史，而且一发不可收，甚至可以说，他为马球而生，最终也因马球而死。

中国马球业是不是该奉他为形象代言人呢？

李湛继承的不仅仅是对马球的热爱，还有孝道。在孝道方面，李湛表现堪称完美，无可挑剔，对于郭太皇太后，以及母亲王太后，李湛极为孝顺。然而跟其父一样，注定只是个孝子，而不是合格皇帝。

打完马球的第五天，李湛开始上朝，登延英殿召对宰相，这是李湛第一次上朝，群臣以为从此走上正轨，但理想如此丰满，却架不住现实如此骨感。

在上朝时间方面，李湛表现极为拙劣，拙劣到留下了浓墨重彩的历史记录。

三月十九日，太阳已经高高升起，李湛还没有出现，等着上朝的官员站立了很久，一些年老体衰的官员站立不住，甚至有人晕倒在地。

仅仅一天前，有官员上疏，提醒李湛上朝别太晚，没想到这一天变本加厉，日上几竿头，依然看不到李湛的身影。

千呼万唤始出来，李湛终于出来上朝，此时距离原定上朝时间已经过了很久。

一个连上朝都不积极的皇帝能有什么样的作为呢？群臣在心里对李湛打上了问号。

时间就这样如水流过，群臣期待李湛能随着时间的推移快快成长，不料平地起了惊雷。

话说长安城中有个叫苏玄明的算卦师傅，他有一个朋友叫张韶，张韶在宫中染坊做事，两人友情深厚，关系非同一般。

有一天两人在一起喝酒，酒至半酣，苏玄明对张韶说："我为你算过一卦，你将来某一天会坐在皇帝宝座上，与我一起进餐。如今皇帝成天忙着打球猎狐，多数时间不在宫中，我们合计一下，大事可图！"

说者可能无意，听者却很有心，张韶从此将坐上皇帝宝座用餐当成了终极梦想，而且将这个终极梦想当成希望的种子，在染坊的工人中播种。时间不长，一批好吃懒做的无赖就聚集到张韶身旁，他们都想实现终极梦想。

不知张韶跟他们说了什么，也不知道在皇帝宝座上吃顿饭究竟有多大号召力，总之，一百多个工人行动了起来，磨刀霍霍，刀指皇宫。

四月十七日，苏玄明、张韶带着一百多个追梦人开始行动，他们将兵器藏在了运送紫草的车里。紫草的根可以用来印染，以前张韶多次往宫里运过，这一次他想瞒天过海，光天化日之下将暗藏的兵器运进宫。

按照原定计划，他们将通过银台门进宫，进宫后将兵器隐藏起来，半夜再向梦想冲刺。

不料，还没有走到银台门，就有警卫走上前来。警卫见推车子的人步履蹒跚，察觉有异，平时推这种运草车都是健走如飞，为何今天如此艰难？莫非紫草车里有玄机？

警卫示意停下，接受盘查。苏玄明和张韶使了个眼色，事发突然，提前动手吧！

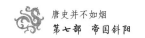
张韶抬手一刀砍杀了警卫，将警卫尸体拖到一边，与一众追梦人换好了起事的衣服，一不做二不休，高喊着冲向了皇宫。

马球天子李湛正在清思殿打马球，浑然不知在离他不远的地方已经出现了一批莫名其妙的追梦人。

值守宫门的宦官眼看平日里低眉顺眼的染坊工人挥舞着刀剑向皇宫杀来，惊骇之余，赶紧关门，飞跑着向皇帝报警。

惊慌失措的宦官们自然挡不住武装追梦者的进攻，一百多名追梦者迅速砍开宫门，向皇宫杀去。

刀锋向小皇帝李湛逼去，李湛慌了，该到哪里躲躲呢？

平日里，李湛最欣赏右神策军中尉梁守谦，每逢右神策军和左神策军进行马球比赛，李湛喜欢站在右神策军一边，为右神策军加油，顺便偏袒一下右神策军。

李湛第一反应是去右神策军大营，左右大喊："右神策军大营离这里有些远，万一路上遇上盗匪呢，不如去离这里最近的左神策军大营。"

李湛不做多想，带领一众宦官向左神策军大营跑去。左神策军中尉马存亮听说皇帝前来避难，连忙跑过来迎接，抱着李湛的脚就哭了起来，那意思是说，奴才守卫失责，让皇帝受惊了。

象征性哭完，马存亮背起皇帝一路狂奔进了左神策军大营，这下马球天子安全了。

马存亮安抚完皇帝，火速派出大将康艺全率领骑兵入宫平定叛乱，听闻皇帝担心太皇太后以及太后安危，马存亮又派出五百骑兵将二位太后迎入神策军大营。

这边马存亮指挥若定，那边张韶和苏玄明正在实现梦想的路上做最后狂奔。

梦想近在眼前，清思殿已空无一人，张韶走进大殿，坐上皇帝的宝座，拿出随身携带的食物与苏玄明分享。

梦想真的实现了！

张韶心满意足地对苏玄明说："你的卦真准啊！"

苏玄明脸色一变，大喊道："难道你只为了来这吃顿饭！"

张韶心说，可不，我不就为到这里吃顿饭吗？我的梦想实现了啊！

然后呢？

张韶这才想起，妈呀，梦想是实现了，可这是杀头的大罪啊。

张韶和苏玄明这才想起逃命，已经晚了！

左神策军在康艺全的带领下扑了上来，另一拨援军也已到位，两军形成了合围之势。

实现了梦想的张韶和苏玄明没有躲过围捕，双双倒在了神策军的刀下。一百多名追梦者多数被斩，少数就地隐藏，也没有躲过地毯式的搜捕。

当晚小皇帝李湛夜宿左神策军大营，宫中人等以及群臣并不知情，人心惶惶不定。

第二天，李湛从神策军大营还宫，本想将本次失职的三十五位看门宦官全部处死，架不住左右神策军中尉同时求情，三十五位宦官死刑改棍打，然后仍留任原职。

一场叛乱来得莫名其妙，去得也莫名其妙，仅仅因为想登上皇帝宝座吃一顿饭，就纠集一百多人向梦想发起冲击，到底是为什么呢？莫非背后还有隐情？

史无明载。

在中国大历史中，此种莫名其妙的事情并不是孤例，别人看到的是宫廷防卫松懈，我看到的却是亡国先兆。历朝历代，只要出现此类莫名其妙的闯宫事件，这个王朝的命运就开始转折了，如果说以前还是蒸蒸日上，那么之后就是日薄西山，急转直下。

崔 发 事 件

公元 825 年正月初七，皇帝李湛宣布改元，之前为长庆五年，之后为宝历元年。

屈指一数，李湛父亲李恒的年号只用了四年，祖父李纯的年号用了十五年，曾祖李诵惨点，当了八个月皇帝，连个真正属于自己的年号都没有留下。

李湛以为自己的宝历年号会延续很久，谁承想，他的年号也是属兔子尾巴的。

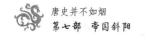
一切的一切都是李湛作的。

李湛用一系列事实证明，他只是一个顽童，而不是合格皇帝。

宝历元年（825年）正月，鄠县县令崔发卷入了一场是非之中。

事情发生时，崔发正在县衙办公，突然听到大街上吵吵嚷嚷，便让衙役出门查看。衙役出去看了一下，回来禀告说："皇家五坊的人正在殴打百姓。"

崔发以为只是普通的五坊小儿寻衅滋事，便让衙役把打人者拽到县衙大堂，听候发落。

皇家五坊为雕坊、鹘坊、鹰坊、鹞坊、狗坊，看名字就知道，这是为皇帝豢养打猎助手的地方，能跟皇帝直接对上话。如果说五坊小儿只是跑腿打杂的，那么五坊里的宦官可是非同小可，尤其当今皇帝是个顽童，最爱好的就是马球和打猎，皇家五坊的地位必然不一般。

崔发没做多想，只当一般案情处理，等一一审问后才发现，坏了，事大了，他抓的竟然不是五坊小儿，而是货真价实的五坊宦官。

按照惯例，没有诏令，地方官员无权处置宦官。

崔发赶紧把宦官一一释放，希望宦官们高抬贵手，能放过自己。

消息还是传到了皇帝李湛耳朵里，李湛顿时怒火冲天。如果是一个成熟皇帝，会更多从自身找原因，可惜，李湛是个顽童，他只知道打狗还要看主人，崔发跟五坊宦官过不去，就是跟自己过不去。

一声令下，崔发被捕，羁押于御史台监狱，与其他普通犯人一起站在御史台的金鸡之下，等候皇帝发落。

就在这时，数十个宦官拎着木棒冲了进来，目标明确，冲着崔发就是一顿乱棒，直打得崔发披头散发，面容被毁，牙齿脱落，昏死过去。

过了很长时间，崔发苏醒了过来，这时又来了第二拨手持木棍的武装宦官，指名道姓要找崔发。

御史台官员怕出人命将来不好交代，连忙把崔发藏在了席子下面，好说歹说才劝走了前来复仇的武装宦官。

事情到这一步还没完，尽管武装宦官出了气复了仇，但顽童李湛心里的气还没出完，继续将崔发羁押于御史台监狱，却把与崔发同期羁押的囚犯一一释放。

倘若李渊、李世民地下有知，会做如何感想呢？

群臣都知道此事荒唐，却不敢进言，贸然进言为崔发说情，那等于指责皇帝做错了，古往今来，皇帝有错吗？

要劝皇帝回心转意，还得多选择几个角度。

给事中李渤壮着胆子给李湛上了一封奏疏：县令不应该拘押宦官，宦官也不应该殴打御囚，两方都有罪。县令犯案是在大赦之前，宦官犯案却是在大赦之后。宦官的凶暴蛮横竟然到了如此地步，陛下应该早点用刑罚加以处置，倘若一味纵容，恐怕四方藩镇闻听之后会心生轻视朝廷之心。

奏疏写得有理有据，可惜没摸准李湛的脉。

谏议大夫张仲方接力上疏：皇帝的洪恩遍布天下，却不能施行御前；德泽普及于昆虫，却唯独绕过崔发。

写得也很好，还是没写到点上。

御史们继续接力上疏，还是没有打动李湛，难道崔发一事就这样陷入僵局？

关键时刻，还得是老将出马。

眼看御史们都不能化解崔发的僵局，也无法顺理成章地让李湛就坡下驴。老江湖李逢吉知道自己该出马了，如果任由僵局继续，崔发被委屈事小，皇帝因此被天下人耻笑事就大了。

李逢吉找准机会，与群臣一起进言道："崔发拘押宦官确实是大不敬，但他的母亲是已故宰相韦贯之的姐姐，八十多岁了。老人家听说崔发入狱，急火攻心，积忧成疾。陛下以孝道治理天下，此事还应再考虑考虑。"

老将出马，一个顶俩。

李逢吉准确摸到了李湛的脉，顽童李湛几乎一无是处，唯独孝道方面还可圈可点，对付这头小犟驴就得从孝道入手，事半功倍。

面对李逢吉递过的台阶，李湛总算把握住了："此前谏官们只知道一味给崔发喊冤，却绝口不提崔发的大不敬，也不提他家有八十岁老母。如果他们早像卿等这般说明情况，朕怎能不赦免他！"

恶气出尽，就坡下驴。

当天，崔发被宦官宣旨赦免，并被护送回家，顺便向崔发母亲转达了来自皇帝的亲切慰问。当着宦官的面，八十岁老母打了崔发四十棍，打在儿身，痛在娘心，没办法，这是打给皇帝和宦官看的。

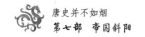
李德裕劝谏

崔发事件就此结束，但李湛的顽童本性依然不改，以其心性和资质，若做个平安王爷，想来是极好的，只可惜这样一个顽童，偏偏做了皇帝。如果他有看到未来的第三只眼，他会选择做王爷还是做皇帝呢？

对于这个顽童，还是有人在尽心尽力，这个人就是远在浙西的观察使李德裕。

李德裕在与牛僧孺的宰相之争中落败，长久地停留在浙西观察使任上，时光飞逝，皇帝已经从李恒换成了李恒的儿子李湛，李德裕依然在原地踏步。

李湛的斑斑劣迹从长安散布到全国，李德裕坐不住了，他觉得自己有义务劝说一下小皇帝。

李德裕听说，小皇帝游玩无度，亲近小人，一个月上朝的天数不超过三天，大臣们想见一面都难。

沉思许久，李德裕将自己要献给小皇帝的箴言写到了六道屏风上，名曰《丹扆六箴》。

> 一曰《宵衣》，以讽视朝稀晚；
>
> 二曰《正服》，以讽服御乖异；
>
> 三曰《罢献》，以讽征求玩好；
>
> 四曰《纳诲》，以讽侮弃谠言；
>
> 五曰《辨邪》，以讽信任群小；
>
> 六曰《防微》，以讽轻出游幸。
>
> 《纳诲箴》略曰："汉骜流湎，举白浮钟；魏睿侈汰，陵霄作宫。忠虽不忤，善亦不从。以规为瑱，是谓塞聪。"
>
> 《防微箴》曰："乱臣猖獗，非不遽数。玄服莫辨，触瑟始仆。柏谷微行，豺豕塞路。睹貌献餐，斯可戒惧！"

金玉良言，苦口婆心，李德裕希望小皇帝每天能对着这些屏风自我约束，每日三省其身。

李湛是如何应对呢？

下诏将李德裕狠狠地赞誉了一番，然后继续我行我素。

消息传到浙西，李德裕不断摇头，如此顽劣，可不是英明之主，大唐王朝何时才能重新步入正轨呢？

不 同 选 择

对李湛失望的不仅仅是李德裕，还有李德裕的政敌牛僧孺。

论受重用程度，牛僧孺远在李德裕之上，此时官拜宰相，朝堂之上的位置仅次于宰相李逢吉。

牛僧孺却没有沾沾自喜，他嗅到了危险的味道。

宰相李逢吉为人不正，投靠宦官，小皇帝只宠信宦官和小人，长此以往，朝堂可能有变！宦海浮沉多年，牛僧孺的眼光还是独到的，他知道要早点远离是非之地，一旦陷入旋涡，后果不堪设想。

奇怪的一幕出现了，别人拼命上疏请求从地方调进中央。牛僧孺恰恰相反，他频频上疏，请求从中央调往地方。

李湛架不住牛僧孺屡次上疏，便批准了，将鄂岳道升格为武昌战区，由牛僧孺出任武昌节度使，牛僧孺得偿所愿。

牛僧孺的主动外调，有的人看得懂，有的人看不懂，牛僧孺倒也坦然："知我者谓我心忧，不知我者谓我何求！"

与牛僧孺主动外调不同，盐铁转运使王播恰恰相反，他费尽千辛万苦从地方调到中央，为了巩固在中央的位置，无所不用其极。

原本，王播是个官声极好的人，为人正直，头脑灵活，眼光深远。裴度平定蔡州，正是王播后方调度，保障后勤，并派得力副手前往战区征税保障裴度的军费开支，可以说裴度的军功章里有裴度的一半，也有王播的一小半。

元和末年，王播被更为得宠的皇甫镈排挤出长安，出任西川节度使，担任多年的盐铁转运使一职由其副手接任。

这次被贬，让王播终生难忘，从此性情大变，以前的大公无私，变成了大公为私，此后他的所作所为都是为了重返长安，都是为了牢牢保住自己的官位。

既然皇帝都能拿江山社稷开玩笑，那就别怪我了！

在穆宗李恒一朝，王播起起落落，担任盐铁转运使又被免去。到了小皇帝

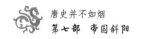
李湛这一朝，王播几经周折又当上了盐铁转运使，这一次他绝不放手。

对付小皇帝，王播有办法，他用上了当年政敌皇甫镈的一招——用公款讨好皇帝。

当年，皇甫镈经常用公款讨好皇帝，最为经典的一次，他从国库往皇帝私库拨付了数万两银子，理由很奇葩——这些银子是从国库犄角旮旯的灰尘里找到的，之前就没有登记在册，因此应该归属皇帝私库。

明眼人都知道皇甫镈玩的是数字游戏，偏偏皇帝很受用，心安理得地收下了。

很多人都以为皇帝富有四海，天下都是皇帝的。

实则不然，即便皇帝是天下之主，用度也是有限制的。历朝历代，但凡靠谱的皇帝都会严格区分国库与私库，国库即便再有钱，皇帝也不能擅自占用。

皇甫镈知道这一点，王播知道这一点，但他们更知道皇帝的私心。皇甫镈用国库的银子讨好宪宗李纯，现在王播用国库的银子讨好李纯的孙子李湛。

身为盐铁转运使，王播考虑最多的不是完成国库税收，而是对皇帝本人的上贡，光是宝历元年七月二日，王播向皇帝进献绸缎一百万匹。

如此力度，焉能官位不保？

第七章 上下其手

两败俱伤

这边王播用心良苦，那边李逢吉也没有闲着，两人上下其手，目的只有一个，那就是保住自己的官位。

自从李绅被排挤出朝廷后，李逢吉还是时时刻刻警惕，生怕李绅有一天重返长安。别说重返长安，最好就让李绅在端州终老。

事有凑巧，李湛改元后大赦天下，普济众生，包括贬黜在外的官员也要在这次大赦中改善境遇。

大赦诏书颁布之后，大家看不懂了，诏书上明明白白写着，被贬黜的官员已经往内地迁移过的可以再次迁移，但是从来没迁移过的该怎么办，诏书上却没有明确指出。

翰林学士韦处厚一眼看破了诏书背后的猫腻，无他，李逢吉要心眼呢。

李逢吉在草拟诏书时故意不提从未内移的官员该如何处理，就是为了防止李绅内移，这样就可以把李绅牢牢地钉在端州。

韦处厚看破了李逢吉的花招，一道奏疏递到了皇帝面前。

小皇帝虽是顽童，但毕竟是个明白人，既然大赦天下，那就不能打折扣，不能因为李逢吉怪罪李绅，就影响其他被贬黜的官员。

此前诏书追回，再发一道诏书，所有被贬黜官员都可以内移。由此，李绅

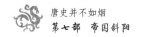

告别端州内移到江州，出任江州（现江西省九江市）刺史，虽然还是不起眼的小官，但江州与端州相比，已算发达之地，李绅境遇总算得以改观。

此情此景，李逢吉徒呼奈何，只能暂时放过李绅，转而对付另一位宰相李程。

说起李程，李逢吉也是一肚子苦水，说一千道一万，还是自己把这个对头送上宰相宝座的。

小皇帝李湛登基之后，想自己委任宰相，便向李逢吉询问。李逢吉按照朝中声望拟定了一个名单，吏部侍郎李程和户部侍郎窦易直分列第一和第二。

李湛顺手一指，就让第一顺位的李程和第二顺位的窦易直步入宰相行列，从此以后就跟李逢吉搭班子了。

李逢吉以为李程会感念自己的提携之恩，没想到，李程压根儿不买李逢吉的账，时间不长，两人便产生了龃龉。

李逢吉可能属于独行侠，适合一个人独来独往，自其出任宰相之后，已经先后与多人产生矛盾，先是跟李绅，这次是跟李程，接下来还会有李绛和裴度。

生命不息，战斗不止。

莫非李逢吉是属斗鸡的？

两人的矛盾愈演愈烈，以至于演化出一起大案。

陈留人武昭原本担任石州刺史，因故被免职，屈就出任袁王府长史。石州刺史有职有权，王府长史权力有限，还要仰人鼻息，其中的落差，武昭比谁都清楚，内心的郁闷可想而知。

武昭的郁闷被人看在眼里，记在心里，有心的人想把武昭当作一枚棋子。

想用武昭下棋的是李程的族人、水部郎中李仍叔，对于李逢吉和李程的矛盾，李仍叔心知肚明。

身为与李程同族的族人，李仍叔坚定地站在李程一边，他想激起失意人武昭心中的怒火，进而把火引向李逢吉。

李仍叔故作关心，对武昭嘘寒问暖，关心之余又小心翼翼地告诉武昭："李程想给你一个不错的官职，可惜被李逢吉搅黄了。"

说者有心，听者有意，失意人武昭无名火起，在心中对李逢吉这个名字诅咒不已。

酒入愁肠愁更愁，武昭喝着越来越浓的酒，大声喊道："总有一天我要杀了李逢吉这个王八蛋。"

与他一起喝酒的是左金吾兵曹茅汇，茅汇赶紧阻止，可惜已经晚了，武昭的大声嚷嚷惊动了黑夜的宁静，也惊动了告密者敏感的神经。

告密者将武昭的醉话当成线索，禀告了上去，酒后失言的武昭和酒后并未失言的茅汇一起被捕入狱。

武昭已经死罪难逃，口出狂言谋刺当朝宰相，历朝历代都是大罪；至于茅汇，罪可大可小，大可以定为与武昭同谋，小可以定为知情不报。

生死两条路，但看茅汇怎么选。

李逢吉的人出现了，来者是前河阳掌书记李仲言，在倒李绅的行动中，他是得力干将，这一次依然不遑多让。

李仲言一副为人分忧的面孔，对茅汇循循善诱："你只要说李程和武昭同谋，就能活命，否则必死无疑。"

李仲言以为茅汇会选保命的一条路，不料，茅汇是条真汉子。

茅汇斩钉截铁地回应道："即便冤死，我也认了！诬告别人保全自己，茅汇干不出来！"

李仲言悻悻而去，留下武昭和茅汇承担所有可能的后果。

这场冤狱并没有如李逢吉所愿，非但没有扳倒李程，反倒把自己的得力干将李仲言搭了进去。

群臣都看透了这场冤狱，不过是酒后失言，不过是李逢吉借题发挥，想隔山打牛。

冤狱以各打五十大板的形式收场，李逢吉和李程各折一员得力干将，武昭和茅汇成了二人斗法的替罪羊。

酒后失言的武昭被乱棍打死，酒后未失言的茅汇被流放崖州，李程得力干将李仍叔被贬为道州司马，李逢吉得力干将李仲言被流放象州。

一席酒话，两家斗法，一人伏法，三人被逐，最终两败俱伤。

政治，就是如此肮脏。

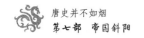

李绛其人

斗完李程，李逢吉又将矛头指向了老资格的尚书左仆射李绛。

> 李绛，字深之，赵郡赞皇人也，举进士，登宏辞科，授秘书省校书郎。贞元末，拜监察御史。元和二年，以本官充翰林学士。未几，改尚书主客员外郎。逾年，转司勋员外郎。五年，迁本司郎中、知制诰。皆不离内职，孜孜以匡谏为己任。

以上是《旧唐书》里对李绛的记载，总体来说，这是一个以直言进谏为使命的人，他的耿直既是优点，也是缺点。

在史书中，有这样的记载：

> 帝尝称太宗、玄宗之盛："朕不佞，欲庶几二祖之道德风烈，无愧谥号，不为宗庙羞，何行而至此乎？"绛曰："陛下诚能正身励己，尊道德，远邪佞，进忠直。与大臣言，敬而信，无使小人参焉；与贤者游，亲而礼，无使不肖与焉。去官无益于治者，则材能出；斥宫女之希御者，则怨旷销。将帅择，士卒勇矣；官师公，吏治辑矣。法令行而下不违，教化笃而俗必迁。如是，可与祖宗合德，号称中兴，夫何远之有？言之不行，无益也；行之不至，无益也。"帝曰："美哉斯言，朕将书诸绅。"即诏绛与崔群、钱征、韦弘景、白居易等搜次君臣成败五十种，为连屏，张便坐。帝每阅视，顾左右曰："而等宜作意，勿为如此事。"

从记载来看，李绛的直言深得宪宗赏识，其实这一切都是政治秀。皇帝做出海纳百川的姿态，自然需要李绛的衬托，但皇帝是否真的海纳百川，别看广告，看疗效。

如果说这段记载中，李绛算是大获全胜，那么接下来的记载，就能看出李绛身后所隐藏的危机。

这段记载与华山有关。

可能是因为与杨玉环在华清池留下了一段情，唐玄宗对华山也情有独钟，曾令华州刺史在华山立过一个"华岳碑"，并亲自撰写碑文，歌颂华山之雄奇险峻。此碑高五十尺，宽丈余，被称为"天下第一碑"。

其后不到 100 年，出现了一座与华岳碑等高等宽并列第一的碑，并引发了一场风波。

唐宪宗元和三年（808 年），皇帝最宠信的宦官吐突承璀奉命整修安国寺，在动工过程中，吐突承璀留了个心眼，他要用这个工程好好拍一下皇帝的马屁。

吐突承璀在别人的指点下立了一块功德碑，碑的大小高下与华岳碑相同。碑立起来了，碑文却还没有着落。碑文主题是要歌颂皇帝圣明，天下太平，皇恩浩荡，河清海晏，但这种御制文章也不好做。吐突承璀放出话：谁能撰写碑文，酬金一万贯。这时有人推荐说，李绛的文章写得好，差事就交给他吧。李绛时任知制诰，职责就是专为皇帝起草诏令。

李绛听到消息，不但不感到荣幸，反而讥讽说，自古圣帝明王都没有功德碑，难道是因为他们的功德还不够吗？只是因为他们认为不宜歌功颂德而已。于是向唐宪宗上了一道奏章：

> 陛下布维新之政，划积习之弊，行前王所不能行，革历代所不能革，四海延颈，日望德音。今忽自立碑，以示天下不广，彰满假之渐，招矜炫之讥耶？

意思是说，陛下治国很有成就，有目共睹，现在却要立功德碑，自我炫耀，难道是想招来天下的讥笑吗？圣德、皇猷岂是能用一块碑几行字所能概括的，如果真要立碑，反而有损形象。高祖、太宗创开元、贞观盛世，也未立碑，难道陛下的功德还能超过先祖吗？尧、舜、禹、汤、文、武，皆无立碑之事，历史上只有秦始皇游泰山立过碑，为百王所笑，万代所讥，至今称为失道亡国之主，岂能追秦皇暴虐不经之事，而自损圣德？何况此碑在安国寺内，碑文本应记载与寺院有关的内容，如记载陛下的功德，实在是不伦不类。请陛下罢修。

当晚皇帝看了奏章，心情如何可想而知，但李绛说得义正词严，句句在理，皇帝只好说了句"李绛是忠臣"，命令把碑拽倒。

宪宗批阅李绛奏章时，吐突承璀正在旁边，不高兴地嘟囔道：碑体积太大，恐怕拽不倒，慢慢拆吧。实际上是想暂缓执行，心存侥幸——皇帝说不定还会改变主意。没想到宪宗正在气头上，没好气地厉声喝道："拽不倒就多

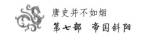
用几头牛拽!"吓得吐突承璀再也不敢吱声,只好动用了一百头牛,把自己费尽心机立起来的碑拽倒了。

二李交锋

李绛就是这样,虽千万人吾往矣,尽管知道可能会得罪皇帝,但他还是会做,还是会去说。

耿直的李绛,左右逢源的李逢吉,两人想不发生摩擦,不可能!

在昭义节度使更迭的问题上,李绛和李逢吉杠上了。

昭义节度使刘悟病死,其子刘从谏在众将的支持下自称代理节度使,请求朝廷颁发正式诏令,委任自己为新任节度使。

刘从谏一边厉兵秣马,一边遣人到长安找宰相李逢吉和宦官王守澄疏通关系。二人收了刘从谏的好处自然替其说好话,眼看刘从谏即将得偿所愿。

李绛看不下去了,他不能任由李逢吉和王守澄胡作非为。

李绛向皇帝提出建议:"昭义战区不同于河北藩镇,不能允许父死子继。应当从邻近战区遴选新任节度使,星夜兼程火速上任,趁刘从谏措手不及,将权力彻底收回朝廷。"

李绛的眼光长远,建议也有可行性,只可惜这样有价值的奏疏被置之不理,昭义节度使的职位还是如愿地到了刘从谏手上。李逢吉办了好事,得了贿赂,转过头又恨上了李绛。

这个李绛太碍眼了!

李逢吉开始着手对付李绛,李绛也能感受到李逢吉的咄咄逼人。在李逢吉的带动下,李绛感觉自己的待遇大不如前。

李绛所担任的官职是尚书左仆射,属于位高权不重的官职,虽然权不重,但有唐以来,对于这个官职还是相当礼遇的。

按照惯例,仆射上任之日,宰相要亲自相送,百官要站立两旁,御史中丞则站在中庭迎接,每个月尚书以下官员还要到仆射办公室参拜。

礼仪一直持续到元和年间,因太常博士上疏称礼仪过重,皇帝李纯才下令废止。

礼仪即便废止,但还是改变不了尚书左仆射备受礼遇的事实。

现在李绛与李逢吉交锋,站在李逢吉一方的王播也狐假虎威,不把李绛放在眼里,甚至到了路上相遇,也刻意没有回避。

以官职论,李绛在王播之上;以资历论,李绛也在王播之上。如此狭路相逢,不知礼仪,就是要给李绛个下马威。

李绛依然是直来直去的脾气,他不仅要为自己争口气,同时也要为尚书左仆射这个职位讨个说法。

李绛又一次将奏疏递给了皇帝:"大唐开国之初,仆射是正宰相,礼数至重。如果在这个位置上的人不称职,那么皇帝自当另授贤良。如果皇帝正式任命了仆射,那么礼仪就应该到位,不能破坏惯例。请陛下将此事交予百官讨论,以正视听。"

李绛的奏疏在朝中传播开来,群臣大多认同李绛的观点。然而大家都知道,这是李绛与李逢吉斗法,至于谁能笑到最后,犹未可知。

看起来,李绛赢了,实际上,还是输了。

几天后,新的任命下来了,因李绛的脚有疾病,免去尚书左仆射一职,改任太子少师,前往东都洛阳办公。

让你争礼仪!

所有的一切都是李逢吉在捣鬼,他要排除一切可能威胁他权威的人,先是李绅,再是李程,后是李绛,现在他们都倒下了。

还有谁!

还有谁!

黯然下台

就在李逢吉想松口气时,新的威胁又来了,朝中眼线给他送来了一个新消息,听完这个消息,李逢吉差点昏了过去。

怎么又是他?简直阴魂不散啊!

让李逢吉差点晕倒的是个故人,裴度!

当年,李逢吉利用裴度与元稹的矛盾,将裴度和元稹双双扳倒,元稹根基

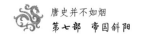

浮浅不足为虑，裴度却是元和一朝重臣，战功卓著，声望极高。

即便被扳倒，裴度也被委任为山南西道节度使，即便在地方，山水远隔，还是阻挡不了裴度的光芒折射进长安。

况且大家都知道，裴度本身没有错，只是李逢吉故意排挤，将裴度逐出了长安，现在朝廷上下，李逢吉想一手遮天，得有人来制衡李逢吉了。

谏官们纷纷递上奏疏，众口一词称赞裴度贤能，不能搁置在地方白白浪费才能。

皇帝李湛虽是顽童，但是非还是懂的，他并非不知裴度贤能，他并非不知李逢吉排除异己，一切他都看在眼里，现在该到了召回裴度、限制李逢吉的时候了。

李湛频频派出宦官，名曰视察山南西道，实则向裴度问询朝政，几次往返之后，李湛下定决心，不日将召回裴度。

裴度心知皇帝心思，顺势上疏，请求回长安觐见。

裴度的上疏让李逢吉大为恐慌，自己这个猴子当山大王还没有几天，一旦裴度回归，自己这个山大王该何去何从呢？

不行，不能让裴度返回长安！

李逢吉的招数并不多，无非是排挤加造谣，对付裴度，光是排挤已经失效了，接下来只能靠造谣了。

李逢吉的队伍再度行动了起来，在造谣的路上此起彼伏。

时间不长，民间流行起了一则谣言：绯衣小儿坦其腹，天上有口被驱逐。

绯衣小儿坦其腹，就是暗指裴度的裴，天上有口被驱逐，指的是裴度指挥大军入蔡州擒获吴元济，谣言可不是为了捧红裴度，而是为了把裴度往死路上逼。

历朝历代，如果朝中有人应了民间盛传的谣言和图谶，那么等待他的，要么是自己谋权篡位，要么就是死路一条。

这还不算完，李逢吉的队伍又在裴度的家宅位置上做起了文章。

要说李逢吉的队伍里也有能人，上知天文，下知地理，中间还懂伏羲八卦。

长安城东西横亘着六道高坡，看起来像八卦中的乾卦，裴度家正好在第五个高坡上，李逢吉就在乾卦上做文章。

乾卦如何做文章？

可以引申为有王气。历朝历代，因为家宅被人说有王气而被处死的不在少数。

李逢吉死党上了一道奏疏："裴度名应图谶，家宅又在乾卦的第五个高坡上，此次不等征召就入长安，显然别有用心！"

这是把裴度往死里逼的奏疏，欲加之罪，何患无辞，既说人家名字应图谶，又说家宅有王气，三说不召自来，三项指控，只要一项坐实，后果不堪设想。

李逢吉还是失望了，小皇帝李湛只是顽劣，但并不傻。

谣言为何而起，李湛很清楚；家宅有王气，更是胡说八道——开元年间，宰相张说和张嘉贞两家都住在裴度家附近，怎么没人说有王气？

至于不召自来，李湛更是心如明镜，为了让裴度返京已经运作了好几个月，哪来的不召自来呢？

李逢吉碰了一鼻子灰，恨恨地退回角落，眼睁睁看着裴度重返长安，再次成为群臣核心。

刚回长安，前来拜访的官员踏破门槛，裴度却不避嫌，把前来拜访的官员留下来饮酒。京兆尹刘栖楚想跟裴度说两句悄悄话，贴近裴度耳朵低语了两句，不料却被人抓了正着。

侍御史崔咸端起酒杯要罚裴度的酒："丞相不应跟地方官员窃窃私语。"

任命尚未出炉，而裴度出任山南西道节度使时也没有兼任宰相，严格说来，裴度还不是宰相，但崔咸已经开始喊裴度为丞相，只能说明裴度是众望所归。

裴度起身，笑而饮之。

所作所为，皆是坦荡之人行坦荡之事，心底无私，天地自宽。

半个月后，任命出炉，裴度出任司空兼任宰相，再度进入帝国中心。

裴度上任不久，便发生了一件怪事，宰相办公室居然丢了一枚印信！

左右不敢怠慢，连忙向裴度禀告，在场的人大吃一惊。唯独裴度不为所动，面色如常，不紧不慢地饮着杯中酒。

"不慌，慢慢找！"

众人不解，宰相的心也太大了，印把子丢了还有心思喝酒。

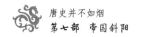
裴度依然不慌不忙，招呼大家："喝酒，喝酒，喝完酒再说。"

不一会儿，又有人来报，印信找到了，就在平素里存放的地方，奇怪的是，刚才怎么死活就找不到呢？

裴度依然不悲不喜，面色如常。

众人更不解了，印信丢了，不急，印信找到了，不喜，裴宰相何故如此淡定呢？

裴度为众人解开了谜团："印信其实没有丢失，只是有办事人员偷偷拿去盖章了。如果追查急了，他只能扔到水里或者投到火里，不急着追查，他反而会物归原处！"

好胆识，好肚量。

人比人得死，货比货得扔；与裴度相比，李逢吉差的何止一星半点。

留给李逢吉的时间不多了！

裴度出任宰相九个月后，红极一时的宰相李逢吉黯然下台，出任山南东道节度使，遥兼二级宰相。

所谓"遥兼"，只是个说辞，相当于享受宰相待遇，仅此而已，与真正的宰相有很大区别。

两个月前，李逢吉的老对手李程出任河东节度使，遥兼二级宰相。

这下不用斗了，路途遥远，又没有即时通信工具，想要斗，还要写信，麻烦死了！

自此之后，李逢吉再也没有重返帝国权力核心，那些为所欲为的日子，从此只在记忆里，再也回不去了。

第八章　非典型更迭

骊 山 魔 咒

尽管召回了重臣裴度，小皇帝李湛的行为还是没有任何收敛，在为所欲为的道路上，越走越远，越陷越深。

麟德殿是什么地方？

帝国权力的象征，商讨国家大事的地方，李湛登麟德殿做什么？

观赏马球、手博以及杂耍。

在李湛的督战下，所有比赛都充满了硝烟的味道，对抗激烈，拳拳到肉，有人为此折断了胳膊，有人为此摔破了脑袋，有人为此心生怨恨，有人为此磨刀霍霍。

在一个王朝走下坡路时，总是会有那么一两个不着调的皇帝出演一下自己的戏份。在唐朝是李湛，在明朝就是正德皇帝朱厚照，如果两个人能够穿越，兴许可以组成一个不着调皇帝组合。

李湛在一步一步逼近生命的终点，他自己浑然不觉。

就在一年前，也就是宝历元年（825 年），李湛心血来潮，想去一趟骊山温泉；令李湛没有想到的是，就这么一个简单的梦想，大臣们都不让他实现。

为什么？

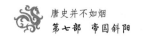

身为天子，连个泡温泉的权力都没有。

泡温泉可以，只是别去骊山。

李湛大为不解，为什么不能去骊山？

左拾遗张权舆跪在紫宸殿前规劝道："周幽王游玩骊山，最终被犬戎部落所灭；秦始皇嬴政埋葬在骊山，结果秦帝国覆灭；玄宗皇帝在骊山建筑宫殿，结果安禄山造反；先帝数次前往骊山，结果寿命不长。请陛下一定三思，不要前往骊山！"

张权舆说的有道理吗？

强词夺理。

周幽王被犬戎所灭是因为在骊山游玩？秦帝国覆灭是因为秦始皇埋在骊山？安禄山造反是因为唐玄宗在骊山建立了宫殿？先帝李恒寿命不长，是因为去过骊山？

一切都是牵强附会，只是为了证明骊山是个不祥之地，不让李湛去而已。

李湛听完，大吃一惊，若有所悟。众人以为李湛回心转意了，正要松口气，李湛兴奋地说道："哦，骊山这么凶险啊，我更得去体验一下，看是否像你说的那样！"

张权舆差点当场吐血，唉，说得这么凶险，非但没拦住皇帝，反倒加速了皇帝去骊山的步伐。

骊山游玩归来，李湛有些失望："哎，不过如此嘛。我这不是好好地回来了吗？那些磕头虫的话真不能听！"

李湛的话符合他的逻辑，也有一定的道理，但冥冥中总有一些事情是不好解释的。既然众人口口相传，那么不祥之地还是要敬而远之，身为皇帝，更是不碰为好。李湛不信邪，非要碰，那么等待他的将是一个他无法预料的后果。

熄灯之谜

宝历二年七月二十七日，李湛派宦官出来传话，将国库现存十万两白银、七千两黄金搬到宫库，以便皇帝随时使用。

大臣们纷纷摇头，如此皇帝，闻所未闻，将手随意伸进国库，长此以往，国将不国！

李湛在错觉的道路上越走越远，一场针对他的阴谋正在酝酿。

参与这场阴谋的人很多，有宦官，有大力士，还有禁军马球将领。

原本他们是离皇帝最近的人，原本他们是最受恩宠的人，原本他们是最有忠心的人。

时间一长，一切都变了。

李湛顽童天性，喜怒无常，高兴时，可以把这些人捧上天堂，发怒时，反手就把这些人打入地狱。

这些人中，有的被李湛痛骂过，有的被李湛痛打过，还有的已经被李湛诛杀了，无法来参加诉苦大会，剩下的已经被流放了，没个三年五载，根本回不了长安。

怨气在慢慢积累，仇恨的浓度与日俱增。当宦官和禁军将领交换眼色时，留给李湛的时间就开始读秒了。

他们为了同一个目的走到一起来，为了日后不再受李湛摧残，为了拥立新君获得更多利益，世间已经没有东西可以阻挡他们慢慢举起的刀锋。

宝历二年（826 年）十二月八日，李湛活在世上的最后一天，他只当这一天是寻常日子，压根儿没有想到明年的这一天就是他的忌日。

一切如常，没有任何不同。

李湛没有嗅到血腥的味道，尽管人家已经磨刀霍霍。

一如既往，李湛外出打猎，这次打到的猎物很多，收获颇丰。李湛扬扬得意，旁边的宦官赔着笑，笑容的下面是按捺不住的杀机。

深夜时分，李湛浩浩荡荡回宫，酒宴已经摆上了，这也是惯例，打完猎必喝酒，不喝点酒，总觉得少了点什么。

气氛很热烈，皇帝喝得很尽兴，宦官刘克明一旁尽心尽力地伺候着，禁军马球将领苏佐明一杯又一杯给皇帝敬酒。

酒真是好东西。

十七岁的李湛酩酊大醉，醉酒的感觉真好。

参加这次酒宴的，除了李湛，还有二十八人，多数人都知道即将发生什么，他们都在静静等待，等待那个早已商量好的结局。

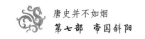

李湛起身如厕，宦官刘克明小心服侍着，苏佐明慢慢起身，跟了过去。

大殿的蜡烛突然全部熄灭！

等蜡烛再点亮时，李湛已经跟这个世界告别了。

谁杀了李湛？

史书将矛头指向了刘克明和苏佐明，出主意的刘克明，倒手的是苏佐明："双明"组合以为联手干了一件可写进历史的大事，但同时何尝不是一件祸事？

富贵险中求，不冒风险，焉能大富大贵？刘克明是这么想的，苏佐明也是这么想的。

宦官刘克明怀着"悲痛"的心情，传达李湛最后的旨意：命翰林学士路隋起草遗诏，由绛王李悟主持军国大事。

遗诏不奇怪，遗诏的内容有些荒唐，由来帝位传承多是父子相传或兄弟相传，李湛兄弟众多，何故要把皇位传给叔叔李悟呢？

里面一定大有文章。

当然，遗诏还是能糊弄一时的。

第二天一早，宦官刘克明宣读了先帝"遗诏"，引着绛王李悟在紫宸殿外廊会见了宰相以及百官。

按照刘克明的规划路线图，接下来，奏请太皇太后以及皇太后，只要两位太后点头，绛王李悟就该准备登基称帝了。

久在宫中，刘克明已经把两宫太后的脾气摸透了：太皇太后郭氏虽然强势，但对朝政并不热衷，皇太后做人更是低调，对于朝政几乎不过问，真要到两宫太后面前请立新君，想来也没有太大阻力。

刘克明的算盘打得很精，以为已经把控全局，"遗诏"在手谁能不从，谁能奈我何？

他把事情想简单了，也把同事们想得太简单了。

刘克明把遗诏看得太重了，他以为遗诏就是征服一切的利器，但有没有想过，这个世界终究是凭实力说话，如果没有实力，就是拉一火车遗诏，也是不管用的。

你有遗诏，人家有兵权！

刘克明一心想把大权揽在自己手里，自然不愿意其他宦官参与进来，尤其是那些原本就位高权重的宦官。一旦参与的人多了，将来分配权力也是件头疼的事，索性别分了，一个人把着就挺好。

枢密使王守澄、杨承和，左右神策军中尉魏从简、梁守谦，这四人是后宫宦官领袖，一直分享着后宫的权力，眼看原来的中层宦官刘克明要自立门户，几个高层宦官焉能坐视不理？

四人后宫打拼多年，一闻空气中的味道就知道情况不妙，刘克明小儿想大权独揽，独占拥立新君之功，想得倒美，他能立，我们也能立。

四人商议完毕，分头行动，卫军去亲王十六宅迎接江王李涵进宫，左右神策军、飞龙兵进宫讨伐逆贼。

形势急转直下，昨夜参与酒宴的人还在梦想着事成之后论功行赏，抬头一看，眼前尽是明晃晃的刀片！

刘克明一看，完了，咋忘了他们手里还有兵权呢？

吃了猪油蒙了心，你就是现世报。

让你不懂得分享！

刘克明撒腿就跑，一边跑一边想辙，突然瞥见了一口井，哦，原来这口井就是我的归宿。

一咬牙，刘克明纵身跳入井里。刚才还在梦想着成为权倾朝野的宦官，不一会儿的工夫就要跳井，离开这污浊的尘世。

这就是命！

这不是命！你命中不该跳井而死！

就在刘克明在井下挣扎着跟这个世界告别时，几只挠钩伸了下来，一、二、三，一使劲，刘克明又被捞了上来。

刘克明暗叫不好，完了，连选择死法的权利都没有了。

神策军将士手起刀落，刘克明解脱了。

宦官这么有前途的职业不做，非要学人家拥立新君，到头来，被自己的野心给撑死了。

绛王李悟呢？

同样死于乱军之中。

几个小时前，他刚刚接见过群臣，即将登基成为皇帝；

几个小时后，他便死于乱军之中，人生旅途戛然而止。

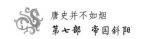
从巅峰，到低谷，一点缓冲都没有；千不该，万不该，被刘克明裹胁了进去，早知今日，何必当初呢。

处变不惊

一切都发生得太突然了，作为事情的亲历者，资深宦官王守澄先生有些回不过神。

怎么办？该如何应对这一切？

王守澄有自知之明，他知道以自己的材质断断应付不了这个复杂的局面，得找个博古通今的人帮忙压住阵脚，不然的话，一着不慎，满盘皆输。

王守澄思量一番，心中已有人选。

翰林学士韦处厚博通古今，举重若轻，有他相助，自然可以从容应对。

果不其然，韦处厚到来后立刻稳住了阵脚，不慌不忙，从容不迫，慌乱的后宫渐渐平静了下来。

王守澄面有难色，他不知道该如何向天下百姓解释这惊心动魄的二十四小时。

王守澄为难地问道："学士，该如何向天下解释这一切呢？这，这，这……"

韦处厚正色回应道："正大光明讨伐逆贼，合乎正义，怎能吞吞吐吐，有什么好顾忌的呢？"

王守澄心里说，到底是文化人，这么血腥一事，让人家一说，正大光明，底气十足。

王守澄又问："那么江王该以何名义登基呢？"

韦处厚回应道："以江王的名义布告天下，已经讨平逆贼，平定内乱。然后群臣三次进表劝江王登基，再以太皇太后名义册封江王即皇帝位。"

王守澄连连点头，文化人就是文化人！

仅仅一夜之间，皇帝由李湛换成了李涵，李涵即位之后，尊自己的母亲萧氏为皇太后，前任皇帝李湛的母亲王太后为宝历太后，再加上郭氏这个太皇太后，此时李唐王朝有两个太后，一个太皇太后，再来一个，就够一桌麻将了。

不急，后来真的又来了一个，这是后话。

太皇太后郭氏居住于兴庆宫，宝历太后住义安殿，萧太后居住于大内，李涵性情敦厚，待三宫太后一视同仁，此举颇令世人称赞！

至于前任皇帝李湛，他已经走进了历史，他的兄长李涵为他奉上庙号"敬宗"，从此他不圆满的人生也圆满了，好歹也是个有庙号的皇帝了。

至于李涵，他接过的不是甜美的蛋糕，而是到处起火的乱摊子。皇帝的担子一旦挑上肩，想卸掉就没那么容易了，李涵能应付得来这复杂局面吗？

第九章　上任三把火

上任伊始

不知从什么时候，"新官上任三把火"的俗语就流行开来，这句话到底是从哪来的呢？

有人说来自《三国演义》，来自诸葛亮的三把火。

在《三国演义》中，诸葛亮当了刘备的军师，在短时间内，连续三次火攻曹操。第一次火烧博望坡，使夏侯惇统领的十万曹兵所剩无几；第二次在新野，火攻，水淹使曹仁、曹洪的十万人马，几乎全部覆没；第三次火烧赤壁，百万曹兵惨败，最后跟随曹操逃出去的，只剩二十七人。当时，人们把这三把火称为"诸葛亮上任三把火"。传到后来，便成为人们常说的"新官上任三把火"了。

这个说法吧，令人将信将疑，《三国演义》于明代成书，诸葛亮的事迹也多数属于演绎，把这演绎的事迹变成俗语，似乎还是有点底气不足。

还有一种说法是，"新官上任三把火"并没有具体的人和事迹，是从古代县令上任常做之事，编出的俗语。

古时县令上任接班，需要做的事很多：

1. 要拜庙上香，地方的孔庙、关帝庙、文昌庙、城隍庙必拜，以显示自己尊儒崇道，连地方神都十分恭敬。

2. 要清仓盘库、粮库、物料库，核对清楚。

3. 要巡查监狱，要视察城防。

4. 要对簿点卯，即对照簿册记载的官员侍从等花名册一一查对。

5. 要传考生童，就是将本地的学生集中，进行一次自己亲自出题的考试，了解一下本地教育情况。

6. 要拜访乡绅，依次是本县的皇亲国戚、与自己同级的卸任官员直至豪门大户。

最后，新任县令贴出告示，说明自己从何月何日开始接受诉讼。

做上边一系列事情时，新官必然会选择出某两三件事情，别出心裁地指手画脚一番，这就是烧出"三把火"了。常见的如庙宇残破要拨款大修啦、城防不坚固要为防盗修城墙、学生素质不高要请外地名师等。这些谁也会烧的"三把火"后，才可见新官是否有真功夫！才可知这个刚登官的人，是否真的能当官！

新皇登基的李涵也没有闲着，他要烧出自己的三把火。

首选，改了个名字。

李涵这个名字不再用了，改名叫李昂。是不是取昂首挺胸的意思呢？

李昂在当亲王期间，深知老爹李恒以及弟弟李湛执政时的种种弊端，一上任自然就要对这些弊端下手，比如撤销五坊，除了留下一些打猎用的猎犬，其余一律释放；遣散宫女，最多一次遣散三千人；减免贡品，一切从简；坚持上朝，按照祖父的标准来。

一系列措施实施下来，满朝上下焕然一新。

众人以为就此迎来一个开明之主，真是这样吗？

未必！

真话的代价

性格决定命运，这句话在李昂身上同样适用。李昂的性格还是有缺陷的，温室里长大的他，性格过于优柔寡断。

身为天下之主，性格中要有硬的成分，伐谋决断，意志坚定，但凡认定的

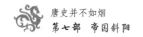

事情，就坚持到底。李昂不是，他好犹疑，往往决定了的事情，他最先变卦，如此犹疑，他能当好天下之主吗？

公元828年，李昂登基的第三个年头，在827年，他改年号为太和，因此公元828年为太和二年。

为了将天下人才笼络到朝廷，李昂在太和二年三月二十五日亲自主持了御前考试，谁也没有想到，这次考试居然出了一位敢说天下人不敢说之事的刘蕡。

刘蕡，昌平人（今北京市昌平区），参加的是"贤良方正"科考试。

在刘蕡的试卷上，他写下了别人想说不敢说的话。

刘蕡写道：陛下最应该担忧的是，宫廷将发生变故，社稷将发生危机，朝廷将发生倾覆，四海之内将发生混乱。陛下如果想消除弑君篡位的根源，就必须自己正直，亲近正直的君臣，远离那些被阉割过的贱人。亲近骨鲠之臣，宰相们得以全权行事，部属们尽职尽责，可如今竟任由五六个亲近宦官把持天下大事。灾祸就在院墙之内，邪恶就发生在床帐之间，臣恐怕曹节、侯览之辈会在今天重生。

曹节，侯览，都是东汉弄权宦官，狼子野心，声名狼藉，刘蕡如此落笔，实则将矛头指向了王守澄等资深宦官，碧血丹心，天地可鉴。

李昂读完，心中亦有共鸣，但不能表露出来，他的皇位是如何来的，他比谁都清楚，羽翼未丰之前，宫里的那几个资深宦官哪个都不能得罪，还得像伺候大爷一样好好伺候着。

李昂心中暗叹一声，如此一来，只能委屈刘蕡了。

考试结果公布之后，与刘蕡同批参加考试的22人脱颖而出，得到官职，刘蕡一无所获，考试前是白丁，考完试依然是白丁。

阅卷官愤怒了，谏官们愤怒了，同期参加考试的学子们也愤怒了。

谏官们准备一拥而上，抗议考试结果的不公，还没等行动，就被宰相们按住了，学子们不懂事，你们也不懂事？

学子李郃上疏，要求将自己的官职转赠给刘蕡，以表彰刘蕡的正直，奏疏上去，泥牛入海，然后也就没有然后了。

明眼人都知道是怎么一回事，但谁也不能点破，皇帝都不点破，谁又敢点破呢？

一腔热血的刘蕡明白发生了什么，他得罪了整个宦官集团。这个集团不垮，永远没有他的出头之日。

登堂拜相别想了，长安上班别想了，等待他的只有边远地区的边缘角色。

终刘蕡一生，他没能进入朝廷正式官员序列，只能在地方节度使那里当一个可有可无的幕僚。

这就是说真话的代价！

值吗？

或许值，或许不值，每个人心中都有一个答案。

季羡林说，要说真话，不说假话。

说起来容易，做起来难。

皇帝认亲

太和二年（828 年）六月，晋王李普逝世，几天后，李普的二大爷、皇帝李昂追封他为"悼怀太子"。

封号是封给活人看的，死人又看不到。

李普是谁？

前任皇帝李湛的儿子。

李普是正常死亡，还是非正常死亡，史无明载。

只是，看史书多了，就会明白，此类死亡的背后一定会有文章。李昂既立，李普就必须消失，不然，日渐长大的李普就是越来越大的威胁。

为什么？

你懂的！

处理完李普的后事，李昂感到莫名的空虚。偌大的宫城，他能依仗的又有谁？

名义上，他是皇帝，事实上，他是木偶，背后提线的是那几个资深宦官。

皇帝，大唐王朝的皇帝，富有四海的皇帝，废立居然被操纵在几个宦官手里。每每想到这里，李昂就恨得牙根发痒，忍，忍，接着忍！

忍耐的同时，还是有好消息传来，李昂眼前似乎出现了一道亮光。

李昂的母亲萧太后自幼离开家乡，有一个弟弟却留在了家乡，下落不明。李昂登基之后，命令当地官员查找，寻访了多日，也没有收获。这时一位叫萧洪的运茶工人出来应征，他说自己有个姐姐失散多年，可能就是当今的萧太后。地方官员大喜过望，连忙带着萧洪去找萧太后的一位远亲辨认，这位远亲也含糊了，她不敢肯定眼前的萧洪就是萧太后失散多年的弟弟。

立功心切，地方官员将萧洪带到了萧太后面前，"姐弟"二人顺利相认。

一个与弟弟失散多年，一个与姐姐失散多年，在没有 DNA 护航的背景下，这次姐弟相认只能说还存在诸多疑点。

李昂却不管这些，他"坚信"眼前这位就是自己的亲舅舅，他要将自己的恩泽播散到自己的外婆家。

从此之后，萧洪再也不用运茶了，他出任太子洗马，也就是太子宫图书馆馆长。

萧洪以为自己很幸运，他不知道的是，这一切都是因为皇帝用人心切，皇帝太需要自己人了。

秘 密 计 划

李昂继续寻找自己的帮手，他将满朝文武在自己的心中筛选了几遍，最终把目光锁定在翰林学士宋申锡身上。

宋申锡，字庆臣，少孤贫，有文学素养，进士出身。

后世有人说宋申锡的父系可以追溯到唐玄宗时期的名相宋璟，母系可以追溯到唐玄宗时期的名相张九龄，传说是宋璟的二子娶了张九龄的次女。

如此说法，并没有在《旧唐书》中得到印证，我们只知道宋申锡能在皇帝身边为官，一是靠才学，二是靠敦厚。

唐穆宗李恒时期，宋申锡出任监察御史，后出任起居舍人。

起居舍人是跟随皇帝、记录皇帝一言一行的官员，可称皇帝近臣了。

宝历皇帝李湛时期，宋申锡出任礼部员外郎，兼任翰林侍讲学士。

李昂称帝后，宋申锡出任户部郎中、知制诰。

知制诰，负责起草皇帝诏书，到了这个官职，登堂拜相可能性大增。

太和二年，宋申锡出任中书舍人，充任翰林学士。

宋申锡清慎介洁，不党不群，正是这个优秀的品格，让他入了皇帝李昂的法眼。

若是在太平盛世，被皇帝青眼有加自然是好事，只是宋申锡所处的时代，外有藩镇割据，内有宦官专权，此时被皇帝看上，究竟是好事还是坏事呢？

宋申锡先不去想那么多，既然皇帝欲委以重任，自当笑脸相迎，尽心尽力。

宋申锡知道，皇帝最介怀的是以王守澄为首的资深宦官集团，王守澄一日不除，皇帝便如芒刺在背，那么该如何除掉王守澄呢？

君臣二人一番密议，宋申锡建议李昂循序渐进，一步一步解除王守澄的权力，逐渐让其远离权力中心。

看着老成持重的宋申锡，李昂感觉十分踏实，若按这位老臣的计划一步一步实施下去，何愁王守澄不除呢？

李昂越看宋申锡越欢喜，到底是个可用之人，一定要把他抬上宰相之位，好好辅佐朕。

密议之后没过多久，李昂擢升宋申锡为尚书左丞。

又过了不到一个月，李昂将宋申锡的官职后面加了"平章事"，这三个字一加，宋申锡就是名正言顺的宰相了！

一切都在按照宋申锡的计划进行，如果一切不出纰漏，用不了多久，王守澄将会被剥夺所有权力，而李昂也将成为货真价实、一言九鼎的皇帝。

"想到"是一个词，"得到"是一个词，而从"想到"到"得到"，中间还差了一个"做到"！

宋申锡"想到"了，他想"得到"，那么他能"做到"吗？

宋申锡开始寻找帮手，他知道以王守澄为首的宦官集团权势熏天，单单靠他一个人无法扳倒这个庞大的宦官集团，一定要找帮手，而且帮手必须是得力的、能干的、嘴严的。

宋申锡将目光锁定了吏部侍郎王璠。

王璠与宋申锡官场经历有些类似，进士出身，先后担任过监察御史、起居舍人、知制诰、御史中丞等职。

此时王璠正担任吏部侍郎，在宋申锡眼中，这是一个可以托付大事的人。

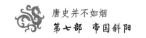

然而，仅仅是看起来。

王璠可以算"得力"，可以算"能干"，可是，嘴不严！

宋申锡为了鼓起王璠的干劲，劝皇帝李昂擢升王璠为京兆尹，本以为这次升职能让王璠更加死心塌地地为皇帝效劳，没想到，王璠居然将皇帝的秘密泄露了出去！

宋申锡刚刚将皇帝的指示告诉了他，他很快就将秘密泄露了。

无意？还是有意？

史无明载！

关于这件事的用词是"泄露"。

恼 羞 成 怒

图穷匕见，本来想徐徐展开画卷，最后再将隐藏的匕首刺向王守澄，现在画卷不用打开了，王守澄已经知道画卷里藏着匕首。

王守澄何时吃过这样的亏？

人家已经磨刀霍霍了，自己还蒙在鼓里，是可忍孰不可忍？

王守澄马上出手报复，一出手就是必杀招，暗地授意同党举报："宋申锡阴谋拥立漳王李凑登基称帝！"

事一下就大了。

太和五年二月二十九日，王守澄拿着诬告宋申锡谋反的举报信来见李昂："大家，看看吧，宋申锡要谋反！"

李昂表面不动声色，内心里已经明白了八九分，举报信清晰无误地指向宋申锡，原因可能就有一个——消息走漏了！

关键时刻，李昂也不含糊，拍案而起，勃然大怒："太不像话了！在朕的眼皮底下竟然想谋反，必须立刻查办！"

好演员！

王守澄心里明白，李昂心里明白，但双方都不点破，那层窗户纸一旦点破，游戏就不好玩了。为了让游戏继续下去，双方一致决定杀宋申锡这只替罪羊。

依着王守澄的暴脾气，他计划马上派出两百名骑兵，直接上门将宋申锡灭门！

眼看着宋申锡满门危在旦夕，如果没人替他说话，宋氏满门就见不到明天的太阳了。关键时刻，宦官集团中的异类、皇家飞龙厩御马总监宦官马存亮站出来说话了："若如此，京城必乱。应该召集宰相们一起讨论，再作决断！"

王守澄恨恨地看了马存亮一眼，站着说话不腰疼，合着不是要杀你是吧。

马存亮在宦官集团里面资历很深，很有话语权，王守澄权势再大，也得给他三分薄面，更何况，马存亮说得有理，即便王守澄没理也要搅三分，是搅不过去的。

事不凑巧，当天正好赶上休息日，宰相们都不上班，找宰相们来议事还得挨个上门通知。

看到这段记载，我在想，王守澄是不是故意挑休息日向皇帝报告，这样在休息日就把宋申锡一家灭了。等第二天一上班，宰相们一打听才知道，哦，宋申锡家出了点事，今天来不了。

王守澄可能从一开始就想打时间差，减少报复宋申锡的阻力，没想到马存亮横在了前面，生生把王守澄的刀锋挡了回去。

浑然不知内情的宋申锡还跟其他宰相一起集中到了中书省东门，大家你看我，我看你，都不知道皇帝休息日召集大家来所为何事。

门口管事宦官看了一眼宋申锡，心中暗骂办事的小宦官不会办事，让你们通知宰相们开会，怎么把"本尊"宋申锡也给叫来了。哦，开个"关于是否将宋申锡全家灭门"的会，让本主参加，最后还表态，这不是开玩笑吗？

管事宦官意味深长地看了宋申锡一眼，尖声说道："陛下召见名单里没有宋公！"

晴天霹雳！

宋申锡顿时明白了，一定是有人走漏了消息。今天这个会来者不善，王守澄可能就要通过这个会对自己下死手！

宋申锡抬头望向延英殿，手拿着上朝用的笏板不断敲打自己的头，他知道厄运难逃了，再大的黑锅也要替皇帝背了，谁让皇帝看好你呢。

延英殿上，李昂命宦官将举报信在宰相们手上传阅，宰相们面面相觑，谁心里都明白，但谁也不敢表态。

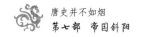
举报信背后的黑手是谁，宰相们心如明镜，但谁也不去点破，举报信上的宋申锡要做什么，宰相们也能猜出八九分，现在是皇帝与掌权宦官斗法，他们能帮谁呢？

两不相帮，坐山观虎斗！

李昂看着明哲保身的宰相们，暗暗苦笑，这些肱股之臣啊，关键时刻就这样袖手旁观！

李昂做出一副气血难平的模样，仿佛真被宋申锡的"谋反"气坏了，马上下令，将举报信上所有有牵连的人全抓起来，严加审问。

当然，宋申锡是宰相，不能直接抓，等审完了同伙再抓不迟！

严刑逼供之下，宋申锡"谋反"的链条逐渐清晰：经同伙供认，某年某月的某一天，宋申锡派自己的心腹私自进见过漳王李凑，表达了忠心。

稍有遗憾的是，涉事的这名心腹提前得到了消息，已经潜逃了，目前正在追拿之中！

但这已经足够了，证据很"充分"了！

没有人敢替宋申锡说话，没有人敢说宋申锡冤枉，只有大理卿王正雅等少数几人上疏建议，将宋申锡一案移交司法审判。

看明白了吧，之前的审讯，可能是在王守澄的主持下完成的。这样的审讯会有公正可言吗？

两天后，李昂召集宰相以及各部首脑官员，商讨如何处置宋申锡。

之前已经将宋申锡贬为东宫事务署长，今天的议题是，是否要了宋申锡的命？

宰相们和各部官员还是袖手旁观，他们想看神仙打架，不想深陷其中。

千钧一发之际，言官们起了作用，一个宰相说杀就杀，政府法度何在，皇室规矩何在？

李昂总算盼到了有人替宋申锡出头，但还是要做出怒气冲冲的样子："你们简直就是强词夺理，不过宋申锡毕竟是宰相，处置得慎重，朕再跟宰相们讨论一下！"

李昂再与宰相讨论，宰相牛僧孺看出了李昂神情的微弱变化，他明白，自己该为宋申锡说句话了。

"人臣之位，最高不过宰相，如今宋申锡已经位居宰相了，假使他有所图谋，那么又图谋什么呢？"牛僧孺递出了最为关键的一句话。

这时有宰相帮腔：若陛下果真觉得宋申锡图谋不轨，那也应该移交司法审查，全面审理所有案情。

王守澄站在一边听着，对几位宰相恨得牙根痒痒，往旁边一看，他的智囊对他摇了摇头，意思是说，事已至此，往回找补吧，充当好人。

智囊为何让王守澄收手？

他是看清了朝堂上的局势，宰相和各部长官虽然没明确站队，但有一点是肯定的，他们肯定不会站在王守澄一边，只是碍于他的淫威保持中立而已。一旦将宋申锡案移交司法详查，那么一定疑点多多，破绽重重，到那时再想收场，全身而退就难了。

王守澄是何等人物，一点就透，马上180度大拐弯："陛下，此案确实有疑点，宋申锡毕竟是宰相，不宜定大罪！"

一会儿阳，一会儿阴，怪不得你是阴阳人！

几个回合下来，皇帝面前曾经的红人、曾经的宰相宋申锡满门终于得到保全，王守澄的两百骑兵终于不用上门了。

死罪可免，活罪难逃，宋申锡在京城待不下去了，他的下一个职位是开州司马。

开州，今天的重庆市开县，时至今日，仍是欠发达地区。

宋申锡最终在开州去世，有生之年没能重返长安。如果时光能够倒流，让他重新选择，他是否还会选择去宦海浮沉呢？

被诬告信牵连进来的漳王李凑被贬为巢县公，性命已岌岌可危。身为皇族成员，被扣上过谋反的帽子，即便暂时放你一马，大多数情况下，是要秋后算账的。

四年后，李凑薨。

被诬告信牵连进来的有一百多人，这些人中多数被流放，少数被处以极刑，他们自己甚至到死都不明白，怎么就被扣上了谋反的帽子。

一切的源头都是那个死宦官王守澄。

王守澄在这场风波中没有大获全胜，但终究算是小小报复了一下，更令他开心的是，在风波中跟他顶牛的仗义宦官马存亮居然主动申请退休了。

算你识相！

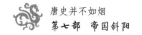

　　看史书记载时，我一直替皇帝李昂遗憾，为什么马存亮这样有能力有担当的宦官没有得到他的重用。如果李昂能果断重用马存亮来牵制王守澄，那么李昂的个人命运会大不同，大唐王朝的运势可能也大不同。

　　可能是因为李昂没有看到马存亮真正的能力，也可能是马存亮明哲保身，不想被裹挟进皇帝与王守澄的对抗之中，只是这一错过就是永远，李昂错过了制衡王守澄最得力的助手。

第十章　你来我往

维州之争

聚光灯再次落在了李德裕身上。

牛党李党从来没有和平共处，对方官运亨通时，就是本方郁郁寡欢时，现在李德裕就处于郁郁寡欢的阶段。

即便郁郁寡欢，李德裕还是很有作为，他辗转出任西川节度使，他想在西川节度使位置上做出点成就。

上任之后，李德裕大张旗鼓，淘汰蜀军中的老弱病残，以五尺五寸（171厘米）为基准，达不到这个身高的一律淘汰，一举淘汰了四千余人，以此为标准，在当地新招一千名士兵。与此同时，按照相同标准，招募一千五百名北方士兵到西川服役，与北方士兵一起抵达的还有大批外地工匠，他们的任务是接替本地工匠，打造更加实用坚固锋利的兵器。

有心人，天不负，在李德裕苦心经营的同时，上天给他派发了一个大红包：吐蕃维州守城副使悉怛谋请求投降，将维州防务移交给唐朝军队。

维州是吐蕃防御的门户，地势险要，易守难攻，李德裕的前任们一提到维州就头疼，在唐德宗李适时代，西川节度使韦皋多次向维州用兵，都没有攻克。

现在天上掉陷阱，维州唾手可得。

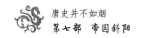
李德裕不肯放过天赐良机，马上命令部将进维州接防，同时上疏皇帝李昂，准备用三千羌兵为先锋，直捣吐蕃心脏地带，一吐之前被动防御的恶气。

奏疏到了李昂手里，李昂召来宰相们一起讨论，众人多数赞成李德裕的主张，打，直捣心脏！

牛僧孺却摇了摇头，不能打，两国有约在先，不能背约！（十年前两国签署和解条约，和平共处，各守边境。）

牛僧孺主张守约，同时强调得到维州对唐朝无益，对吐蕃无损，白白背约导致兵戎相见，可谓因小失大。

盲人摸象，似乎都有道理。

维州地势险要，并非牛僧孺所说的，于吐蕃无损。

维州是打入吐蕃国境的楔子，有这个楔子，唐朝西川防御会变被动为主动，形势会大不同。

牛僧孺因为性格原因主张守约，又因为李德裕是政敌，本着"敌人提倡的就是我们反对的"的原则，他将李德裕的奏疏全盘否定。

牛僧孺的意见起了关键作用，最后李昂裁定：维州防务交还吐蕃，投诚的悉怛谋等三百余人一并移交。

这是一个没有远见、没有人性的决定！

维州，易守难攻，唾手可得，却弃之不要，是为没有远见。

移交，将投诚而来的人再交回，任由其本国处置，是为没有人性！

就在唐朝与吐蕃交界的边境，李德裕无奈地将维州防务移交吐蕃军队，同时将包括悉怛谋在内的三百余人交由吐蕃处置。

就在边境，就在李德裕的眼皮底下，悉怛谋等三百余人被吐蕃士兵残忍杀害，临死还不给个痛快，活活折磨而死！

这一幕深深印进了李德裕的脑海里，此生与牛僧孺绝无和解的一天。

"维州事件"的前前后后，李德裕多数占理，只是率军直捣吐蕃心脏有些夸张了。两国交战多年，历任西川节度使都不敢喊出直捣吐蕃心脏的大话，唯独李德裕喊了。

吐蕃国境线漫长，国土纵深有厚度，即使唐朝举全国之力兴兵，也未必会将吐蕃灭国，李德裕只靠西川一地兵力，即便直捣吐蕃心脏侥幸成功，自身能否全身而退还是个未知数。

李德裕明白自己有书生意气的一面，但他更在意的是宏图大业被牛僧孺生生破坏，三百多名投诚的士兵白白丢了性命。

恨就一个字，为牛僧孺就多写几次吧！

主 动 请 辞

帝王心，似海深。

帝王心，定海针。

经济学家说，不能把所有鸡蛋放在一个篮子里，历朝历代的皇帝说，不能把所有宠信放在一个大臣身上。

一般情况下，皇帝喜欢有两个或两个以上的得力大臣，他们同朝为官，他们并驾齐驱，他们忠心耿耿，他们之间最好有那么一点不对付！

牛僧孺和李德裕正符合这一点，他们各处天平的一端，皇帝就是往天平两端加砝码的人。

原本，牛僧孺近在朝堂，李德裕却远在天边，两相对比，总是李德裕吃亏。

关键时刻，李德裕的老相识、宦官王践言起到了关键作用。

王践言担任西川监军宦官，与西川节度使李德裕算是工作搭档。在西川，两人结下了深厚的友谊，可以想见，当王践言奉调回京时，李德裕一定洒泪相送，说了很多肝胆相照的话。

王践言回京出任知枢密，与皇帝李昂的关系拉近，说话的分量较之以往大了许多。

看似不经意，王践言将话题引到了"维州事件"上："逮捕悉怛谋交给吐蕃处置，让吐蕃称心如意了，关闭了以后投降的门路，当初的决策真不是好谋略！"

矛头直指当初高喊守约、交还投诚士兵的牛僧孺。

王践言先后几次旧话重提，李昂的脸色越来越凝重！

都是牛僧孺误导了朕！

见风使舵是舵手的本事，更是官场中人的本事。

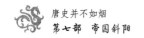
皇帝对牛僧孺不满的消息被有心人捕捉到了，有心人也是分阵营的，有的站在牛僧孺一边，有的站在李德裕一边：牛僧孺一边，忧心忡忡；李德裕一边，神采奕奕，眼前一亮！

小报告不请自到打到了李昂那里："牛僧孺向来与李德裕不和，上次驳回李德裕的奏疏，就是忌妒李德裕为国立功！"

到什么时候，小报告都是有作用的！

李昂越来越疏远牛僧孺，牛僧孺感觉到了，满朝文武也感觉到了。

不久，延英殿朝会，李昂看着牛僧孺为首的一班宰相："天下何时能够太平？诸位有志于实现天下太平吗？"

李昂的话听上去很平常，牛僧孺却听出了弦外之音。

牛僧孺对曰："太平盛世并没有特别突出的现象。如今周边蛮夷不来侵扰，百姓不流离失所，虽然称不上太平盛世，也可以称为小康。陛下若要追求太平盛世，臣等驽钝，能力达不到。"

牛僧孺同样话里有话，陛下你要求太高，臣等做不到啊！

朝会结束，回到宰相办公厅，牛僧孺意兴阑珊："陛下对我等责备和期望如此之高，我们这些人怎么还能长久坐在这个位置上呢？"

牛僧孺的辞职报告打了上去，一次不批，两次，三次，四次……

挽留秀作得差不多了，皇帝李昂命牛僧孺遥兼二级宰相，出任淮南节度使。

所谓遥兼二级宰相，就是给牛僧孺一个面子，表面上你还是宰相，只不过你的办公地点在淮南，在淮南节度使任上，享受宰相待遇。

明眼人都看得出来，牛僧孺失宠了，李德裕的机会来了。

就在牛僧孺出任淮南节度使几天后，李德裕的任命下来了，回京出任兵部尚书。

牛僧孺走，李德裕来，接下来要发生什么，只是时间问题了。

出尔反尔

牛僧孺的老搭档，同样也是牛党领袖的李宗闵这段时间有些不太好过，老牛走了，剩下自己独木勉力支撑，李德裕回京了，出任宰相只是时间问题，自己该如何应对呢?

李宗闵急得像热锅上的蚂蚁,府中的地面快被他踩出一条新路了。

正焦急时,另一只蚂蚁上门了。

来人是京兆尹杜悰,牛党核心成员之一。

一进门,杜悰见李宗闵眉头紧锁,便明白了八九分:"李相是在担心那个大头兵?"

李德裕刚刚就任兵部尚书,杜悰拿"大头兵"指代李德裕。

李宗闵点点头:"是啊,除了他还有谁? 我们该如何应对呢?"

杜悰眼珠子一转,看着李宗闵:"我有一策,可让李相与李德裕消除往日隔阂,只是,恐怕李相不能采用。"

李宗闵眼前一亮:"快说,有什么办法?"

杜悰对曰:"李德裕有文学素养,可惜不是科举出身,因此他一直很遗憾。如果李相能举荐李德裕主持今年的科举考试,想必他会大喜过望。"

李宗闵面色凝重,沉默良久。

让李德裕主持科举考试,那不等于帮李德裕昭告天下,其才能经天纬地,科举不在话下?

李宗闵不愿意给李德裕送这么大的礼,不行,本钱太大!

"再想个别的办法!"

闻言,杜悰应对道:"若不举荐他主持科举,那就推荐他出任御史大夫吧!"

李宗闵沉思片刻:"好吧,这个可行!"

在李宗闵看来,御史大夫毕竟只是一个正三品,翻不了天,而如果举荐李德裕主持科举,那就帮李德裕把身上的唯一短板补齐了,这种为政敌插上梦想翅膀的事,李宗闵是绝对不干的。

杜悰怕李宗闵变卦,再三与李宗闵确认。

"你愿意吗? 你愿意吗? 你愿意吗?"

直到李宗闵说:"I do!"

杜悰马不停蹄地赶到李德裕府上,一听下人汇报京兆尹杜悰来访,李德裕愣住了!

这位牛党成员来访,所为何事呢?

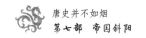
李德裕盛情款待杜悰，作揖道："杜公怎么想起看望我这冷门货呢？"

杜悰连忙回道："李相（李宗闵）让我来问候李公！"

寒暄过后，杜悰和盘托出："李相将举荐李公出任御史大夫！"

李德裕闻言，喜出望外："御史大夫是大门官，我何德何能，能担任如此重职呢？"

唐制，朝会时，御史大夫率领部属，纠察百官上朝秩序，最后在离皇帝最近的地方站定，位置特殊，意义非凡，因此称为大门官。

李德裕回到京城，立足未稳，如果能在兵部尚书外再担任御史大夫，对其站稳脚跟大有好处。

李德裕一再请杜悰转达对李宗闵的谢意，宾主双方在和谐的气氛中结束了会见。

杜悰满心以为牛李两党的恩怨就此化解，李德裕也准备与牛党化干戈为玉帛。可惜，计划没有变化快，最终李宗闵还是变卦了。

李宗闵与死党权衡再三，终究舍不得举荐李德裕出任御史大夫，此事就此不了了之！

李宗闵可以当这件事没发生过，李德裕却不能当这件事没发生过。

出尔反尔，当李德裕是三岁小孩？

怨恨非但没有解开，反而进一步加深了。

谁之过？

步步紧逼

公元 833 年二月十八日，皇帝李昂任命李德裕为兵部尚书，在兵部尚书之外加了"同平章事"四个字，这意味着李德裕位列宰相了。

按照惯例，李德裕进宫谢恩，君臣二人把话题转到了结党营私上。

李昂知道朝中有人结党，但不知道严重到什么程度。李德裕身在其中，焉能不知，他与牛僧孺、李宗闵的战线漫长，不是皇帝一时半会儿能了解的。

李德裕毕恭毕敬地回应："朝中三分之一以上的官员在结党。"

李昂微微震了一下，他知道结党的官员不在少数，但三分之一这个比例还是让他有些吃惊。心中暗暗叹口气，不急，慢慢来，先把大事办了再说。

李昂的大事后面会陆续展开，先说李德裕的大事、小事一块办。

好不容易，李德裕重返长安位列宰相，那么就得放开手脚，先把那些碍眼的人从朝中赶走，省得影响情绪。

李德裕还没来得及赶，已经有一位"宿敌"自动称病，不来上班了。

不来上班的人叫张仲方，他与李德裕的梁子源自李德裕父亲李吉甫的谥号。原本，有关部门给李吉甫定的谥号为"敬宪"，张仲方不认可，他上书皇帝说，这个谥号定高了，对李吉甫有点过于拔高了。因为这次上书，张仲方被贬，不过"敬宪"这个谥号也没有落到李吉甫头上，最后谥号定为"忠懿"。

我们没有生活在那个时代，无法深刻体会谥号对于逝者以及逝者家族的意义。我们模糊地判断，谥号对于逝者以及逝者家族还是很有意义的，附加了很多东西，因此上上下下都格外重视。

张仲方跟李德裕父亲的谥号过不去，那就是跟李德裕过不去了，这样的仇是无法和解的。

张仲方也很识相，一看李德裕位列宰相，索性称病，不去上班，你又能拿我怎样？

李德裕也不含糊，直接将张仲方的官职进行了调动，左散骑常侍别做了，改任太子宾客，前者还算有实职，后者就是彻头彻尾的虚职了，而且不在长安上班，到东都洛阳办公。

打发了张仲方，李德裕将目光锁定在了李宗闵的周围。李宗闵与李德裕同为宰相，一时半会儿，李德裕动不了李宗闵，不过动动手指打压一下李宗闵的外围还是可以的。

李德裕用的手法是隔山打牛，隔着皇帝李昂这座山，打李宗闵的牛。在李德裕回京之前，李昂便屡屡接到奏报，给事中杨虞卿、中书舍人萧澣等人对上结交宰相，对下干预政府，替别人跑官要官，百姓影响极坏。

即便如此，李宗闵还不忘护犊子，当李昂和李德裕已经将矛头指向李宗闵一派时，李宗闵还不忘遮掩："这方面我分得很清楚，所以从来不给杨虞卿这些人美差。"

李德裕正在这里等着李宗闵呢："给事中、中书舍人还不算美差？"

自己挖坑，自己掉进去了，李宗闵心中恐怕有一万头草泥马跑过。

没办法，谁让自己落人口实了。

杨虞卿和萧澣都保不住了，双双被贬出长安，杨虞卿调任常州刺史，萧澣调任郑州刺史，暂时帮不上李宗闵的忙了。

李宗闵知道李德裕正在步步紧逼，他只能徒呼奈何，因为他已经明显感觉到，皇帝正在疏远他。

几天后，一个看起来很普通的官员任命让李宗闵感到了绝望。

任命看起来不复杂，工部尚书郑覃出任御史大夫。

之前咱们说过，李德裕听说要被推荐为御史大夫时瞬间热泪盈眶，说明御史大夫这个职位非常重要，工部尚书郑覃升任御史大夫说明他得到了皇帝的赏识，而这是李宗闵不想看到的。

原本郑覃在担任工部尚书之外还担任翰林侍讲学士，属于给皇帝讲课的人，距离皇帝非常近。郑覃经常在皇帝面前评论时政，评论的口径与李宗闵定的调子不一致，这引起了李宗闵的极大反感，便找个机会免去了郑覃的翰林侍讲学士一职。

李宗闵以为一劳永逸了，没想到皇帝李昂对郑覃念念不忘。

看似不经意，李昂对几位宰相说："义昌节度使殷侑的学问跟郑覃有些像啊。"李宗闵回应道："殷侑、郑覃对儒家经典还算熟悉，不过见解嘛，就很平庸了。"

凡是敌人支持的，就是我们反对的，凡是敌人反对的，就是我们坚持的，李德裕深信这一点。

李德裕看似漫不经心地递出一招："殷侑、郑覃的见解，别人不重视，只有陛下重视。"

老江湖就是老江湖，一句话，既赞赏了皇帝眼光独到，又贬损了李宗闵有眼无珠。这力道、火候，没有几十年的官场历练，出不来！

十天后，李昂直接下令，任命郑覃为御史大夫。

这个任命让李宗闵如鲠在喉：一、任命的是他反感的人；二、任命没有经过宰相，而是皇帝直接任命，这不合乎常理。

李宗闵不免有些抱怨，便跟相熟的宦官、枢密使崔潭峻抱怨："以后事情都由陛下自己干好了，还要宰相干什么？"

崔潭峻悠悠地回了一句："八年皇帝了，也可以当家做主了。"

李宗闵听出话里有话，有心追问下去，又忍住了，官场中，有些事是靠自己悟的，说太明白就没意思了。

三天后，李宗闵一直担心的事情发生了，皇帝李昂任命其为山南西道节度使，括弧，享受宰相待遇。

也就是说，你不是宰相了，只是让你享受宰相待遇，给你留个面子。

至此，李德裕基本达到了目的，可以甩开膀子大干一场了。

就在此时，一个神人站了出来，这个人才是李昂要找的，一起干大事的人。

第十一章　神人郑注

传奇经历

很遗憾，我们现在从史书里看到的郑注是被贴上标签的，从史书的描述看，这是一个相貌不佳、品行不端、不堪大用但同时又有点小聪明的人，其实要我说，这是一个货真价实的神人。

郑注的神在于他的履历，在于他的九死一生，如果他不够神的话，恐怕在得宠之前已经死上几百回了。

郑注，绛州翼城人，起家靠的是一样特殊的法宝——药。凭借着有独家秘方，郑注游走于长安的权贵之门，久而久之，权贵们都知道有这样一个神人存在。

郑注本不姓郑，而姓鱼，时间一长大家就开他的玩笑，给他起了个复姓"鱼郑"，更损的还在后面，背地里又加送一个外号"水族"。

时间走到元和十三年，郑注遇到了人生中的第一个贵人——襄阳节度使李愬。

李愬本来对郑注不感冒，只是碍于情面，留郑注在军中做事。接触下来，李愬发现郑注还是很有才能的，因此也愿意时不时听听郑注的建议。

人吃五谷杂粮，总会生病。李愬一度病得很重，吃什么药都不见好。郑注出手了，几服药下去，李愬迅速康复。

李愬与郑注的关系进一步拉近了，从此郑注成了李愬不可或缺的智囊。

李愬由襄阳调任徐州，郑注如影随形，继续在李愬身边发挥重要作用。

久而久之，郑注在军中的口碑江河日下。

为什么呢？

郑注打着李愬的旗号作威作福，这一切李愬知道，却不制止。

将士们不敢把怒火对准李愬，只能对准狐假虎威的郑注。

怒气在军中蔓延，蔓延到监军宦官王守澄那里。

代表皇帝监军，王守澄权威自不必说，眼下军中出了一个嚣张的郑注，不收拾怎么行？

杀心已起，就看刀何时砍下了。

王守澄找了个机会，把自己的想法向李愬和盘托出。

监军宦官想除掉的人，李愬想保也保不住，因为宦官背后站着的是皇帝，借你李愬十个胆也不敢跟皇帝讨价还价。

李愬平复了一下心情，态度极为诚恳："郑注虽有很多缺点，但确实是个奇才。将军不妨跟他见上一面，简单聊聊。如果确实不地道，再动手也不迟。"

李愬把话说到这个份儿上，王守澄也得给他面子。

郑注的生死由这场谈话决定。

王守澄绷着脸，心中立着刀，随时能要郑注的命。

郑注走了进来，开始了一生中最重要的一次谈话。

时间不长，王守澄的脸色缓和了。

又过了一段时间，两人进入内室谈话。

谈到最后，相见恨晚。

第二天，王守澄对李愬说："诚如公言，实奇士也。"

一番谈话，让郑注化险为夷，不仅不用死了，还搭上了人生中的第二个贵人王守澄。

随后几年，王守澄飞黄腾达，郑注跟着高升，朝野上下都知道郑注是王守澄的人。

郑注也不避嫌，仗着王守澄的权势上下其手，既满足了自己的权力欲望，又中饱私囊，久而久之，得罪的人又是乌泱乌泱的，甚至连皇帝李昂对郑注的行径也有所耳闻，厌恶在心底种下。

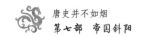

借着大家的怒气，侍御史李款在朝会上狠狠参了郑注一本："内通敕使，外连朝官，两地往来，卜射财货，昼伏夜动，干窃化权，人不敢言，道路以目。请付法司。"

十天之内，李款连上了数十份奏章，大有不把郑注拉下马誓不罢休的架势。

王守澄一看情形不对，赶紧将郑注藏匿在右神策军大营，在他看来，自己是右神策军总指挥，自己的大营还是最安全的。

如果出了右神策军大营呢？

想杀郑注的，不止侍御史李款一个。

就在此时，左神策军大营内正在酝酿如何除掉郑注。

这么说吧，核心宦官里面，除了王守澄外，其余几个管事的宦官都想除掉郑注。

为什么？

因为郑注是王守澄的智囊。这个人很有能力，如果任由他背后出谋划策，王守澄就会越来越强势，其他管事宦官的生存空间就会越来越小。

一方面，以侍御史李款为代表的文官集团想除掉郑注；另一方面，以左军中尉韦元素为代表的核心宦官集团也想除掉他。郑注这人缘啊！

左神策军将领李弘楚向韦元素建议道："我以你患病的名义召唤郑注来给你看病，等他来了之后推出去乱棍打死，然后你去向皇帝请罪，你有拥立之功，皇帝也不会为难你。"

韦元素点了点头，对，就这么办。

韦元素是左军中尉，手握左神策军重兵，王守澄是右军中尉，手握右神策军重兵，两人平级，以韦元素的名义请郑注来看病，王守澄和郑注都无法拒绝，不然太不给面子了。

郑注心怀忐忑地走进左神策军大营，又是熟悉的配方，又是熟悉的味道，不就是人为刀俎我为鱼肉吗？之前已经遇到过一次了，只不过，这一次设局的人由王守澄变成了韦元素而已。

郑注定了定神，从容应对。

他像尺蠖一样弯曲着身体，像老鼠一样惶恐小心，态度诚恳谦卑，谄媚的话如源头活水，绵绵不绝。

站在一旁的李弘楚急得像热锅上的蚂蚁，不停地给韦元素使眼色："棍都准备好了，赶紧动手吧。"

韦元素被郑注拍得很舒服，同时大脑也在高速运转，眼前这个郑注绝非凡人，自己犯不着跟他过不去。更重要的是，一旦郑注死在左神策军大营，那就是跟王守澄公然翻脸了，自己对付王守澄也没有绝对的把握。

也罢！

韦元素彻底放下了整死郑注的念头，反而馈赠金银绸缎，礼送出营。

李弘楚失望到了极点，愤怒到了极点，不顾上下级身份，冲韦元素吼道："中尉失今日之断，必不免他日之祸矣。"

李弘楚是对的，他的预言将在以后的日子得到验证。

只可惜，李弘楚本人没有验证预言的时间了，他愤而辞职，不久背部生疽离世。

躲过了乱棍，躲得过雪片般的奏章吗？

当然能。

说起来也很简单，宰相班子里有郑注的人，这个人就是王涯。

王涯能当上宰相，多亏郑注找王守澄运作：一方面王涯有把柄在郑注手中，另一方面王涯也惧怕王守澄，明眼人都看得出来，弹劾郑注的奏章表面上弹劾的是郑注，实际上矛头直指郑注背后的王守澄。

如果让这些弹劾郑注的奏章到了皇帝那里，自然要起一些波澜，可王涯是宰相，扣留奏章的小动作还是可以做的。

李款以为这些奏章都到了皇帝那里，实际上都扣留在王涯手里，皇帝连一个字都没有看到。

与此同时，王守澄也没闲着，拼命地在皇帝面前替郑注解释。一番言语下来，皇帝李昂对郑注也没有那么厌恶了，看来此人确实有独特之处，并不像御史们说的那样。

不久，王守澄得寸进尺，举荐郑注出任侍御史，同时充任右神策军判官。

指鹿为马，颠倒黑白，秦朝赵高做的事，王守澄照样在做。

有王守澄庇护，郑注的日子越来越好过，又过了几天，郑注一生中最大的机会出现了。

李昂突然中风了！

李昂一下子病得很重，甚至不能说话。

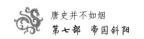
千载难逢的机会，王守澄自然不会放过，王守澄火速向李昂推荐了郑注："陛下，不妨试试郑注的药。"

一吃见效。

李昂与郑注的关系一下子拉近了。李昂盯着郑注的眼睛，他看到了眼睛深处的风暴，这是一个渴望机会的人，这是一个不甘久居人下的人，这是一个能做大事的人。

李昂意味深长地看着郑注，或许，我们可以一起做点事情。

李仲言归来

时间来到公元834年，之前有过出场的一个老熟人回到了长安。

老熟人名字叫李仲言，以前是宰相李逢吉的死党，为李逢吉出了不少力。由于逼迫茅汇害人，最终事情闹大，惊动朝野，李仲言落了个流放象州的下场。

在象州熬了七八年，李仲言等到了皇帝大赦天下，这才从象州回到了东都洛阳，再次见到了老领导李逢吉。

一直在洛阳坐冷板凳的李逢吉渴望东山再起，听闻李仲言与正当红的郑注有交情，李逢吉顿时眼前一亮，爽快地拿出一笔钱让李仲言去找郑注运作。

李仲言回到了长安，拿的是李逢吉提供的活动经费，心中想的却是自己的东山再起。

象州八年，李仲言彻底想明白了，与其跟着李逢吉这样的宰相站队，搞党争，不如索性攀上最高的枝，直接成为皇帝面前的红人。

李仲言敲开了郑注的家门，郑注又带着李仲言敲开了王守澄的门，王守澄又带着二人叩开了皇帝李昂的大门。

要说王守澄能手握大权也不是白给的，在琢磨皇帝心理方面，王守澄自称第二，没有人敢称第一。

把李仲言引荐给李昂是需要技巧的，总不能把人往李昂面前一领："陛下，这是个人才，你得重用啊。"

倘若如此，李昂肯定以为王守澄大脑短路了。

王守澄与李仲言交谈了一番，心里有了主意。

王守澄给出的推荐词是："仲言善《易经》。"

这个推荐词递到了李昂心坎里，李昂偏爱能讲《易经》的人。

有《易经》敲门，李仲言与李昂的接触变得简单起来。李仲言仪表堂堂，口才上佳，几次接触下来，李昂对李仲言的好感直接爆表。

几天后，李昂准备任命李仲言为谏诤官员，安置在翰林院。李昂刚说完自己的想法，宰相李德裕不干了。

"李仲言以前的所作所为，想必陛下都知道。这样的人怎么能安置在陛下的身边呢？"李德裕有些愤然。

李昂有些出乎意料，李德裕公然跟自己唱反调。

李昂回应道："难道不允许一个人改过？"

李德裕毫不退缩："臣听说只有圣贤颜回能够真正改过，不再犯错。圣贤犯错，只是思虑不周，偶尔犯错。李仲言品质恶劣，心术不正，焉能真正改过？"

如果李昂是一个辩论高手，应该抓住李德裕的漏洞，怎么能说只有颜回一个人能改过呢？那孟子、孔子以及孔门其余一众圣贤都不具备改过的能力？

可惜李昂不是。

李昂的回应没有底气，近乎有点小孩耍赖的味道。

李昂回应道："李仲言是李逢吉向朕推荐的，朕不想食言。"

李德裕正好抓住把柄："李逢吉身为宰辅，推荐奸邪之人误国，也是罪人。"

李昂软了："那么给李仲言另行安排一个官职呢？"

李德裕摆摆手："也不可以！"

李昂向宰相王涯那边看了看，王涯小声回应道："可以。"

李德裕冲王涯轻轻挥手，意思是说不可以，正巧李昂回头去看李德裕，李德裕的手停在了半空，然后轻轻放了下来。

李昂心中不悦，草草结束了朝会。

王涯这个人啊，就是个墙头草，原本他也是反对皇帝起用李仲言的，还上了奏疏进行了措辞激烈的反对。等到朝会上看到李昂的态度坚决，王涯顿时明白了，马上转舵。

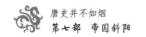

几天后，关于李仲言的任命还是下来了，任命为四门助教。

这样一个任命，居然遭到了驳回，给事中郑肃、韩佽干净利落地封还了敕书，此举意味着任命在这二位这里就没通过。

李德裕得到消息，非常满意，临出中书省办公室时对王涯说："李仲言的任命下来了，幸好被给事中驳回了。"

如果李德裕能预知接下来发生的事情，他一定会为自己的嘴欠狠狠抽自己一个耳光。

王涯点点头："哦，哦。"

李德裕前脚刚走，王涯马上召见给事中郑肃和韩佽："李公刚才留了个话，让二位不用封还敕书了。"

郑、韩二人互相看了一眼，哦，李公改主意了。

第二天郑、韩二人来向李德裕汇报，昨日已按宰相指示把敕书发下去了。

李德裕大惊失色："我如果不让你们封还敕书，自会当面跟你们说，怎么会让别人传话。再者，你们主管官员有封还敕书的权力，怎么还要向宰相请示呢？"

郑、韩二人大惊失色，看来中了王涯的奸计了。

经过这番波折，李仲言重返长安权力中心，虽然起步只是从八品的四门助教，但他已经深得皇帝赏识，接下来他将联合郑注一起跟皇帝做一件大事。

通过这番波折我们也能看出，皇帝还真不是万能的，不是戏剧里说的那么一言九鼎，想要任命一个人得过宰相这一关，甚至连给事中也有驳回皇帝任命的权力。这说明，尽管在皇权社会，权力还是有制衡机制的，并非我们想象的那般为所欲为。

一番波折，皇帝李昂将李仲言扶上了前台，同时对宰相李德裕心生不满，这个李德裕，太迂腐了，不足以共谋大事。

的确，李德裕是士大夫出身，有自己的原则和操守，同时也有自己划定的底线，他可以帮助皇帝处理朝政，可以帮助皇帝出谋划策，但绝不会与皇帝走得太近，更不会去帮助皇帝围剿宦官。

所以，李德裕不是李昂的亲密战友。

谁是呢？

郑注，李仲言！

第十二章　甘露事变

起 伏 不 平

李昂认定李德裕不是自己的亲密战友，等待李德裕的只有出局。

希望李德裕出局的人还有很多，名单中有王守澄、郑注、李仲言以及李德裕的一干政敌。

李昂用的还是借力打力，既然李宗闵与李德裕不睦，那么还是把李宗闵召回来吧，让他俩接着顶牛。

李宗闵从山南西道回京出任中书侍郎、同平章事，再次位列宰相，李德裕呢，与李宗闵对调，出任山南西道节度使。

把李德裕挤出长安，就是为了给李仲言让路。就在同一天，李仲言被任命为翰林侍讲学士。

上次中了奸计的给事中郑肃和韩佽联合诸多同事以及谏议大夫、中书舍人一起抗议，还是无果，任命还是生效了。

李仲言的口碑如此之差，群众基础如此不好，李昂却执意要用，背后恐怕是有深意的。

李仲言有能力不假，但从历次任命的群众反应来看，他基本已经被官场所不容。他想要出人头地为自己的仕途拼出一丝光亮，就必须抱住皇帝的大腿，除此之外，别无他途。

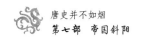
李昂想要办自己的大事，他需要的是李仲言这种能跟自己一条道跑到黑的人。

新人一一上位，好一番新气象。

李仲言上书李昂，请求改名李训，新的名字似乎意味着新的开始，与不堪的过去宣布决裂。

在新贵李训和郑注的提携下，浙西观察使王璠回京出任尚书左丞。王璠在之前有过出场，正是他泄露了宋申锡的秘密，可见这是个嘴不严的人。

与王璠前后脚被提拔的还有舒元舆，他经过几次提拔，由从五品的著作郎升任位高权重的御史中丞。

与新人上位对应的则是旧人落马，在郑注、李训等人的运作下，李德裕、李宗闵、路隋三位宰相先后落马，他们亲近的官员也被一一整肃，李德裕一度被扣上了"企图谋反"的帽子，路隋为李德裕仗义执言，也跟着被整肃。

短短几个月的时间，郑注和李训扳倒了三位宰相，朝野上下为之侧目。

他们要干什么？

多数人不知道，只有李昂心如明镜。

千挑万选，李昂选择了郑注和李训做自己的亲密战友，他们要一起干一件大事，那就是铲除以王守澄为首的权力宦官集团，同时排斥牛李党争的主力成员。

铲除宦官集团，李昂曾经努力过，结果合作伙伴宋申锡把事情办砸了，李昂差点引火上身。

如今再选合作伙伴，李昂擦亮了眼睛，最终选定了郑注和李训。

一方面，这两位都有不错的能力；另一方面，这两位有一个共同的标签——王守澄的人。

李昂想要铲除王守澄，他已经不敢联合外廷的宰相了。他要用自己的私人，郑注和李训都是他一手提拔的私人，直接对他本人效忠，另外最重要的是，这两个人深得王守澄信任，用王守澄信任的人对付王守澄，王守澄，你想到这步棋了吗？

不仅王守澄没有想到，满朝文武都没有看懂李昂的棋局。

棋局一开始，似乎是朝着对王守澄有利的方向发展的。

李昂一出手，就惩治了王守澄的三个竞争对手，分别是左神策中尉韦元素、枢密使杨承和以及王践言。鉴于这三位总是与王守澄夺权，还是都贬出长安当监军宦官，省得让王守澄不高兴。

韦元素到了淮南，王践言到了河东，杨承和到了西川，这三位被贬出长安遂了王守澄的心愿，王守澄心花怒放，心中暗夸郑注和李训会办事。

郑注、李训不动声色，一切都在他们的掌控之中，只要按原定计划进行，大事可成。

没过多久，进一步的惩戒来了。

杨承和因为曾经庇护宋申锡，韦元素、王践言曾经与宰相李宗闵、李德裕勾搭收受贿赂，你们都是有污点的人，需要为自己的行为负责。

对于三人的指控，对韦元素和王践言的指控基本成立，对杨承和的指控恐怕是欲加之罪何患无辞，就是要拿宋申锡说事。

事情到了这个地步，已经无法挽回了，三位曾经的资深宦官只能接着搬家，杨承和去骧州安置，韦元素去象州安置，王践言去恩州安置。

骧州位于今天越南的荣市，象州位于今天广西象州县，恩州位于今天广东恩平市，在唐代，属于传统的老少边穷地区。

这三位去那里不是旅游，而是戴上手铐脚镣装入囚车，押解前往。

曾经的位高权重，如今早已消失殆尽，他们能做的，只是任人宰割。

即便到了这个地步，还不是最坏的结局。

就在他们被押解的途中，身负特殊使命的宦官追了上来，向他们传达了皇帝对他们的亲切问候：自行了断，一路走好！

韦元素一直担心的事情还是来了，在此之前，他的右眼皮一直在跳，两年前部下李弘楚的话一直在他耳边回荡："中尉失今日之断，必不免他日之祸矣。"

一切的一切都是郑注在背后捣鬼，真后悔当年没有一刀砍了他！

后悔药从来没有卖的，时光穿梭机也只存在想象之中，韦元素闭上了眼睛，该来的终究会来，躲不掉的。

三位资深宦官无声无息地消失，曾经的曾经，不过是一场梦。

收拾三位宦官的同时，李昂也没有把另外一位关键人物漏掉，这个人就是陈弘志。

即便陈弘志曾经百般为自己辩解，李昂还是认为，陈弘志就是刺杀父亲的

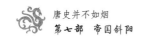

凶手，他有时间、空间以及动机。

现在三大宦官都伏法了，陈弘志，该你了。

时任山南东道（总部位于今天的湖北省襄阳市）监军宦官的陈弘志接到了征召，回京复命，另有任用。

刚刚走到青泥驿（位于今天的陕西省蓝田县），陈弘志遇到了皇帝派来的又一拨宦官。

陈弘志心里一紧，顿时明白了，他看到了宦官手中的刑杖！

这么多年过去了，还是没躲过！

一阵乱棍之后，陈弘志追随三位同事而去。

处理完几位老前辈，该忙活王守澄这位老前辈了。

经郑注和李训提议，李昂擢升宦官仇士良为左神策军中尉，接替已经伏法的韦元素。

任命一出，王守澄顿时明白了，坏了，此前被郑注和李训蒙蔽了，这两个家伙显然已经反水了，跟咱家不是一条心了。

王守澄明白得太晚了，等他明白过来时，郑注和李训已经准备收网了。

不久，关于王守澄的任命出来了，升任左右神策军观军容使，兼十二卫统军。

表面上看，官职更高了，位置更重要了。实际上，王守澄被夺权了，他交出了右神策军的军权，不再是军权在握的右神策军中尉，他的头上，只有观军容使这个虚职。

王守澄这才把棋局看透，原来他才是皇帝的真正目标，处理那几位老资格宦官，都不过是幌子。

对付失去军权的王守澄，一切就变得很简单了。

一杯毒酒，一切了断。

在王守澄身后，李昂追赠他为扬州大都督。

他拥立李昂登基，终究被李昂赐死。

他提拔了郑注、李训，最终死于两人的算计。

王守澄死了，李昂的大事成功了一半，剩下那一半，还得继续努力。

原本郑注要比李训受宠，但随着时间的推移，李训后来居上，成为皇帝面前的第一红人。这也不难理解，郑注受宠，主要因为他的医术，在皇帝身患疾病时，郑注不可或缺，而当皇帝已经康复时，郑注的作用就没有那么大了。李训则不同，他懂的比郑注多得多，他可以不断向皇帝进言，多年的宦海沉浮经验，再加上不错的文化功底，李训自然要成为第一红人。

郑注在皇帝身边谋划半天，想的也是位极人臣，如果能进入宰相团，那想来也是极好的。郑注没有想到的是，他想得到宰相之位，李训却不同意，李训不想让郑注跟自己平起平坐，虽然自己曾经受郑注提携。

在李训的阻碍下，郑注的宰相梦没能实现，宰相位之于郑注而言，那么近，又那么远。

宰相梦未圆，郑注退而求其次，谋求出任凤翔节度使。有唐一代，凤翔节度使的职位非常重要，凤翔离长安非常近，在这个地方当手握重兵的节度使，必须是皇帝非常看重和信任的人。

郑注以为这个要求很容易实现，没想到，也有人阻拦。

阻拦的人是门下侍郎、同平章事李固言。李固言认为，郑注至多算是在医术方面有点成就，出任凤翔节度使就有点玩闹了。

李固言就事论事，他哪里看得懂皇帝的棋局。

几天后，李固言和郑注的任命同时下来了，李固言出任山南西道节度使，郑注出任凤翔节度使。挡了半天，郑注的节度使梦圆了，李固言却得不偿失，宰相做不成了，只能去当山南西道节度使。

郑注出任凤翔节度使也是皇帝棋局的一部分，他们的大事只完成了一半，剩下的一半准备在凤翔完成。

按照原定计划，郑注与李训里应外合，李训在里，郑注在外，大家联手在凤翔彻底解决宦官问题。

郑注以为一切都会按原定计划进行，一如之前按步骤解决王守澄一样，但李训却另有打算，他不想再和郑注分享权力了，他要的是大权独揽。

事情走到这个地步，有些分裂了，一方面大家要齐心协力解决剩余的宦官，另一方面李训已经悄悄向郑注举起了刀，大事尘埃落定之日，就是郑注被弃用之时。

郑注浑然不觉，他依然把李训当作亲密合作伙伴。除李训之外，郑注还想再找几个合作伙伴。

礼部员外郎韦温被郑注盯上了，郑注准备委任韦温为凤翔节度副使，与自

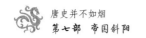
己一起搭班子镇守凤翔。

如此天上掉馅饼的事情居然被韦温拒绝了！

旁边的人赶紧劝韦温："你敢拒绝郑注，恐怕后患无穷。"

韦温倒是淡定："当灾祸无法避免时，那就选比较轻的。拒绝郑注，顶多被贬，而如果跟随他，恐有不测之祸。"

态度坚定的韦温决绝而去，从当时看，他的选择可能不算正确，而把这个选择放进历史长河看，他的选择又是多么正确。

选择，要经得起时间考验，而不是随随便便，与现实苟且。

公元835年九月二十七日，李训达到人生巅峰，这一天他官拜礼部侍郎、同平章事。一年前他还是流放的犯人，一年后，他已经是红得发紫的宰相。

与李训同时拜相的还有舒元舆，他原来的职位是御史中丞兼刑部侍郎，现在专任刑部侍郎，与李训一样同平章事。

皇帝李昂一方面要用这些人完成自己的大事，另一方面要用这些人冲击朝中的朋党，此前李德裕、李宗闵已经被贬出长安，他们的党羽也被一贬再贬。如今任用舒元舆这些苦寒出身的官员，就是为了填补空缺，彻底冲破牛李二党对朝政的垄断。

李昂在下一盘大棋，他的棋局很大，如果这盘棋算计得分毫不差，李昂有望成为比肩父亲的有为皇帝。

只可惜，人生的棋局，有时就差了那么一点点。

功亏一篑

公元835年十一月，皇帝李昂走到了人生的十字路口。如果过得顺利，他有可能成为一代有为之君，如果过得不顺利，后果不堪设想。

按原定计划，这个月的二十七日，李昂将为集很多荣誉于一身的资深宦官王守澄举行葬礼，将其安葬在沪水附近。凤翔节度使郑注会请求参与葬礼的安保工作，有了这个由头，郑注将顺理成章地率领亲兵前往。与此同时，李昂命令神策军中尉以下宦官全部参加王守澄的葬礼。

就在这时，大门一关，郑注的亲兵利斧出手，见到宦官就砍，一个不留。

如此这般，在浐水举办的就不是王守澄先生一个人的葬礼了，而是王守澄与同事们的集体葬礼。

为了办好宦官们的集体葬礼，郑注一到凤翔就着手准备，精选了几百名亲兵，这些亲兵的武器很特别，不是刀剑，而是木棍和利斧。木棍拿在手里，利斧则揣在怀里。

写到这里，我的眼前浮现出一群唐代"斧头帮"。

总体而言，这个计划相对比较可行。在浐水动手，让宦官远离皇宫，失去神策军的保护，郑注亲兵利斧齐下，宦官根本没有反抗之力。

只可惜，计划永远赶不上变化。

如此完美的计划，居然被李训弃用了。

弃用的理由很简单，他想贪天之功为己有，把铲除宦官的所有功劳都抢到自己手里。

李训摒弃了和郑注一起制订的 A 计划，他跟自己的亲信着手制订了 B 计划。

B 计划是这样的：

大理卿郭行馀外调，出任邠宁节度使，户部尚书王璠出任河东节度使，二人到任后迅速招兵买马，听候差遣；京兆尹李石出任户部侍郎，京兆少尹罗立言代理京兆尹；太府卿韩约出任左金吾卫大将军。

铲除宦官主力将由郭行馀的邠宁兵、王璠的河东兵、韩约的金吾卫兵以及御史台和京兆尹府士兵担任。

人不可谓不多，计划不可谓不细，但是贪天之功的李训忽略了一个重要问题：在计划中，他们没有把宦官与神策军彻底分隔，一旦计划不顺，宦官调动神策军，B 计划就将功亏一篑。

A 计划行动地点在浐水，宦官与神策军分隔，彻底脱离神策军保护。

B 计划行动地点在左金吾卫驻地，宦官与神策军近在咫尺，仍在神策军保护下。

傻子都明白，A 计划比 B 计划靠谱，但李训还是选择了 B 计划。原因在于，A 计划成功后，论功行赏，郑注会领到头功；B 计划成功，论功行赏，李训独领头功。

利益驱动下，李训选择了 B 计划，进而说服李昂同意了 B 计划。

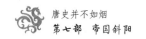
说到底，李昂也是个没有主见的人。

天作孽，犹可活，自作孽，不可活！

十一月二十一日，图穷匕见。

李昂登紫宸殿，文武官员各就各位。按惯例，此时左金吾卫大将军韩约应该奏报：左右厢房内外平安。这一次韩约却没有按原定台词奏报。

韩约说："昨夜，左金吾卫驻地后面的石榴树上天降甘露，我已经连夜向陛下禀告。"

甘露，甜美的雨露，晓枝滴甘露，味落寒泉中。

《老子》："天地相合，以降甘露。"

宋·梅尧臣《和永叔桐花十四韵》："晓枝滴甘露，味落寒泉中。"

峻青《秋色赋·傲露篇》："因为它有一种本事，能把下在它身上的霜变成甘露，来滋润它的枝叶。"

古人认为甘露降，是太平瑞征。

文武官员闻言，马上跪下向皇帝李昂表示祝贺，天降祥瑞，大喜啊！

宰相李训、舒元舆站出来，向皇帝表示热烈祝贺的同时，极力劝说李昂前往查看，接受上天的祝福。

李昂点点头，既然上天发来祝福，那得去看看。

紫宸殿位于宫内，称为内殿，含元殿位于大明宫，称为前殿，左右金吾卫驻地在含元殿前方两侧，想要查看甘露的真伪，就需要李昂移驾含元殿。

李昂出紫宸门，登含元殿，文武官员跟随一同前往。

虽是天降祥瑞，李昂还是决定谨慎一些，让李训、舒元舆带着文武官员先去查看。

李训一干人等去了左金吾卫驻地，很久才回来。

李训面露难色："臣等刚刚仔细查看了一下，发现可能不是真的甘露。如果贸然对外公布出现甘露的消息，全国百姓为此进行庆祝，恐怕朝廷到时就被动了。"

李昂面露不悦："竟然有这种事情？好吧，既然你们无法确定，那就换一批人再去看看。"

李昂指着仇士良和鱼弘志说："两位中尉带着宦官们一起去看看吧。"

事情发展到这一步，仇士良和鱼弘志依然没有察觉，他们乖乖地带着手下向左金吾卫驻地走去，他们不知道，在那里已经有一群士兵磨刀霍霍。

仇士良和鱼弘志刚走，李训"嗖"地蹿了出来："王璠、郭行馀听旨。"

王璠战战兢兢不敢上前，郭行馀倒是从容，在殿前跪下，听候圣旨。

在此之前，王璠的河东兵、郭行馀的邠宁兵都集中在丹凤门外，各有几百人的规模，手持兵器，全副武装。李训命人将这些士兵召集到含元殿接受诏书，混乱出现了。王璠的河东兵顺利进到含元殿，郭行馀的邠宁兵居然没进去！

不妙的开始。

仇士良、鱼弘志一行人来到了左金吾卫驻地，还没等查看甘露，仇士良就感觉左金吾卫大将军韩约有点怪怪的。

韩约紧张过度，面色异常，大汗淋漓。

仇士良感觉事情有点不对："将军，你怎么了?"

韩约慌慌张张地回应道："没什么，没什么。"

仇士良断定，韩约肯定心里有鬼，不然不会如此紧张。

就在这时，一阵风来，韩约身后的帷幕被吹开，仇士良心里"咯噔"一声，他看到，帷幕后面站着一排排手持兵器的士兵，士兵们手里的兵器相撞，发出了响声。

"不好，有埋伏!"

仇士良转身就跑，他的面前是一道门。

按照计划，等仇士良他们走到石榴树下，左金吾卫驻地将关闭大门，士兵一拥而上，铲除宦官集团。

现在，仇士良等人刚走进大门不远，并没有走到石榴树下，因而大门并没有关上。

眼看仇士良要跑，负责关门的士兵才开始关门。

仇士良一声大吼，士兵浑身颤抖了一下，还是惧怕仇士良平日的声威，大门居然没关上!

仇士良目标明确，直奔含元殿，一定把皇帝抢到自己手里。

李训看仇士良飞奔而出，暗叫不好，坏了坏了。

李训冲金吾卫士兵大喊："快保护陛下，每人赏钱一百贯!"

说话间，仇士良已经跑到了李昂面前："情势危急，请陛下马上回宫!"

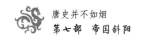

仇士良不由分说，命人将皇帝李昂放到软轿上，抬起软轿就往内宫跑。

李训抓住软轿："我奏报的事情还没有说完，陛下不能回宫。"

此时，金吾卫士兵已经登上大殿平台，代理京兆尹罗立言率领京兆尹府士兵三百余人从东边增援，御史中丞李孝本率领御史台士兵二百余人从西边增援，瞬间已经砍杀十余名宦官。

抬轿的宦官不敢怠慢，抬着皇帝奋力往前跑，摇摇晃晃，不断闪躲，眼看要进入宣政殿大门。

李训紧拽着软轿不放，大声喊叫，想让皇帝停下来。

李训以及皇帝的命运如何，就看这一瞬间的决定！

皇帝李昂呵斥李训，让他住口！

宦官郗志荣上前，挥拳猛击李训胸口，李训疼痛难忍，栽倒在地，紧握软轿的手松开了。

宦官们趁机将软轿抬进了宣政殿大门，马上关门！

这场突发的皇帝争夺战以宦官的胜利告终，李训注定大势已去。

性格决定命运，这句话放在李昂身上最合适不过。

如果李昂有点血性，有点担当，即便狂澜既倒，即便宦官气焰嚣张，李昂还是有机会力挽狂澜的。

如果他能在软轿上高喊"护驾"，由他亲自号令士兵击杀宦官，那么事情还是有转机的，毕竟皇权社会里，皇帝最大，宦官即便手握兵权，也不敢明目张胆地对皇帝不敬。

只可惜，危急关头，李昂退缩了，他不敢站出来反击宦官，甚至连振臂一呼的勇气都没有。

温室的苗木，注定长不成参天大树。

李训凉透了心，自己苦心孤诣想要做一件大事，现在大事没做成，自己倒惹下了大祸。可以想见，宫城内，宦官们正在紧急调兵，用不了一会儿，就会刀剑出鞘。

李训急中生智，换上了随从的绿袍，骑马奔出了宫门。

李训一边骑马，一边表演："我犯了什么罪，要把我贬出京城。"路过的行人以及守卫的士兵都不知道宫城内发生了大事，还真以为李训只是被贬官。

特级演员李训就这样溜走了。

含元殿上，文武百官目睹了这一幕幕，老伙伴们都惊呆了，这是什么戏码啊？

两派刀光剑影中，文武百官一哄而散，躲远点吧，万一溅一身血，回家洗都洗不掉。

宰相班子成员王涯、贾𫗧、舒元舆略显淡定，回到宰相联合办公厅，互相安慰道："皇上一会儿就要登延英殿，跟我们商量善后事宜。"

安慰，自我安慰。

一厢情愿，自我解读。

不断有官员进来询问，到底发生了什么事？三位宰相态度一致："不知道！只管安心工作吧！"

宫城内，仇士良如梦方醒。

原来这一步步都是棋局，下棋的人就是皇帝。

这是向我们下死手啊！

你还知道你是谁吗？你还记得你的皇位是怎么来的吗？如果不是我们抬轿子，捧你做皇帝，你现在在哪啊？

李昂注定是个失败者，面对宦官们的责难，他竟无言以对。

或许在他心里，他自己也觉得皇位原本并不属于他；或许在他心里，他始终没有勇气与宦官决裂。

仇士良见李昂沉默不语，便不再搭理，眼下最重要的事就是清君侧，把李训、郑注那些害群之马彻底铲除。

仇士良下令，左右神策军各出五百人，手持钢刀，出宫肃清李郑党羽。

一千名神策军士兵杀气腾腾出了宫门。

宰相王涯等人正准备用午餐，手下气喘吁吁地跑了进来："神策军士兵从宫城出来了，逢人就杀！"

王涯暗叫不好，连马也顾不上骑了，七十多岁的人迈着自己的老寒腿立刻开溜。

官员及金吾卫士兵纷纷得到了消息，一千多人步伐一致，都挤到大门口逃命。

不一会儿的工夫，大门关闭。一千多人逃出去的只有四百多，剩下的六百多人，全部死于神策军刀下。

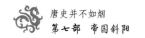
仇士良还不解气，下令关闭皇城所有大门，神策军士兵进入政府机关搜捕。

来不及逃跑的官员士兵，甚至进政府机关送货的商贩，全部被杀，这一下又是一千多人。

剩下就是重点追捕了。

跟随李训平地起风雷的舒元舆脱下官服，换上了平民服装，一人一马出了安化门；正要庆幸虎口脱险时，回头一看，杀气腾腾的神策军追了上来。

别跑了，回去把事情说清楚吧。

七十多岁的老王涯开动着老寒腿跑到了永昌里茶馆，按说速度已经不慢了，还是被神策军追上了，被押往左神策军总部。

刑具戴上了，逼供开始了。七十多岁的老骨头经不起拷打，很快就招供：我和李训筹划谋反，事成之后拥立郑注为帝！

写童话呢！

河东节度使王璠一溜烟跑到了自己位于长兴坊的家，喘息未定，命令自己的河东兵关闭大门，严防死守，谁来叫门都不开。

神策军士兵尾随而至，看到了紧紧关闭的大门。

领头抓捕的神策军将领在史书上没有留下姓名，这位无名氏将领显然是个爱动脑子的人。

将军对着紧闭的大门高喊道："王涯谋反，皇上已免去他的官职，要起用你为宰相，我们鱼弘志护军让我向你表示祝贺！"

里面的王璠一听，哟，天上还真能掉馅饼啊，我要当宰相了。

王璠喜出望外，喜滋滋地开了大门，此等好事，焉能将报喜鸟拒之门外。

神策军将领一看王璠自己送出门来，心里乐开了花。

无名氏将领冲着王璠拼命道贺，言语是道贺，表情是戏谑，那表情深深刺痛了王璠，完了，又上当了！

王璠一厢情愿地把神策军将领当成了报喜鸟，走近了一看，原来是上门就没有好事的猫头鹰。

王璠流泪了，他恨自己一厢情愿，他恨自己智商太低，这么低劣的骗术，他居然上当了。

上当的，并不是因为智商低，而是因为心中的贪念战胜了智商。

泪流满面的王璠被押送到了左神策军总部，见到了老王涯。

王璠埋怨道："你自己谋反，为什么要牵连到我呢？"

王涯看看王璠，不满地回应道："当年你做京兆尹，如果你不把宋申锡的计划泄露给王守澄，哪会有今天？"

王璠低头不语。

种瓜得瓜，种豆得豆，当年你种下跳蚤，就别指望收获龙蛋。

第二天，百官入朝，等到太阳东升，才开了建福门。禁军有令，上朝官员每人只准携一名随从进宫。进宫路上，禁军夹道列队，钢刀出鞘，白刃晃眼。

众人到了宣政门前，宣政门还没有开。

宰相、御史大夫无人到场，习惯一切行动听指挥的百官不知道今天该如何排队。

朝会终于开始了，李昂登紫宸殿，他没有看到几张熟悉的面孔："宰相为何没来朝会？"

仇士良回应道："王涯等谋反已被囚禁监狱。"

仇士良呈上了王涯等人亲笔写的招供状，并招呼几位大臣一起辨认查看。

关于这段史实，《资治通鉴》是这样记载的：

> 上御紫宸殿，问："宰相何为不来？"仇士良曰："王涯等谋反系狱。"因以涯手状呈上，召左仆射令狐楚、右仆射郑覃等升殿示之。上悲愤不自胜，谓楚等曰："是涯手书乎？"对曰："是也！""诚如此，罪不容诛！"

按照《资治通鉴》的说法，李昂询问了招认状是否为王涯亲笔书写，得到确认后表示："诚如此，罪不容诛！"

如果这代表李昂的真实意思，那么可以把他与晋惠帝司马衷一起划为白痴皇帝，王涯等人究竟有没有谋反你不清楚吗？李训和王涯要拥立郑注为帝的童话你也信？

如果这不是李昂的真实意思，这只能说明他在自保，用王涯等人的命保自己的命。从他一贯的表现来看，这种可能性比较大。

皇帝如此表态，等待王涯的还会有好果子吗？

留给王涯的时间已经不多了。

李训、郑注以及其党羽的时间也不多了。

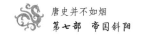

宰相之一贾餗是郑注的人，经郑注提携登上宰相之位，甘露事变后，贾餗乔装打扮潜入民间。辗转反侧一宿，贾餗做了一个重大决定——主动投案。

贾餗并不是不想跑，思虑再三，他发现，天下之大，已无他的藏身之地。

贾餗换了一身丧服，骑驴到了兴安门，淡定地对守门士兵说："我是宰相贾餗，受到奸臣牵连，带我去神策军吧。"守门士兵愉快地接受了请求，将他押送到了右神策军。

甘露事变之前被提拔的代理御史中丞李孝本求生欲望比贾餗强，他一人一马直奔凤翔而去，从方向看，应该是去投奔郑注。

只可惜，刚到咸阳西，就被神策军追了回来。

特级演员李训呢？

他悄悄上了终南山。

李训在终南山有个朋友，密友是个和尚，叫宗密。

宗密（780—841），唐代僧人，如来第三十九代法孙，华严宗五祖。因常住圭峰兰若，世称圭峰禅师，俗名何炯。果州西充（今四川省西充县）人。曾第进士，于遂州遇道圆禅师，出家受教。以拯律师受具足戒，文宗大和九年召问佛法大义，赐紫衣为大德。武宗会昌初坐灭于兴福寺塔院。

宗密有心将李训剃度，藏匿在终南山，可是遭到徒弟们反对。终南山离长安太近了，李训目标那么大，就算剃光了头发，还是会被指认出来。

李训不想让宗密为难，自己主动下山，准备前往凤翔投奔郑注。

凤翔那么近，又那么远。

还没走到凤翔，李训就被盩厔镇遏使（相当于卫戍司令）宋楚擒住，被戴上枷锁押送长安。

行至昆明池，李训做了个决断，他要说服押解官给自己来个痛快的。

与其到神策军被折磨得死去活来，不如早点做个了断，至少自己可以做主。

李训对押解官说："得到我就得到了富贵。我听说神策军正在到处搜捕我，让他们看到了，一定会从你手中把我抢走。为你考虑，不如砍下我的头去领赏吧，这样谁也抢不走。"

押解官眼珠转了几转，认为李训说得有道理，那就恭敬不如从命吧。

李训以三寸之舌从被流放之人登上宰相之位，又以三寸之舌让押解官提前处决自己，人生如坐过山车，瞬间巅峰，瞬间谷底。太刺激了。

十一月二十四日，大清算开始。

左神策军出兵三百，高举李训的首级在前面开路，后面押解王涯、王璠、罗立言、郭行馀；右神策军出兵三百，押解贾𫗴、舒元舆、李孝本一起前往太庙及农神地神祭坛，像呈献牲畜一样行呈献仪式，然后押解到东市和西市。

这次监刑的官员很多，文武百官都参与了监刑。这不是监刑，而是杀鸡给猴看，看你们这些猴谁还敢跟宦官作对。

独柳树下，李训和郑注的同道中人一起被腰斩，头颅被砍下，悬挂在兴安门外。

受刑官员的亲属家人，不论远近亲疏，一律处死。

被处死的人中，有个人叫王沐，是王涯的堂弟。

王沐本住江南，年老且贫穷，日子苦闷。闻听王涯出任宰相，王沐千里骑驴投奔，准备为自己谋划个县尉或者主簿。在长安待了两年，王沐才见到了王涯，王沐很激动，王涯很冷淡，总而言之，王涯对王沐这个千里骑驴投奔的堂弟并不感冒。

王沐还不死心，一直耐心寻找机会，总算走通了王涯宠信的家奴门路，家奴给王涯递话，王涯才松了口，答应找机会给王沐安排一下。

王沐从此天天到王涯家报到请安，期待着有一天能得偿所愿。

等到神策军上门抓捕时，王沐恰好也在，那就一起吧！

王沐与王涯一起被腰斩于独柳树下。

大树底下好乘凉啊！

相比之下，舒元舆的堂侄舒守谦要幸运得多。

舒守谦原本深得舒元舆喜爱，受舒元舆照顾提携达十年之久。忽然有一天，风云突变，舒元舆无缘无故对舒守谦大发雷霆，之后的每一天都要对舒守谦斥责一番。时间长了，舒守谦在舒元舆面前彻底没地位了，连舒元舆的仆人和婢女都不给舒守谦好脸色。舒守谦心绪难平，索性请辞，返回江南老家。舒元舆也不做挽留，任由舒守谦离开。

舒守谦愤愤不平踏上返乡路，傍晚，行至昭应，听到舒元舆全家被屠的消息。

如果他没有返乡？

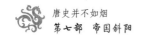

众人尘埃落定，该说说郑注了。

李训单方面将计划提前，事先并没有通知郑注，郑注还是按照原计划率领五百亲兵从凤翔出发，抵达扶风。扶风县令韩辽见多识广，见郑注无缘无故率领五百名杀气腾腾的士兵抵达本县，心里明白了八九分。扶风离长安很近，皇帝与宦官的矛盾，韩辽很清楚。如今郑注率领五百亲兵到扶风驻扎，恐怕要有大事发生。

韩辽权衡再三，两边都不敢得罪，还是跑吧。

韩辽携带印信，领着县衙的大小官员一起躲到了武功县，先避避风头。

郑注正恼怒韩辽不辞而别，长安传来消息，李训把事办砸了！

郑注恼怒到了极点，不怕神一样的对手，就怕猪一样的队友！

郑注不敢怠慢，扶风不敢停留了，赶紧折返凤翔，毕竟在自己的地盘上要安全一些。

郑注前脚刚到凤翔，皇帝的密旨也到了。

密旨并不是李昂的旨意，而是仇士良的指示，仇士良已经掌控了全局，他的指示，就是皇帝的旨意。

密旨交到了监军宦官张仲清手上，指示很明确：处死郑注。

张仲清惊慌失措，不知该如何是好，以前他从来没办过这么大的事，一下子挑这么重的担子，有点吃不消。

关键时刻，张仲清身边的人站了出来。

站出来的人叫李叔和，在凤翔战区担任押牙（内营管理官）。

李叔和与张仲清走得比较近，平时并不起眼，但这一次，李叔和让张仲清刮目相看。

李叔和建议道："我以你的名义宴请郑注，届时先调开他的亲兵，在宴席座位上把他拿下，大功可成。"

重任在肩，张仲清别无选择，马上安排宴席，布下伏兵，只等郑注上钩。

郑注接到邀请，也曾犹豫，转念一想，有五百亲兵护卫，料他张仲清也玩不出花样。

郑注上门了，宾主双方寒暄再三，说了很多肝胆相照的话。

李叔和将大多数亲兵留在了外边，好酒好菜招待，大家吃好喝好！

郑注一想也合理，只带了几名亲兵进去赴宴。

宾主落座饮茶，郑注没有想到，这是他人生中最后一次饮茶。

李叔和趁郑注不备，手起刀落，一刀砍下了郑注的头。

外面的大门悄然关上，伏兵四起。

正在大吃大喝的郑注亲兵猝不及防，纷纷倒地，一会儿工夫，五百亲兵全部跟随郑注而去。

张仲清见大局已定，拿出密旨，向在场将士宣读。

宣读完毕，清算开始。

郑注的全部家人，手下及助手一千余人全部被杀。

被杀的人中有节度副使钱可复，他的遭遇令人唏嘘。

钱可复，进士及第，名门之后。祖父钱起，天宝十年登进士第，大历年间与韩翃、李端并称"十才子"，留有名句——曲终人不见，江上数青峰。

父亲钱徽，贞元初年进士及第，元和初年入朝，任左补阙，后以祠部员外郎升任翰林学士，迁中书舍人，知制诰，被宪宗称为长者。

钱可复本人，进士及第，累官至礼部郎中。太和九年，郑注出镇凤翔，寻求名门之后给自己当副手，钱可复进入郑注视野，两人一拍即合。

原本，郑注的第一目标是韦温。

还记得韦温是如何拒绝的吗？

"当灾祸无法避免时，那就选比较轻的。拒绝郑注，顶多被贬，而如果跟随他，恐有不测之祸。"

韦温有看到未来的第三只眼，可惜钱可复没有。

当诱惑来临时，学会拒绝。

第十三章　受制家奴

唇 齿 交 锋

郑注死后，家产被罚没，仅绢一项，达一百余万匹，其余东西与之成正比。

罚没报告上奏到李昂那里，李昂叹息一声，是叹息郑注的贪婪，还是叹息郑注出师未捷呢？

十二月九日，李昂想了解一下京城里的最新情况。

此时宰相已经换成了郑覃和李石，这二人陪伴李昂共度最艰难时光。

李昂问道："大街小巷是否已恢复往日平静？"

李石回应道："逐渐恢复正常了，但最近几天特别冷，可能是杀人太多的缘故。"

郑覃补充道："罪犯的亲人都差不多死尽了，其余的最好不要追究了。"

李石和郑覃之所以如此说，是因为宦官们还没解恨，还不准备收手，追查没完没了。

李昂点点头，是啊，该结束了。

七天后，李昂下诏：

> 逆人亲党，自非前已就戮及指名收捕者，余一切不问。诸司官吏虽为所胁从，涉于诖误，皆赦之。他人毋得妄相告言及相恐惕。见亡匿者，

勿复追捕，三日内各听自归本司。

一句话，除了指名通缉的，其余一律不追究了。

追查结束，但斗争还远没有结束。

公元836年正月一日，李昂登宣政殿，赦免天下，改年号为开成。

正月初一，仇士良又闹幺蛾子：建议用神策军代替金吾卫守卫殿门。

此举并非简单换防，而是仇士良想把更多的地方置于自己的掌控之下，金吾卫不归仇士良直管，神策军才是他最放心的嫡系部队。

没等李昂表态，谏议大夫冯定就把仇士良怼了回去："不行，没这规矩。"

仇士良心中有气，也不敢硬来，规矩横在那里，即便他手握神策军也不能强行改变。

仇士良恨恨地看了看冯定，走着瞧！

自甘露事变后，仇士良为首的宦官集团气焰日益嚣张，王朝大权掌握在他们这些"北司"（皇宫）宦官之手，"南衙"（政府）宰相们只不过是依照宦官们的意思发发公文。

即便如此，仇士良仍不满足，动辄拿李训和郑注说事，你们这些宰相都不靠谱，李训和郑注就是你们的代表。

宰相李石和郑覃都是宦海浮沉多年的人，知道打蛇要打七寸，既然宦官们老拿李训和郑注说事，那就要在这件事上找出反击点。

李石和郑覃回击道："李训和郑注是祸乱的头目不假，请问李训和郑注又是什么人推荐来的呢?"

仇士良哑了，无言以对。李训和郑注都是老上司王守澄推荐的。王守澄代表的是整个宦官集团，本想拿李训和郑注堵宰相们的口，没想到人家反手又堵了回来。

日后这种唇齿交锋发生过多次，每次都是仇士良无言以对结束。没办法，他就是有再多的兵，也改变不了宦官集团推荐李训和郑注的事实。

再说，宦官跟宰相斗嘴，一般都得输，人家读的书比你吃的米都多。

培根说，知识就是力量。

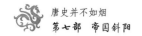

天外飞仙

宰相李石和郑覃虽然每次都能噎住仇士良，但他们知道这都是虚的，对付仇士良这种武装宦官，仅仅讲道理是不够的。

李石和郑覃感觉力不从心时，意想不到的支持者出现了。

支持者是昭义节度使（总部在今山西长治）刘从谏。

刘从谏，以忠义自许，父亲刘悟原为平卢节度使李师道的都知兵马使。

公元820年（元和十五年），唐宪宗李纯下令讨伐平卢，刘悟袭杀李师道，被委任为义成节度使，后转任昭义节度使，镇守潞州。刘从谏由于父亲的缘故，幼年即得功名，初为将作监主簿，后不断升迁，成为仅次于父亲刘悟的二号人物。

父亲刘悟去世之后，刘从谏稳住了局面，又给宰相李逢吉和王守澄送了厚礼，一番上下其手，顺利接任昭义节度使。

原本刘从谏一颗红心向长安，还是想对朝廷表忠心的。公元833年，刘从谏兴致勃勃来到长安，想请求皇帝李昂将其调到其他藩镇，以此表明心迹：绝无割据之心。

刘从谏在长安住了一段时间，他发现长安跟他想象的不一样。在长安，政出多门，事权不一，请托送礼，层出不穷。

想不到你是这样的长安。

长安之行，也不是一无所获，他与老资格官员王涯的交情日进千里，形同莫逆，无论有多少人说王涯的不是，刘从谏依然认可王涯。

现在王涯死于仇士良之手，刘从谏愤愤不平，愤怒之余，一张奏表递到了长安：

> 涯等儒生，荷国荣庞，咸欲保身全族，安肯构逆！训等实欲讨除内臣，两中尉自为救死之谋，遂致相杀，诬以反逆，诚恐非辜。设右宰相实有异图，当委之有司，正其刑典，岂有内臣擅领甲兵，恣行剽劫，延及士庶，横被杀伤！流血千门，僵尸万计，搜罗枝蔓，中外恫疑。臣欲身诣阙庭，面陈臧否，恐并陷孥戮，事亦无成。谨当修饰封疆，训练士卒，内为陛下心腹，外为陛下藩垣。如奸臣难制，誓以死清君侧！

刘从谏的奏章说到了点上,如果宰相真的有罪,也应该按照司法程序审理,怎么能不经审讯就直接杀害呢?

奏章最后,刘从谏不忘震慑仇士良:"别得意,惹我火了我就清君侧!"

皇帝李昂看完,心情着实复杂,一方面为有刘从谏这样的节度使感到欣慰,另一方面又有远水解不了近渴之感。倘若刘从谏就在身边,是否一下子就铲除了仇士良这些祸害呢?

李昂不愿再去想了,一朝被蛇咬,十年怕井绳,况且那根叫作仇士良的井绳天天在眼前晃。

李昂只能对热心的刘从谏表示勉励,加授中央官衔:检校司徒。

官职是虚的,荣誉却是真的。

没过几天,仇士良的幺蛾子又来了。

仇士良授意皇城留守长官奏报:

各仪仗队有带刀的,一律送缴宫廷军械库。值班列队时,以木刀代替。

预计此举会救活好几个木材加工厂。

仇士良执意把真刀换成木刀,原因只有一个,提前戒备,以防万一。

仇士良正要得意,刘从谏又来找不痛快了,这回他不仅上了奏章,而且还派了全权代表进京。

刘从谏在奏章上写道:臣所做的陈述,都是关系帝国大体。如果陛下采纳,那么王涯等人应该沉冤昭雪;如果陛下不采纳,那么就不应该给我奖赏。怎么可以冤死的不能昭雪,而活着的却由此享受国家俸禄!

刘从谏跟仇士良杠上了,要么他对,要么我对,没有中间道路。

李昂又能怎样,只能将刘从谏的全权代表安抚一番,再口头把刘从谏表扬一番。

奏章没有取得实质战果,但震慑作用还是有的。仇士良明白,像刘从谏这样的节度使还有不少,一旦激怒了他们,局面恐怕不可控制。

由此,仇士良收敛了许多,李昂和他的宰相们日子好过了一点。

然而,双方关系如同瓷器,一旦破碎,即便修复,再也回不到完好如初时,而且修复的关系经不起一点风吹草动。

公元836年五月二十一日,李昂与宰相们举行了一场普通得不能再普通的朝会,李昂恩准了宰相们的提议,宰相们叩头谢恩。不料,就是这么简单的一

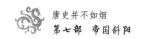
件小事，以讹传讹成了大事。

谣言说，李昂要把兵权交给宰相，宰相们因此叩头谢恩。

谣言传到了仇士良的耳中，仇士良打了一个寒战："莫非又要来一次甘露事变？"

接下来几天，空气中弥漫着紧张的分子，仇士良命令神策军打起十二分精神，一定要确保万无一失。

谣言很快从宫里传到了宫外，整个长安城都紧张了。甘露事变殷鉴不远，不少无辜的人死于非命，长安城中人心惶惶，有人甚至准备逃亡。

谣言传到最后，连宰相和皇帝都知道了，一件普通小事，怎么传成了这样呢？

五月二十七日，在宰相李石的建议下，三方凑到了一起。

皇帝，宰相，宦官，三方碰面，验证谣言的真伪。

宰相李石和皇帝李昂一起向仇士良解释，没这回事，一切都是谣言。仇士良将信将疑地看着李石和李昂，心头的疑虑总算消除了几分，谣言在三方对证下终于消除。

仅此一件事，便能看出李昂的悲哀。身为皇帝，还要向宦官解释事情原委，内心的屈辱有多强烈，恐怕只有李昂自己知道。

具有对比意义的是，几年后，唐武宗继位，也遭遇过一次谣言风波。

唐武宗怎么做的呢？

仅仅派出一个宦官到神策军传诏：命令是朕下的，与宰相无关。

谣言不攻自破，背后煽风点火的仇士良自讨没趣。

不是因为敌人强大，而是因为你自己弱小。

与皇帝李昂共勉。

心 如 死 水

自甘露事变后，皇帝李昂一直没缓过神，快快不乐，以前他酷爱蹴鞠，现在左右神策军的蹴鞠比赛也减少了六七成，即便在蹴鞠比赛现场，也再无往日的兴致勃勃。

盛大的宴会上，场面还是一如既往宏大，丝竹绕梁，载歌载舞，李昂的笑容却消失不见。闲暇无事时，要么徘徊，要么远望，要么自言自语，要么暗自叹息。

问君能有几多愁，恰似一江春水向东流。

公元 836 年十一月十七日，李昂登延英殿，与宰相朝会。

李昂对宰相们说："朕每次与卿等讨论天下事，总是满腔愁绪。"

宰相们赶紧给皇帝宽心："治理天下不能速成。"

李昂依旧愁眉不展："朕饱读史书，也想做个有为皇帝，不想做平庸之辈。"

李石安慰皇帝道："如今宦官与朝臣之间，还是有不少小人挑拨，陛下对宦官还是宽以待之，其中奉公守法如刘弘逸、薛季棱者，陛下还是应该褒扬奖赏。"

李昂点点头，若有所思。

两天后，再次朝会，李昂依然紧锁眉头。

李昂说："朕与卿等讨论天下大事，有些事根本无法实行，朕只能退回内宫中饮酒，只求喝醉。"

宰相们连忙承认错误："这都是臣等的过错。"

酒不能解决任何问题，只能让你自己骗自己而已。

同所有皇帝一样，李昂的后宫烦心事也不少。

有人的地方就有江湖，有女人的地方更是江湖，有皇帝女人的地方则是江湖中的江湖。

李昂的后宫中，地位最高的是太子李永之母王德妃，最受宠的却是杨贤妃。同诸多朝代的剧本一样，皇帝李昂不喜欢王德妃，进而对王德妃的儿子李永也不欣赏。

太子李永呢，他知道父亲不欣赏自己，也知道父亲不宠爱母亲，多重压力之下，他开始自暴自弃。

给事中韦温担任太子侍读，亲眼见证了李永的自暴自弃。

韦温早晨到东宫报到，准备给太子讲解，结果苦等几个小时，直到中午才见到太子本尊。韦温失望到了极点，按捺住内心的不满，规劝道："太子当鸡鸣而起，问安视膳，不宜专事宴安。"

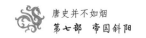

遗憾的是，李永听不进韦温的金玉良言。

不能说李永的品质不好，只能说他活得太真实了。身为太子，就要背负责任，接受束缚，如果一味我行我素，那么离废黜就不远了。

韦温眼见太子扶不上墙，索性向皇帝李昂请辞，要求辞去太子侍读一职。

李昂心如明镜，他知道李永的所作所为，便不再勉强，免去了韦温的太子侍读一职。

李永的境遇越来越糟，母亲王德妃不受宠爱，也帮不上忙。

雪上加霜的是，王德妃死了，莫名其妙。

《资治通鉴》写到王德妃的死很简略，只有一笔：

> 太子永之母王德妃无宠，为杨贤妃所谮而死。

如此看来，王德妃死于杨贤妃的构陷，历代后宫这样的戏码层出不穷，《甄嬛传》《芈月传》《金枝欲孽》看着很过瘾，但真实的历史里，只有血淋淋的争斗、你死我活的互掐。

王德妃死了，杨贤妃更加变本加厉，目标直指太子李永。

李永活得过于真实，不知克制，吃喝玩乐，亲近小人，普通人家孩子极为平常的举止，在他身上，都变成了缺点。

李永是一只有缝的蛋，现在被杨贤妃这只苍蝇叮上了。

在构陷这条道路上，杨贤妃停不下来了。她已经害死了李永的母亲王德妃，接下来一定要把李永置于死地，不然，等李永掌握大权后，一定会把之前的恩怨加倍奉还。

杨贤妃的构陷日夜不停，时间一长，皇帝李昂也有些含糊了。

公元838年九月七日，李昂登延英殿，召集宰相、两省官员、御史、郎官，命令大家指责太子过失，准备废黜。

李昂大为失望："这样的人能当天子吗？"

群臣虽不参与宫斗，但宫中的事情还是略知一二的。太子之母王德妃枉死，太子又被置于废黜边缘，这一切是谁干的？不言自明。

群臣劝道："太子年少，应该允许改过。国本至关重要，岂能轻动！"

御史中丞狄兼谟最为坚持，说到激动处，泪流满面。

狄兼谟曾祖叫狄仁续，看着前两个字是不是有点眼熟？

没错，狄仁续正是狄仁杰的堂兄弟，从这里论，狄兼谟是狄仁杰的曾族孙。

看来，忠诚也是一种基因。

延伸说一句，狄兼谟并非无名之辈，后来与白居易等人志趣相投，结为九老会，史称"香山九老"。

已经被免去太子侍读的韦温关键时刻还是力挺太子："陛下只有一子，没有好好教育他，以致沉沦到这个地步，难道让他一个人承担所有责任？"

韦温说到了点上，太子是有缺点，有过失，但是让他一个人承担所有后果，就不合情理了。

群臣反对，废黜太子的棋陷入僵局。

第二天，六位翰林学士、16位神策六军军使站出来为太子辩护，废黜太子的棋局无法继续了。

李昂见群臣多数反对废黜太子，便暂时按下了废黜太子的心思。提心吊胆好几天的太子李永总算暂时躲过了一劫，当晚返回了自己居住的少阳院。

太子暂时平安，身边的人却没有那么幸运。

如京使（采购官）王少华以及宦官、宫女几十人，有的被处死，有的被流放，他们都成了替罪羊。

史书上的文字波澜不惊，波澜不惊的背后却是惊心动魄。这段看似平常的叙事，应该隐藏着宫廷内的剧烈斗争，一派是杨贵妃领衔的倒太子派，另一派是狄兼谟、韦温这些保太子派，看似平常的唇齿交锋，背后尽是刀光剑影。

从平实的叙事中，我为皇帝李昂的精神状态感到担忧。按常理来说，父子情深，李昂只有李永一个儿子，即便其母并不受宠，但父子亲情是一定有的。动议废黜自己唯一的儿子，李昂的父子亲情又在哪里呢？

或许，经历过甘露事变，经历过宦官们的压迫，李昂的精神状态已经不能完全用正常人的标准来衡量。

没有人知道李昂的心里有多苦，他内心的苦只有自己知道。

九月二十八日，李昂下了一道诏书：

神策军人事变动要先奏报，由皇帝交中书省审查后实行。

甘露事变后，武装宦官的气焰达到顶点，神策军人事变动直接由宦官决定，公文送到中书省，由宰相向皇帝奏报后实行。

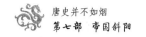

一道诏书折射出皇帝内心的苦。

诏书发布前，他对神策军无能为力；诏书发布后，改变也只是形式上的，武装宦官将军权抓到手，断不会因为一纸诏书轻易放弃。

九天后，苦闷的李昂得到了一个不好的消息：

太子李永暴毙！

《资治通鉴》记载如下：

> 太子永犹不悛，庚子，暴薨，谥曰庄恪。

如果李永是正常死亡，没有必要加上"犹不悛"这三个字。

"悛"，有改变、改过之意；"不悛"，知错不改。

《资治通鉴》如此表述，可以得出如下结论：

由于李永不知悔改，最终暴毙。而他的暴毙，父亲李昂事前是知情的，但没有阻止。

父亲明知儿子将死于非命，却没有加以阻止。

是不是有些荒诞？

荒诞！

但在李昂、李永父子身上真的发生了。

李昂究竟在做什么？他的精神状态到底是怎样的？无人知晓！

或许，那时的李昂已经是一位限制行为能力的人了。

除此之外，无法解释。

天底下任何一位父亲都不会容忍这样的悲剧发生，除非他不是父亲，除非他是限制行为能力的人，除非他自己的生命受到了威胁。

对于父亲而言，即便自己生命受到了威胁，孩子还是会放到第一位的，这是人之天性！

甘露事变功败垂成，朝中党争暗流涌动，太子李永突然暴毙，所有事情叠加到一起，李昂的内心充满了挫败感。

李昂坐立不安，他突然萌生了一个念头：他想看自己的《起居注》。

《起居注》是记录帝王的言行录，顾炎武在《日知录》中讲："古之人君，左史记事，右史记言，所以防过失，而示后王。记注之职，其来尚矣。"从汉以后，几乎历代帝王都有《起居注》，但流传下来的很少。主要因其一般不外传，仅作为撰修国史的基本材料之一。

传说最早的《起居注》是汉朝汉武帝时的《禁中起居注》。其后，在汉明帝时，也有《明帝起居注》，但这些《起居注》多为中国宫廷内部自行编撰，并未设有专职与专人来负责编撰。

直到晋朝时，开始设立起居令、起居郎、起居舍人等官员来编写《起居注》，其后一直到清朝，各朝代都曾有《起居注》的撰写。但是，由于动乱与本身未成为一个持续性的制度，在清朝以前的《起居注》，大部分均已不存。

负责修《起居注》的官员，在皇帝公开的各种活动中均随侍在旁，因此《起居注》记录的内容甚为广泛，包括除了皇帝宫中私生活外的种种言行。

李昂想看自己的《起居注》，是因为他心里没有底，他不知道在史官的笔下他会是一个怎样的皇帝。

越是强者，越不在乎别人的评价；越是弱者，越看重别人的看法。

李昂没有想到的是，他碰了软钉子。

李昂命起居舍人魏谟把《起居注》拿来看看，魏谟皱了一下眉，摇了摇头。

"《起居注》记录善行也记录恶行，为的是让帝王保持警醒。陛下只要努力做善行就可以了，不用去管怎么记载。"

"哦，朕以前看过。"

"这是以前负责《起居注》的官员失职，如果陛下自己查看《起居注》，那么史官必然会有所避讳，那么后人如何能信服这样的记录。"

魏谟坚持原则，说话硬气，生生把李昂怼了回来。

什么人，敢对皇帝这么硬气。

魏谟是魏征的五世孙，一个家族的优秀基因就这样代代相传。

就《起居注》，延伸说两句。

李昂并不是第一个想看《起居注》的皇帝，他的祖爷爷唐太宗李世民也曾动过看《起居注》的念头。

李世民曾找谏议大夫褚遂良想看《起居注》，也碰了钉子。李世民问："朕有不善，卿亦记之邪？"褚遂良回答说："臣职当载笔，不敢不记。"黄门侍郎刘洎则说："借使遂良不记，天下亦皆记之。"

秉笔直书，史官天职。

公元前 548 年，大臣崔杼杀害了当朝的齐庄公。国君杀得，就没有什么人杀不得。一时间，齐国血雨腥风，人人自危。尽管崔杼哗变是被齐庄公赐他的"绿帽子"所激，但齐太史公还是毫不留情地秉笔直书："崔杼弑其君。"崔杼二话没说，杀了太史公。继任的是死者弟弟，他再书："崔杼弑其君！"崔杼便再杀。三弟还书："崔杼弑其君！"就在崔杼为杀与不杀犹豫不决的时候，南史氏也收拾行装准备前仆后继。崔杼终于害怕了！他没有敢杀第三位太史公，"崔杼弑其君"这五个汉字就这样滴着鲜血载入了史册！

烦恼总是接二连三，李昂的朝廷不太平，后宫也不清净。

杨贤妃扳倒了太子李永，自然不会让这个位置空缺，那么该由谁来坐太子这个位子呢？

杨贤妃自己名下无子，她只能寻找便于自己将来控制的人，寻思一番后，杨贤妃将目光锁定在安王李溶身上。

李溶是穆宗李恒的儿子，皇帝李昂的弟弟。

关于安王李溶的身世背景，《旧唐书》和《新唐书》相互矛盾。

《旧唐书》

安王溶，穆宗第八子。母杨贤妃，长庆元年封。太和八年，授开府仪同三司、检校吏部尚书。开成初，敕安王、颍王，并以百官例，逐月给料钱。

《新唐书》

穆宗五子：恭僖皇后生敬宗皇帝，贞献皇后生文宗皇帝，宣懿皇后生武宗皇帝；余二王，亡其母之氏、位。

《旧唐书》里说，安王李溶的生母是穆宗的杨贤妃。《新唐书》直截了当地说："不知道安王李溶生母的姓氏以及品级。"

综合《资治通鉴》后来的记载，大体可以推测出，安王李溶的母亲可能姓杨，但品级不高。李昂宠爱的杨贤妃想扶持李溶上位，第一是因为他没有强大背景，将来好控制；第二是李溶的母亲可能与杨贤妃同宗，可以打感情牌。

杨贤妃试图说服丈夫李昂，立安王李溶为皇太弟，这就有点胡闹了。

历代王朝，如果皇帝没有子嗣，一般会在皇族里找一个子侄辈的继承人，兄终弟及不是没有，但当朝皇帝健在，堂而皇之地册立"皇太弟"的真不多。

有唐一代，稀罕总是不少。

唐睿宗李旦第二次出任皇帝，实际上就是叔叔抢了侄子的位置，不过这次皇位更迭是在太平公主的主持下，李旦并没有"皇太叔"的头衔。

后面咱们会说到唐宣宗李忱，他继位就是以"皇太叔"名义继位，货真价实的皇太叔。

"皇太叔"很奇葩吧，还有奇葩的。

唐中宗李显的女儿安乐公主曾有过一个提议，要求父亲册立自己为"皇太女"。

奇葩一箩筐。

现在奇葩的杨贤妃试图说服丈夫册立皇太弟，这个奇思妙想没有通过宰相这一关。

经过反复权衡，李昂立敬宗李湛的儿子、陈王李成美为太子，太子风波到这个时候总算告一段落。

到此时，李昂的心情稍稍平复。

一天后，李昂心情无法平复。

这一天，本该是轻松愉快的一天。

李昂与群臣在会宁殿设宴，其间有杂技助兴，其中一个节目是"童子爬高竿"。

高竿上，童子正在卖力地表演；高竿下，一个中年男子来回走动，面露担心之色，看似要发狂。

李昂感到奇怪，此人为何如此怪异？

左右解释道："此人是童子的父亲。"

说者无意，听者有心，李昂的心被狠狠地扎了几刀。

泪水顺着李昂的脸庞流了下来，流不尽的眼泪，写不尽的哀伤。

"朕贵为天子，却不能保全自己的儿子。"

李昂把教坊（皇家歌舞团）刘楚材等四人、宫女张十十等十人叫来，怒斥道："构陷太子的，都是你们这些人。如今又册立了新太子，你们是不是还想再来一次啊？"

刘楚材等人还想解释，李昂挥挥手，十四人全被拉了下去。

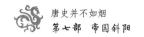
两天后，十四人全部被诛杀。

史书语焉不详，不知道刘楚材这十四个人曾如何构陷太子，从宫廷戏的套路来推断，很有可能他们是在扳倒太子的过程中做过不利于太子的伪证。

人在后宫，身不由己，当杨贤妃派人找到他们要求做伪证时，他们拒绝得了吗？

这一切，李昂应该心知肚明，只是当时没有点破。现在受了刺激，就把火发到了刘楚材、张十十这些人身上。

可怜，可叹。

构陷太子的人伏法了，李昂却感伤过度，旧病复发。

如果郑注尚在，或许还能妙手回春。如今郑注不在了，能医治李昂的人天下难找。

李昂的病在心里，身上的疾好医，心里的病难愈。

一个月后，李昂病情略有好转，登上思政殿，他想找人说说话。

李昂召来直学士（皇家初级文学研究官）周墀，命人给周墀倒了一杯酒，以示亲近。

李昂看着周墀，似乎想从周墀的脸上找到答案。

"朕可以与前面王朝的哪些帝王相提并论？"

"陛下可比尧舜。"

"朕岂敢与尧、舜相提并论，与周赧王、汉献帝相比如何？"

周墀脑袋"嗡"地一下，皇上把话说到这个地步，该如何接呢？

周墀大惊道："那些都是亡国之君，岂能与陛下相提并论。"

李昂脸色苍白，神情落寞："周赧王、汉献帝受制于诸侯，如今朕却受制于家奴，这么比的话，朕还不如他们。"

看得见的眼泪顺着脸庞流，滴下来，打湿了衣襟；看不见的眼泪在心里流，攒下来，汇成了江海。

周墀不敢再接话，趴在地下，呜咽流泪。

愁肠已断无由醉。

自此之后，李昂不再出宫早朝，生命也进入倒计时。

三 选 一

公元 840 年正月二日，李昂发出一道诏书：

> 立颍王瀍为皇太弟，应军国事权令句当。太子成美年尚冲幼，未渐师资，可复封陈王。

诏书有些莫名其妙。

仅仅四十余天前，刚刚册立李成美为太子，怎么过了个年，就换成皇太弟了呢？再说，皇太弟之前的提名人选可是安王李溶，怎么又换成颍王李瀍了呢？

一切的一切，都是宦官搞的鬼。

从唐宪宗李纯继位开始，之后的历任皇帝继位，都有宦官忙碌的身影，就连李纯自己的继位，也有宦官忙碌的身影。

无利不起早，宦官图的是自己的将来。

李昂知道自己时日无多，让枢密使刘弘逸、薛季棱召唤宰相杨嗣复、李珏进宫，打算让他们辅佐太子李成美监国。

非常时期，监国之人将在皇帝驾崩后登基称帝，已是惯例。

眼见四人进宫，仇士良和鱼弘志明白即将发生什么。

仇士良和鱼弘志也早有打算，他们要推出自己的人选。

如果太子李成美顺利登基，将来重用的将会是薛季棱、李珏，人家有拥立之功。如果安王李溶顺利登基，将来重用的是刘弘逸、杨嗣复，人家有拥立之功。

比较下来，这两人都不能拥立，只能找第三人选，这个人就是颍王李瀍。

仇士良和鱼弘志找来宰相们商量："太子年幼，而且身患疾病，是不是该换个人选？"

李珏马上变了脸色："太子位分已定，怎能中途变卦！"

仇士良和鱼弘志相互看了看对方，既然这样，那就不用商量了。

在仇士良和鱼弘志的授意下，更换太子诏书火热出炉：立颍王李瀍为皇太弟。

当日，仇士良、鱼弘志派神策军士兵前往亲王十六宅迎接颍王李瀍，士兵

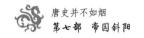

们将李瀍接到了少阳院。

少阳院，太子居所，将李瀍接到少阳院，用意不言自明。

此时，局势看似很复杂。

宰相李珏、宦官薛季棱支持的是太子李成美，宰相杨嗣复、宦官刘弘逸支持的是安王李溶，而仇士良、鱼弘志支持的是颍王李瀍，如果你是朝中大臣，你选择支持谁呢？

其实也不难选，看哪一派手里有兵。

文武百官简单一对比，就知道该支持谁了。

思贤殿上，颍王李瀍与大臣们的见面会正在进行。文武百官相互看了看，人到得差不多了，看来大家的判断是一致的。

两天后，李昂驾崩，享年三十三岁。

十天后，李昂遗体入棺。

七个月后，李昂被安葬于章陵，谥号元圣昭献孝皇帝，庙号文宗。

如果有来生，

要做一棵树，

站成永恒。

没有悲欢的姿势，

一半在尘土里安详，

一半在风里飞扬；

一半洒落荫凉，

一半沐浴阳光。

第十四章 李德裕时间

各 就 各 位

李昂的时代结束了，李瀍的时代开始了。

从李湛开始，经李昂接力，再到李瀍接棒，唐穆宗李恒的三个儿子先后过了皇帝瘾，如果泉下有知，他该作何感想呢？

同李昂一样，李瀍之前并没有想过自己能当皇帝，只是仇士良、鱼弘志为了推出本方代理人找到了他；

同李昂不一样的是，李瀍的驾驭能力远在李昂之上。

李昂当了十余年皇帝，最终受制于宦官这些家奴；李瀍登基后不久，便霸气十足，睥睨一切，仇士良、鱼弘志虽然武装到牙齿，在他的面前，终究只是家奴。

不得不承认，当皇帝是要有天赋的，李瀍有这个天赋，李昂却没有。

终其一生，李昂身背枷锁，受制于宦官，他想过挣脱，但甘露事变功败垂成，他从此认命，以为再也无法扭转局面。

李昂的面前，有一道门，李昂以为门是紧锁的，他不敢再碰那道门。

同样的门挡在李瀍面前，李瀍轻轻一推，门居然是虚掩着的！

公元840年正月初六，李成美、李溶、李瀍三选一的游戏胜负已定，李瀍脱颖而出，李溶、李成美败局已定。

125

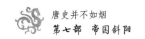

该如何处理两位失败者呢？

仇士良给出了两个字：赐死！

太子李成美、安王李溶，他们原本是第一顺位、第二顺位继承者，如果不出意外，新皇帝就是他们二人中的一个。可惜的是，他们的支持者没有兵权，纵然有第一顺位也是白搭，等待他们的只有死局。

那位宠冠后宫的杨贤妃也没能逃脱，也被一并赐死。

曾几何时，她风光无限艳压群芳，以为荣华富贵可以长久。她不知道的是，她只是借了皇帝的势，皇帝在时，千好万好，皇帝驾崩，一切随之归零。

正月十四日，李瀍登基称帝，迎来属于自己的时代。

三天后，李瀍追赠自己的母亲韦妃为皇太后，一个月后追赠为"宣懿皇太后"。

此时，后宫居住的有太皇太后郭氏（唐穆宗李恒的母亲）、皇太后王氏（唐敬宗李湛的母亲）、皇太后萧氏（唐文宗李昂的母亲），如果韦太后也健在，四位老太太正好凑一桌麻将。

接下来该梳理一下朝中大臣了。

一朝天子一朝臣，这是铁律，哪个皇帝上台都要用自己顺手的宰相，前任皇帝的政治遗产能抛也就抛了。

最先被抛弃的是宰相杨嗣复，风传他是杨贤妃的人。

李昂驾崩当天，杨嗣复被任命为摄冢宰（帝国最高摄政）。

所谓摄冢宰，可以通俗地理解为临时摄政王，离我们最近的摄政王是末代皇帝溥仪的父亲载沣。

也真奇了怪了，从唐敬宗李湛登基算起，之后连续数任皇帝都会指定一个摄冢宰。

唐敬宗时，摄冢宰是李逢吉。

唐文宗时，摄冢宰是裴度。

唐武宗李瀍时，摄冢宰是杨嗣复。

唐宣宗时，摄冢宰是李德裕。

前两位算是发挥了一下余热，多少起到了一点稳定大局的作用。从杨嗣复开始，摄冢宰就成了让你靠边站的信号。

仅仅四个月后，杨嗣复宰相也当不成了，他被免去宰相资格，改任吏部尚书，再接下来，他将有一场生死劫。

又过了三个月，李珏的宰相也当不成了。

前面说过，大行皇帝李昂安葬于章陵，章陵就是李珏负责修建的。李昂的枢车在前往章陵的途中出现过车轮陷到泥里的小事故，就是这个小事故，让李珏丢了宰相资格。

欲加之罪，何患无辞，确要找的话，总是能找到的，谁让你们当初拥立的不是李瀍。

在拥立这件事上，李瀍的记忆力很好，有恩一定报，有仇也一定要报。

两位托孤宰相先后去职，朝堂空缺，该由谁来填补这个空缺呢？

宦官向李瀍提到了一个人。李瀍连连点头，对，就是他，让他即日赶赴京城。

来者何人？

淮南节度使李德裕。

李德裕，老熟人了，几度宦海沉浮，几次进出长安，元和十四年，他三十二岁，出任监察御史，一年后，进入翰林院，担任翰林学士。此后在帝国权力中枢与地方官之间折返跑，再次归来拜相时已然五十三岁了，距离他首度担任翰林学士已经过去了二十年。

之前，李德裕有过几次亮相，但表现并不够充分，接下来，将进入"李德裕时间"，年过半百的他终于迎来了属于自己的时代。

同时代的诗人李商隐在为《会昌一品集》作序时将其誉为"万古良相"，近代梁启超甚至将他与管仲、商鞅、诸葛亮、王安石、张居正并列，称他是中国六大政治家之一。

说起来，李德裕赢得机会并不容易。

李德裕担任淮南节度使（总部设在扬州）时，担任监军宦官的是杨钦义，两人相安无事，并无太多交情。忽一日，当时的皇帝李昂下诏让杨钦义返回长安，众人纷纷揣测杨钦义将回长安出任枢密使，得到重用。淮南战区的官员红了眼，开始大肆巴结杨钦义，唯独李德裕不为所动，毫无表示。

被奉承包围的杨钦义有些不满，心中暗骂李德裕有眼无珠。

就在这时，李德裕的邀约送到，邀请杨钦义赴宴。

杨钦义如约而至，发现这是只有他和李德裕两人的宴席。李德裕在中堂大

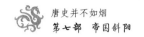

厅摆下宴席，大厅空空荡荡，只有杨李二人。

人虽然很少，宴席的档次却很高，李德裕的礼数也极为周到，杨钦义顿时感觉找回了面子。宴席旁边，李德裕准备了几床珠宝，晶莹夺目，争芳斗艳。

宴席结束，李德裕轻轻一指，几床珠宝就归了杨钦义。杨钦义心花怒放，原来李德裕早有安排。

带着沉甸甸的珠宝上路，杨钦义乘兴走到了汴州（今河南省开封市）。这时新的诏书到了："杨钦义返回淮南，继续担任淮南监军宦官。"

来时乘兴，回时败兴，再回淮南的杨钦义如霜打的茄子，垂头丧气的他准备将李德裕的珠宝如数奉还。

李德裕面色如常，摆摆手："这能值几个钱？"

非常之人行非常之事，若是常人，定会顺水推舟接过来，但李德裕终究是非常之人，他用自己的非常举动彻底征服了杨钦义。

数月后，皇帝换成了李瀍，杨钦义返回长安出任枢密使，也正是他向李瀍隆重地推荐了李德裕。

九月一日，李德裕返回长安；三天后，李德裕出任门下侍郎、同平章事，从此便是宰相了；又三天后，李德裕进宫谢恩，君臣双方的一席对话为之后的合作打下了基础。

李德裕对李瀍推心置腹：

> 陛下诚能慎择贤才以为宰相，有奸罔者立黜去之，常令政事皆出中书，推心委任，坚定不移，则天下何忧不理哉！先帝于大臣好为形迹，小过皆含容不言，日累月积，以至祸败。兹事大误，愿陛下以为戒！臣等有罪，陛下当面诘之。事苟无实，得以辩明；若其有实，辞理自穷。小过则容其悛改，大罪则加之诛谴，如此，君臣之际无疑间矣。

核心意思有两条：

1. 陛下选择宰相，那么就信任宰相，政府日常行政由宰相负责；

2. 君臣推心置腹，亲密无间，有问题当面提，君臣没有隔阂。

李德裕是痛快人，李瀍也痛快，双方一拍即合，一段堪称传奇的君臣际遇就此开始。

秋后算账

李漼登基，李德裕拜相。无疑，李德裕是最大受益者。

有受益者，就一定有失意者，那么失意者是谁呢？

名单很长。

谏议大夫裴夷直就是其中一位。

说起裴夷直的遭遇，有点倒霉催的。

按照以往惯例，新天子即位，官员要联名上疏表示祝贺。这回李漼登基，官员们依照惯例上疏祝贺，唯独缺了裴夷直的签名。

什么意思？新皇登基你不高兴？

裴夷直很快品尝到了苦果，谏议大夫不用做了，去杭州当刺史吧。

裴夷直的遭遇有点匪夷所思，按说宦海浮沉多年，这个规矩不应该不懂，为何却漏了签名呢？

事情还得从李漼即位前说起。

正月四日，先皇李昂驾崩，李漼下令，正月十四日入棺，到时再改穿丧服。

谏议大夫裴夷直坐不住了，马上上了一道奏疏：先皇正月四日龙驭上天，正月十四日入棺，时间长达十天，有些不妥。

李漼不理！

又过了几天，在李漼的默许下，仇士良开始行动，凡是李昂生前信任的、宠信的乐师、宦官，不是被杀，就是被贬。

裴夷直又上了一道奏疏：陛下由亲王入继大统，应迅速为先皇举行葬礼，商讨大政方针，早日安抚百姓。如今先皇尸骨未寒，其亲近信任的乐师宦官非贬即杀，若这些人无罪，定然不该如何处置；若有罪，他们已无藏身之地，十天后再处置又如何？

李漼还是不理。

平心而论，裴夷直的奏疏合情合理，只是李漼刚开始品尝做皇帝的滋味，不想听别人指指点点。

试想，憋屈了三十多年，忽然有一天当了皇帝，终于能体会到万人之上的感觉了，马上就有人跟你说，这样不行，那样不对，你会不会烦？

常人都会烦，不烦的是超人。

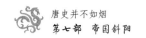

再者，此时李瀍的所作所为，多半是仇士良的主意，李瀍或默许，或纵容，只是对其拥立自己的酬庸。

回过头说裴夷直这次漏签名：一种可能是被摆了一道，皇帝李瀍授意大臣们不带裴夷直玩，以此来贬斥裴夷直；另一种可能是裴夷直对新皇帝的所作所为寒心，故意不签名以示不满。

皇权社会下，第二种可能微乎其微。

唐朝皇帝不是宋朝皇帝，不杀大臣可不是他们的传统。

前因后果联系到一起，最大的可能是皇帝和其他大臣联手一起摆了裴夷直一道，裴夷直有口难言，只能灰溜溜地去杭州当刺史了。

裴夷直之后，给事中李中敏也倒霉了。

李中敏的倒霉跟裴夷直一样，说了别人不爱听的话，得罪了开府仪同三司、左卫上将军、宦官总管仇士良。

仇士良的头衔是不是有点长？

因拥立有功，仇士良的头衔加了"开府仪同三司"。

"开府"指开设府第，设置官吏。"仪同三司"是说仪仗同于三司。三司指太尉、司空、司徒，亦称三公。

"开府仪同三司"不是具体官职，但象征着荣誉，也是社会地位的肯定。

仇士良有了这个头衔后得寸进尺，他想为自己的"儿子"谋点福利：以开府仪同三司的官位福荫儿子做御前带刀侍卫。

要求提出来，皇帝李瀍不太好拒绝，但还是有人拒绝。

给事中李中敏轻轻一句话把仇士良打发了。

李中敏淡淡地说："开府仪同三司确实能福荫儿子，问题是宦官哪来的儿子？"

仇士良涨红了脸。

骂人揭短，打人打脸，李中敏你过分了！

正巧，宰相李德裕看李中敏也不顺眼，原因是李中敏是前任宰相杨嗣复的人，而杨嗣复是牛党成员。

仇士良和李德裕联手，李中敏毫无抵抗能力，只能接受被贬的命运，出任婺州（今浙江省金华市）刺史。

刀下留人

说完裴夷直和李中敏，接下来该说说几个大人物了。

这几个大人物是枢密使刘弘逸、薛季棱，前任宰相杨嗣复、李珏，他们有一个共同身份，是文宗李昂的托孤大臣。

原本李昂指望四位托孤大臣辅佐太子李成美登基，不想被仇士良破坏了计划，生生将李瀍推上了皇位。

如今李瀍皇位已稳，该到了清算的时候了。

仇士良最恨的是刘弘逸和薛季棱，同行是冤家。

李瀍最恨的是杨嗣复和李珏，两个有眼无珠的家伙，之前根本没把朕放在眼里。

李瀍恨意难消，把杨嗣复贬为湖南道（总部设在今湖南省长沙市）观察使，李珏贬为桂州道（总部设在今广西桂林）观察使。

仇士良的恨简单明了，四个人别贬来贬去了，直接赐死吧！

李瀍同意了！

距离产生美，距离也产生缓冲时间。

刘弘逸、薛季棱就在宫中，他们没有缓冲时间，被直接赐死，两个托孤宦官就这样悄无声息地消失。

刘弘逸、薛季棱都是品质不错的宦官。有一次，薛季棱到外地出差，在当地看到诸多民间疾苦，回到长安便向皇帝汇报民间真实情况。无论古往今来，无论古今中外，能在皇帝面前汇报真实民间疾苦的人，都是值得钦佩的。

同刘弘逸、薛季棱不同，杨嗣复和李珏则在外地，遥远的距离为他们赢得了缓冲时间。

仇士良向湖南、桂州派出了索命宦官，不出意外的话，杨嗣复和李珏在劫难逃。

意外还是出现了。

时任户部尚书的杜悰得到了消息，一个激灵，马上骑马来找李德裕商量。

杜悰心焦有情可原：一方面兔死狐悲，他不想曾经的同僚就这样白白丧命；另一方面，他与杨嗣复、李珏一样都是牛党成员，面对本党人士焉有见死不救的道理？

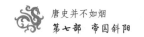
事情变得有些微妙，原本牛党李党势不两立，现在为了营救牛党成员，牛党成员杜悰急匆匆跑来找李党党魁李德裕商量。

杜悰气喘吁吁地说道："天子年少，新即位，兹事不宜手滑！"

李瀍即位时二十八岁，相比于杜悰、李德裕这些五十岁上下的人来说，可以算年少。

杜悰的核心意思是，天子刚刚即位就这样杀人，如果不就此拦住，恐怕杀习惯了，将来手滑了，就拦不住了。

杜悰是对的，表面上看，赐死杨嗣复、李珏与他关系不大，实则关系巨大。试想，一个朝代，一个皇帝，如果开了滥杀宰相的先河，这次与你无关，下次与你无关，谁能担保下下次呢？

杜悰为杨嗣复、李珏奔走，同时也是在为自己的将来奔走。

现在杜悰求到了李德裕门下，李德裕能够不计前嫌为牛党成员的生死奔走吗？

答案是肯定的。

听杜悰一说，李德裕马上意识到事态严重，必须让皇帝刀下留人，否则后果不堪设想。这一次倒霉的是牛党成员，下一次可能就是李党成员，再下一次可能就是自己了。

第二天，李德裕联合崔珙、崔郸、陈夷行连上三道奏疏，又把枢密使（宫廷主管机要宦官）请到了中书（宰相联合办公大厅），请其代为上奏：

> 德宗疑刘晏动摇东宫而杀之，中外咸以为冤，两河不臣者由兹恐惧，得以为辞。德宗后悔，录其子孙。文宗疑宋申锡交通藩邸，窜谪至死。既而追悔，为之出涕。嗣复、珏等若有罪恶，乞更加重贬。必不可容，亦当先行讯鞫，俟罪状著白，诛之未晚。今不谋于臣等，遽遣使诛之，人情莫不震骇。愿开延英赐对。

李德裕的核心意思是，德宗怀疑刘晏进而诛杀，后来追悔莫及，文宗怀疑宋申锡进而贬斥，后来也追悔莫及。如今杨嗣复、李珏处于同样境地，那么即便怀疑，也应该走正当司法程序，不能直接派宦官诛杀。恳请陛下登临延英殿听我们细说。

奏疏上去了，转奏也完成了，但皇帝李瀍还是没有回应。

从早上开始，到中午，到下午，一直等到了傍晚。

李瀍终于有了回应，登延英殿，召唤李德裕等人进去。

等待了一天，李德裕情绪有些激动，流泪劝诫道："陛下对待这个决定一定要格外慎重，不要将来后悔。"

李瀍态度很坚决："朕不后悔！"

李瀍指了指椅子，示意李德裕等人就座。

从这个细节可以看出，有唐一代宰相的地位还是很高的，君臣对话，宰相可以坐着对话，双方既是君臣，又是师友。

李瀍再三让李德裕等人就座，李德裕就是不坐："臣等恳请陛下免除杨嗣复、李珏的死罪，不要等他们死后，天下为之喊冤。如今臣等没有收到陛下免死的圣旨，不敢就座！"

李瀍不动声色，使劲看着李德裕等人。

君臣双方僵持了一会儿，李瀍终于松口了："看在你们的分儿上，免他们死罪。"

李德裕等人如释重负，连忙三拜九叩谢恩，生怕李瀍改变主意。

李瀍示意李德裕等就座，君臣双方这才开始坐着对话。

李瀍叹息一声："朕继位的关键时刻，宰相们何尝为朕说过公道话。李珏、薛季棱拥护的是陈王李成美，杨嗣复、刘弘逸拥护的是安王李溶。陈王还算是文宗生前的意思，安王呢，一心依附杨贤妃。据说杨嗣复还给杨贤妃写信，'姑妈何不仿效武则天垂帘听政'！如果安王得偿所愿，朕哪有今天呢？"

李德裕谨慎地回应："此事暧昧不明，虚实难知啊。"

李瀍继续说道："杨贤妃有一次生病，文宗让其弟杨玄思进宫服侍了一个多月，杨贤妃他们就是通过杨玄思传递消息。朕详细询问过当值的宦官和宫女了，情况属实，一点不假。"

皇帝把话说到这个份上，李德裕不敢再为杨嗣复辩护，只要免除了死刑，也就千恩万谢了。

李瀍当即下令，追回前往湖南、桂州索命的宦官，但死罪已免，活罪难逃，杨嗣复贬为潮州（今广东省潮州市）刺史，李珏贬为昭州（今广西平乐县）刺史，外加一个裴夷直，贬为驩州（今越南荣市）司户。

还是裴夷直合算，贬了个官，还出趟国！当然，那时驩州是唐朝领土。

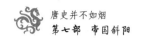

又见回鹘

写唐朝历史，一定不能不提回鹘（回纥），回鹘在安史之乱后收复两都的战争中起到了关键作用。如果没有回鹘助力，唐军收复两都的时间表还要往后推。当然回鹘也是无利不起早，图的也是利益。

总体来说，回鹘在唐朝处于危难的关键时期对唐朝还是有帮助的，功劳不小。

如今，风水轮流转，回鹘开始走下坡路了，下坡下的有点直接。

伊吾（今新疆哈密市）之西、焉耆（今新疆焉耆县）之北有一个黠戛斯汗国，唐朝初年时称为结骨部落，后来改成黠戛斯部落。

原本黠戛斯部落与唐朝有来往，后来被回鹘击破，与唐朝就断了联系。黠戛斯部落为求生存便与回鹘以及吐蕃保持友好关系，回鹘和吐蕃则给黠戛斯部落首领阿热一个酋长头衔，以示笼络。

时过境迁，回鹘衰落，黠戛斯部落渐渐不把回鹘以及吐蕃当回事，阿热酋长便自称可汗，要与回鹘可汗平起平坐。

吐蕃内乱，自顾不暇，对黠戛斯部落酋长自称可汗，视而不见听而不闻，回鹘却不干了，小子，太不把我们可汗当回事了。

回鹘派出宰相领兵进攻，拉开了双方长达二十年战争的序幕。

二十年里，回鹘不断被击败，毕竟衰落了，今时不同往日。黠戛斯部落可汗阿热撂下一句话，掷地有声："你们气数已尽，我一定夺了你们的金帐。"

金帐，回鹘可汗所居之地。

堡垒总是从内部攻破的。

如果回鹘不内乱，阿热酋长也就是过过嘴瘾，不幸的是，回鹘内乱了。

宰相掘罗勿诛杀了回鹘彰信可汗药罗葛胡，拥立药罗葛阖馺继任可汗，一杀一立，回鹘马上分成了两派，一派拥护新任可汗，一派坚决不认。

回鹘机动部队将领句录莫贺属于后者。

如果进行类比的话，句录莫贺与吴三桂是同一类人。句录莫贺高举的旗帜是为已故彰信可汗复仇，吴三桂高举的旗帜是为殉国的崇祯皇帝复仇。他们的旗帜举得很高，理由也很有说服力，只可惜他们走上了同一条路：向外族借兵！

原本想的是为君王复仇、为王朝复兴，可惜一走上向外族借兵这条路，形势就彻底失控了。

句录莫贺引领黠戛斯汗国十万骑兵大举进攻，大破回鹘军队，诛杀继任可汗药罗葛阖馺以及宰相掘罗勿，句录莫贺大仇得报。

接下来，句录莫贺傻眼了。

黠戛斯汗国十万骑兵将回鹘汗国王庭所在城市纵火烧毁，曾经繁华的王庭所在地尽成灰烬。

历史上没有留下句录莫贺结局的记载，我想结局应该好不过吴三桂吧！

王庭湮灭，国之不存，回鹘部众四散逃离，有的投奔葛逻禄部落，有的投奔吐蕃，还有的投奔安西。

留在本土的一支部众四顾茫茫，不知路在何方。

思考良久后，这支部众在已故可汗药罗葛阖馺的弟弟嗢没斯以及宰相赤心的带领下辗转来到了唐朝天德（今内蒙古乌拉特前旗东北）边塞，请求唐朝收容。

嗢没斯这个名字大家肯定很陌生，但如果说一个人，大家就会恍然大悟。

这个人就是北宋时期党项政权开国皇帝李元昊。

李元昊正是嗢没斯的六世孙。

回鹘部众虽已是残兵，但横宽六十里，纵深望不到殿后部队。

怎么办？

打还是不打？

收容还是不收容？

边塞急报递到了长安，急需决断。

李瀍来不及考虑太多，下诏命令振武节度使刘沔进驻云迦关戒备。

时间走到公元841年二月，回鹘仍留在原王庭附近的十三个部落拥护药罗葛乌介继任可汗，称乌介可汗，这支回鹘部众接下来也要与唐朝发生联系。

当然，眼下最棘手的还是天德要塞边上这支回鹘残军。

李瀍和宰相们还没有商量出对策，天德军使田牟、监军宦官韦仲平的奏疏到了，奏疏上写道：

> 回鹘叛将嗢没斯等侵逼塞下，吐谷浑、沙陀、党项皆世与为仇，请自出兵驱逐。

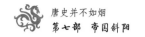

田牟和韦仲平的核心意思是联合吐谷浑、沙陀、党项等与回鹘有仇的部落一起攻打回鹘残军，过一把痛打落水狗的瘾。

奏疏摆上李瀍的案头，李瀍召来大臣一起商议，打还是不打呢？

多数人认为嗢没斯背叛回鹘可汗而来，不可收留，可以批准田牟的请求，出兵攻打。

李德裕却坚定地摇了摇头，不，不能这么干。

李德裕向众人解释道："无路可投的鸟撞入怀中，还要放其一条活路。况且回鹘为唐朝屡建大功，如今他们为邻国所迫，部落离散，穷途末路，从边远的塞外前来投奔大唐皇帝，一路秋毫无犯，我们为何还要乘人之危发动攻击呢？不仅不能攻击，还应派使者去安抚，输送粮草赐予他们。汉宣帝收服呼韩邪单于用的就是这个方法。"

宰相陈夷行不同意李德裕的意见："这是送武器给强盗、送粮食给盗贼，不会有收服之效，不如直接出兵攻打。"

李德裕见无法说服陈夷行，马上换了个角度："吐谷浑那些部落有利可图就争着向前，一旦战事不利，必将作鸟兽散，怎么会为大唐誓死而战？如今天德边塞驻军只有一千余人，如果战事不顺，必将陷落。不如用恩德招抚回鹘残军，让其不成为灾难。即便回鹘残军不听招抚，骚扰边塞，那也应该征调各战区大军一起征讨，决不能只靠天德边塞一支孤军。"

宰相，主宰也，在我看来，宰相更是国之棋手，为国布局。宰相若目光短浅，则国之不幸，宰相若目光如炬，思虑长远，则国之大幸。

李德裕无疑属于后者。

听宰相们争论不休，李瀍难下决断。之前他派鸿胪寺卿张贾为巡边特使前往查探回鹘残军情形，如今张贾尚未归来。

李瀍见李德裕说得在理，便问道："嗢没斯请降，你能保证他的诚心吗？"

这话问的，成心让李德裕背锅。

李德裕何等聪明，摆手示意，陛下，这个锅我不背。

李德裕诚恳地说道："朝中之人，臣都不敢担保，更别说千里之外的戎狄之心！不过把嗢没斯称为叛将，恐怕不妥。如果当时可汗健在，嗢没斯率领部众前来，那么是不能接受的。如今听闻回鹘内乱无主，将相逃散，有的投奔吐蕃，有的投奔葛逻禄，只有这么一支部众来投奔大唐。看他的奏疏，言辞诚恩，可见处境艰难，这样的人怎么能称之为回鹘叛将？再者，嗢没斯去年九月就到了天德，今年二月乌介可汗才登基，他们之间没有君臣名分。因此陛下只需下诏河东、振武战区戒备，如果他们主动进攻，大唐再进行武力驱逐。如果他们进入吐谷浑等部落进行抢夺，各部落自行处置即可，大唐军队不必干涉。陛下另外下诏给田牟、韦仲平，令他们不得为了立功而惹是生非，一定要恪守与回鹘之间的诚信。只有对回鹘安抚得当，即便他们是戎狄，也知道感恩。"

李德裕说完，李瀍点了点头，为今之计，对付回鹘还是安抚为主。

不过，几天后，李德裕又提出一个建议让李瀍疑惑了，李瀍不知道该不该同意。

李德裕建议李瀍向北方边塞派出安抚回鹘特使，并且赏赐回鹘三万斛粮食以安其心。

派安抚特使？赏赐三万斛粮食？成本是不是有点高了？

李瀍对李德裕的建议有些怀疑，还是召其他宰相一起商量一下吧。

产生怀疑的不仅仅是李瀍。

与李德裕搭班子的陈夷行也不同意，陈夷行反复强调："这是给强盗送武器，给仇敌送粮食，绝不可取！"

李德裕据理力争："如今兵马尚未完成征集，天德孤悬一线。若不把饥饿的戎狄喂饱，让他们暂时安静，万一天德就此陷落，到时这个责任谁负？"

陈夷行傻眼了，眼看天大的黑锅要向自己扣过来。

是啊，万一天德陷落，李德裕反戈一击，"就是你不让送粮食导致的"，陈夷行扛得住吗？

陈夷行不敢再说话，再说，你就背锅。

李瀍权衡利弊，感觉李德裕说的有理，好吧，那就赏赐回鹘粮食，让他们暂时安静，不过三万斛太多了，减为两万斛吧。

所谓"两害相权取其轻"，一边是天德可能陷落，一边是送出两万斛粮食，孰轻孰重，明白人都能算清楚这笔账。李德裕并非对回鹘退让，他在寻找彻底解决回鹘的方法，他需要时间，也需要得力的人选。

就在李德裕苦苦寻找得力人选时，卢龙战区的一系列变故为李德裕送来了一个得力人选。

安史之乱后，河北诸藩镇保持高度自治，一直到元和十五年，唐宪宗李纯

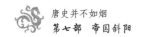
基本把诸藩镇平复，藩镇节度使由朝廷委任和指派。可惜唐宪宗突然驾崩，唐穆宗李恒能力有限，生生错过大好机会，没能维持父亲留下的大好局面，河北诸藩镇再叛，重回高度自治局面。藩镇节度使由其内部推举或争斗产生，朝廷唯有事后补发委任状而已。

公元841年（唐武宗会昌元年）九月二十六日，卢龙（总部设在幽州）战区再次发生重复多次的故事：节度使史元忠被杀，兵变士兵拥立牙将陈行泰为候补节度使。

兵变的剧情在河北诸藩镇重复过多次，陈行泰等人对于流程了然于胸。兵变后，陈行泰派监军宦官的随从携带本战区高级将领联名奏章前往长安，要求朝廷承认既定事实，委任自己为卢龙节度使。

类似的故事发生过多次，陈行泰以为这一次还是同样的剧情。

令陈行泰没想到的是，这一次剧情不一样了。

前往长安的人被扣下了，而朝廷也没有向卢龙派出使节。

等于说，陈行泰跟朝廷说："我兵变了，让我当节度使吧。"长安那边："呵呵。"

既不支持，也不反对，就是无视，陈行泰被晾在了一边。

为何陈行泰没能等到熟悉的剧情呢？

因为长安城中的宰相换成了李德裕。

看到卢龙战区高级将领的联名奏章后，李德裕决定不让剧情再次重复，他要让剧情反转。

李德裕告诉李瀍："河北藩镇的情形，臣很熟悉。以往兵变后，朝廷下达节度使委任状太快，因此军心容易稳定。如果拖延几个月置之不理，他们内部一定会发生变化。现在最好的办法是扣留送信的人，也不往卢龙派观察使，静观其变。"

不久，卢龙再次发生兵变，兵变士兵诛杀陈行泰，拥立牙将张绛。

张绛再向长安派出信使，要求朝廷任命自己为卢龙节度使。

他遭遇的剧情跟陈行泰一模一样，朝廷依然不理不睬！

张绛急了，他担心自己的结局跟陈行泰一样。

就在张绛在幽州城里团团乱转时，雄武军使（相当于基地司令）张仲武出兵了，他要替朝廷平叛。

张仲武，范阳人，好读书，少时精通《左传》，后投笔从戎，一路做到雄武军使。

培根说，知识就是力量。培根是用嘴说的，张仲武是用行动证明的。

张仲武出兵攻打张绛的同时，派自己的参谋吴仲舒携带奏章前往长安。在奏章上，张仲武指出张绛的残暴不仁，请求皇帝李瀍允许自己以本部兵马加以讨伐。

聪明人做聪明事，张仲武将自己的聪明用到了点上。

如果不派人去长安，即便打败张绛，也会被视为卢龙内部争斗，张仲武得到的结局也将是"置之不理，前景未卜"。派人去长安送奏章请求皇帝同意，性质就不一样了，不再是内部争斗，而是为国平叛。

聪明人的朋友往往也是聪明人，张仲武是聪明人，他的参谋吴仲舒同样是聪明人。从名字看，吴仲舒这个名字应该是致敬董仲舒，从之后的表现看，吴仲舒配得上这个名字。

吴仲舒到长安后，李瀍安排李德裕接见了他。

寒暄过后，吴仲舒开始介绍卢龙的情况："陈行泰、张绛都不是本战区出身，因此无法服众。张仲武是幽州资深将领，性格忠义，通晓兵法，熟悉军事，人心所向。张绛诛杀陈行泰时，召唤张仲武到幽州，准备拥立张仲武为候补节度使，不料军中有一两百人不同意。张仲武已经到了昌平，张绛又让张仲武返回雄武。如今张仲武刚从雄武发兵，幽州城内的士兵已经开始准备驱逐张绛了。"

李德裕发问："雄武军有多少兵？"

吴仲舒回应道："正规士兵八百，外加民团五百。"

李德裕有些担忧："兵丁如此少，何以立功？"

吴仲舒胸有成竹道："关键在人心。若人心不从，有三万士兵又如何？"

李德裕追问道："万一不能攻克幽州城，下一步怎么办？"

吴仲舒从容对曰："幽州粮食全靠妫州以及北边七镇供应，如果不能攻克幽州，那就据守居庸关，断其粮道，时间一长，幽州城必定自乱。"

吴仲舒丝丝入扣滴水不漏，李德裕频频点头，深表认同，张仲武跟别人不一样，此人能成大事。

李德裕马上上奏李瀍：

> 行泰、绛皆使大将上表，胁朝廷，邀节钺，故不可与。今仲武先自

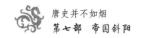
表请发兵为朝廷讨乱，与之则似有名。

简而言之，陈行泰和张绛都是让高级将领联名胁迫朝廷授予节度使，而张仲武是主动请命为朝廷平叛，两者性质完全不一样，前者必须予以打击，后者可以以资鼓励。

李瀍被说服了，马上委任张仲武为卢龙候补节度使。

张仲武没有让李德裕和李瀍失望，不久便攻克幽州，卢龙战区回归平静。

一个多月后，张仲武正式出任卢龙节度使，聪明人办事，事半功倍！

自此，张仲武的名字被李德裕记在了心里，这个人管用，以后能派上大用场。

和亲公主

在中国大历史中，有一个字眼是无法绕开的，那就是"和亲"。

和亲，始于西汉，汉王朝为了缓和与匈奴的关系进行政治联姻，刘邦将汉室宗女嫁给匈奴冒顿单于，是为和亲之滥觞。

第一个提起和亲策略的人叫娄敬，齐国戍卒出身。娄敬经同乡引荐拜见刘邦，力陈国都应该建于关中而非洛阳，受刘邦肯定，赐姓刘。汉高祖七年，娄敬出使匈奴，亲眼所见匈奴强盛，归朝后向刘邦进言匈奴不可击。刘邦不听，将娄敬羁押于广武，然后御驾亲征，被困白登七天七夜，史称"白登之围"。陈平运筹帷幄，终解"白登之围"。之后，刘邦释放娄敬，当面道歉，娄敬进而建议和亲，将汉朝公主嫁给匈奴单于，将来公主生下儿子继任单于便是汉室的外孙（外甥），亲上加亲。吕后不忍让女儿鲁元公主远嫁，刘邦便把一汉室宗女封为公主，嫁给冒顿单于。中原王朝第一起和亲就此诞生。

据统计，西汉和亲至少有 16 起，隋唐和亲 45 起，宋以后和亲共计 37 起，两宋一起也没有，宋室宁可多掏岁币，也不对外和亲。

隋唐和亲 45 起，多数发生在唐朝，毕竟隋朝国祚太短。

唐朝和亲中，文成公主、金城公主最为知名，在这些知名公主的光环之下，还有与回鹘和亲的咸安公主、太和公主，等等。

接下来我们要说的就是太和公主。

太和公主，唐宪宗之女，唐穆宗之十妹，长庆元年（821 年）出嫁回鹘，最初嫁的是崇德可汗。

回鹘实行的是"父死，妻其后母"的收婚制风俗，因此太和公主在崇德可汗之后先后被三任可汗收婚，最后一任就是药罗葛阖馺。

药罗葛阖馺兵败被杀，太和公主不知所踪。

幸好，此时宰相是李德裕，他思虑周密，想到了下落不明的太和公主。

李德裕给李瀍上了一道奏疏：

今回鹘破亡，太和公主未知所在。若不遣使访问，戎狄必定会认为唐朝对下嫁番邦的公主并不爱惜，既有负公主，又伤害戎狄的感情。不如派遣通事舍人苗缜携带诏书拜访嗢没斯，令其转达公主，顺便也能从这件事上试探嗢没斯是否真有归顺之意。

李瀍准奏。

踏破铁鞋无觅处，得来全不费功夫。

就在李德裕等人着手寻找太和公主下落时，好消息送上门来了。

报喜鸟是黠戛斯人，正是他们在攻破回鹘后，俘获了太和公主。

黠戛斯人如获至宝，有太和公主在，黠戛斯与唐朝就算搭上线了。黠戛斯人看着太和公主由衷地欢喜："公主，咱们是亲戚啊！"

亲戚，从哪论呢？

黠戛斯人自称汉朝飞将军李广之孙李陵后人，你唐朝不是自称李广后人吗，这不就是亲戚吗？

从李广和李陵那论，确实是亲戚，问题是，黠戛斯人跟李陵论得上吗？

《新唐书》记载，黠戛斯人赤发、白肤、蓝眼，用现代的视角看，典型白种人。李陵呢，炎黄子孙，黄种人，即便他身陷匈奴，娶匈奴女子，也不至于使后世子孙混血混到黄种人变白种人。

由此可见，黠戛斯人是拿李陵碰瓷呢，他们跟李陵的关系至多是，黠戛斯人的先祖曾经跟李陵是邻居，而从肤色看起来，李陵应该不是隔壁老王。

黠戛斯人管不了那么多，先扯上关系再说。

为表诚意，黠戛斯人派出十名将领率军护送太和公主归国，阔别故土二十余年的太和公主总算看到了归国的曙光。

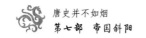
曙光却一闪而灭。

归国途中，太和公主一行遭遇伏击，发动伏击的是回鹘人。

领头的是回鹘新立的乌介可汗，他率军斩杀所有黠戛斯人，挟持太和公主为人质，渡过瀚海沙漠，挺进天德边境。

乌介可汗以为一切尽在自己掌握，殊不知，在他挟持太和公主做人质时，他已经为自己的悲剧人生埋下了伏笔。

若乌介可汗诚意向唐朝求援，懂得分寸，念在回鹘过往于唐朝有功的分上，唐朝皇帝适当的援助还是会有的。然而，挟持太和公主做人质，与唐朝谈条件，性质就变了。

乌介可汗忽略了一点，他们已是丧家之犬，没有谈条件的资格了。

乌介可汗浑然不觉，他以为有太和公主在手，还有回旋余地。

在乌介可汗的胁迫下，太和公主给自己的侄子、皇帝李瀍上了一道奏疏，告诉李瀍回鹘新可汗已经拥立，恳请唐朝给予册封。

在太和公主的奏疏之后，乌介可汗让宰相颉干伽斯给李瀍又上了一道奏疏，恳请暂借振武城，好让太和公主和乌介可汗有一个容身之所。

乌介可汗会如愿吗？

想得美！

李瀍派出使节表示慰问，并且送来了两万斛粮食，至于借振武城，没门！

李瀍诏书写道：

可汗应该率领部众逐渐恢复旧有疆域，目前漂泊塞外的方法，绝非长久之计。借振武城一事，过往朝代未曾有过先例。如果希望另外找一个地方，以求得唐朝声援，也需要以瀚海沙漠南部边缘为界。朕会允许太和公主回国朝见，当面询问回鹘事宜。如果回鹘需要大唐帮助，大唐定不会吝啬。

雷霆出击

外交辞令华丽优美，华丽优美的背后是磨刀霍霍。

李瀍和李德裕心如明镜，回鹘已是丧家之犬，生存的压力会使得他们更有攻击性，国与国之间没有永远的朋友，只有永远的利益。

李瀍一面派出使节巡边，考察边防将领才干，另一面同意李德裕整修受降城、增兵天德军。唐军做好万全准备，就看回鹘怎么出牌。

乌介可汗的奏疏又来了，主题在借粮、借振武城外加请求唐朝主持公道，惩罚抢夺回鹘财物的吐谷浑和党项部落。

李瀍安排宦官带去了慰问信：借城免谈，其他好说。

一来一回之间，李瀍派出巡边的使节李拭回来了，李拭向李瀍推荐了一个可用之才——振武节度使刘沔。

在之后与回鹘战争中，刘沔和张仲武将起到重要作用，外加李德裕破格提拔的石雄，这三位原本不显山不露水的将领，在李瀍的妙用下，终成开疆扩土不可或缺的一代名将。

关于刘沔，《旧唐书》《新唐书》的记载相矛盾。

《旧唐书》记载，刘沔出身许州牙将，凭借自己的战功，一步步升任振武节度使。

《新唐书》记载的故事性更强，在《新唐书》里，刘沔的父亲是刘廷珍，曾率羽林军护卫唐德宗李适避难奉天，后升任左骁卫大将军，封东阳郡王。

不过刘沔没有沾到父亲的光，少年时父亲便去世，刘沔流落振武，被振武节度使范希朝委任为牙将（藩镇亲兵）。

军中大会，刘沔手握大刀立于堂下，范希朝看了看刘沔，暗暗称奇。会后，范希朝召来刘沔，拍拍刘沔肩膀："早晚有一天，你会坐到我的位置。"

千里马常有，伯乐难寻，范希朝堪称刘沔最早的伯乐。

范伯乐并没有看到刘沔做上振武节度使，元和九年（814年）范希朝病逝，刘沔离开振武，到长安出任神策军将领。唐文宗太和末年（835年），刘沔累积战功终于坐上振武节度使的位子，此时，范希朝已经病逝二十年。

数年后，李拭奉天子之命巡边，刘沔的才干给李拭留下了深刻印象。李拭回长安后向皇帝李瀍大力推荐，李瀍求才若渴，将刘沔从振武调任河东节度使，从此刘沔重任在肩。

《旧唐书》里有一段记载很神奇：

有一次刘沔出兵作战遇险，身陷重围，左右冲杀，身负重伤，倒卧草丛中。昏睡中，梦见仙人赐予一对蜡烛，仙人对他说："你会大富大贵的，这一

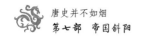

次受伤也无大碍，拿着这对蜡烛回去吧。"刘沔醒来，挣扎着返回军营，行进路上，有两束光始终在前。之后历次征战，总有这样的两束光。等到刘沔卸任节度使，不再出兵打仗，两束光也消失不见。

够神奇吧！

现代科学无法解释，我想这更多的是后人附会，为刘沔增加一点传奇吧。

石雄，原武宁战区捉生兵马使（搜索作战司令），隶属节度使王智兴。王智兴是个狠人，擅长快走，速度可比《水浒传》里的神行太保戴宗。王智兴为人残暴，对属下冷酷无情，石雄恰恰相反，打仗身先士卒，领赏与众均分。两相对比，石雄的支持率节节攀升，王智兴的支持率跌到冰点。拥护石雄的将士开始串联，准备将王智兴逐出武宁战区，拥立石雄做武宁节度使。

狠人王智兴岂能束手就擒，借口石雄有功应该高升，建议朝廷将石雄提升为刺史。不久，石雄的任命下来了，调出武宁战区，出任壁州刺史。

石雄前脚刚走，王智兴动手，将与石雄亲近的一百多人全部诛杀，又上了一道奏疏：石雄图谋不轨，动摇军心，建议诛杀。

时任皇帝的正是平庸皇帝文宗李昂，李昂虽然平庸，虽然软弱，但他不傻。李昂没有诛杀石雄，而是将石雄放到白州做刺史，避一避风头。

后来边塞军情紧急，李昂又将石雄放到振武战区做裨将，虽然石雄屡立战功，但李昂碍于王智兴的面子，一直没有将石雄提升。

等到回鹘残军压境，朝廷急需良将，李德裕想起石雄，火线提拔，将其委任为天德军都团练副使。

困顿数年的石雄终于等来了大场面。

将领调整到位，李瀍开始对回鹘分而治之。

鉴于乌介可汗一再要求大唐对自己册封，李瀍决定满足乌介可汗这个请求，派出将作少监（相当于建设部副部长）苗镇为册封使，携带诏书前往册封乌介可汗。

李瀍和李德裕在政治上都是成熟的，他们早已看破乌介可汗的用心，既然你回鹘没有诚意，那就别怪我大唐虚与委蛇。

李瀍命令苗镇："慢慢走，不着急，就在河东住下，等到乌介可汗的位子坐稳了，再去册封。"

果不出李瀍所料，乌介可汗还是跟大唐撕破脸了，没有等到册封诏书。

原本乌介可汗在天德、振武之间徘徊，时不时劫掠这一带的羌部落以及浑部落，最后乌介可汗将王庭设在了杷头烽北，这就触及唐朝的底线了。

之前的诏书里，李瀍说得很明白，两国以瀚海沙漠南部边缘为界，现在乌介可汗将王庭越过了这个边界，所欲何为？

李瀍几次下诏要求乌介可汗退出边界线，乌介可汗拒不接受。

李德裕想了一想，可能乌介可汗有后顾之忧，担心北返的路不安全，那么大唐就帮他打通北返之路吧。

当时乌介可汗忌惮的是回鹘那颉啜公爵，那颉啜公爵手里还有一部分兵马，驻扎恒山以北，与奚部落、契丹部落互通消息。如果那颉啜与奚部落、契丹部落联手截击，乌介可汗很难应付。

李德裕让卢龙节度使张仲武传话，命令奚部落、契丹部落配合乌介可汗，消灭那颉啜。

还没等张仲武与奚部落、契丹部落联手，那颉啜自己送上门来了。急于寻找安身立命之所的那颉啜自己作死，居然打起了卢龙战区的主意，想夺取幽州作为自己的根据地。

踏破铁鞋无觅处，得来全不费功夫，张仲武命兄弟张仲至率军三万迎战。此役打得毫无难度，那颉啜的部落军队全军覆没，只有那颉啜侥幸逃脱，却又被乌介可汗生擒，然后诛杀。

现在北返的路打通了，乌介可汗该走了吧？

不走，就是不走！

这时，有官员提出，可能乌介可汗是等着大唐结算战马贸易的尾款吧。

李瀍当场表态，一次性付清！

还是不走！

这就是要撕破了脸了。

公元842年（唐武宗会昌二年）八月，乌介可汗率军越过杷头烽南，突入大同川，抢掠河东各戎狄部落牛马数万头后，转战云州城下，云州刺史张献节闭城自守，附近吐谷浑、党项部落纷纷进山躲避。

李瀍并不慌乱，他和宰相们早就算到了乌介可汗会有露出獠牙的那一天，既然已经红了眼撕破了脸，那就奉陪吧。

李瀍下诏，调集陈州、许州、徐州、汝州、襄阳等兵马分别前往太原、振

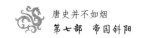

武、天德三地驻扎，待来年开春，与回鹘大战一场。

为何要等到明年开春？

之前，卢龙节度使张仲武、河东节度使刘沔一起上疏，鉴于与回鹘作战战线漫长，要避开冬季作战，建议大军先于三地集结，等到来年开春再出塞作战。

李瀍准奏。

总体来说，李瀍可以算作一个合格皇帝，他性格固执，也有不足，但他有皇帝必须具备的品质——有胆识、会判断，看似只是简单的六个字，能做到的皇帝，其实并不多。

一周后，李瀍又给几个回鹘人赐了李姓。

被赐李姓的是嗢没斯兄弟四人。

之前嗢没斯带领部众前来唐朝边境投奔，长时间没有得到皇帝李瀍的肯定答复。嗢没斯担心控制不住随行的赤心等人，便要了个小聪明，向天德都防御使田牟告发：赤心准备向唐军边塞进攻。田牟立功心切，正愁找不到理由，双方一拍即合。

赤心毫无防备地掉到了嗢没斯和田牟联手挖好的坑里，被田牟捕杀，嗢没斯借刀杀人成功。

赤心的手下收拢部众，脱离嗢没斯而去，嗢没斯只剩下两千余人。

嗢没斯再次率众请降，这一次李瀍毫不犹豫地同意了。

之前迟迟不接纳嗢没斯是不想与乌介可汗撕破脸，现在没有这方面顾虑了，况且此时接纳嗢没斯更有政治意义，更容易在回鹘内部产生分化。

嗢没斯兄弟被赐李姓，嗢没斯叫李思忠，其余三兄弟叫李思贞、李思义、李思礼。连带嗢没斯的宰相爱邪勿也被赐姓，他被赐姓爱，叫爱弘顺。在如今的《百家姓》里，有爱这个姓，爱姓人将爱弘顺作为爱姓的始祖。

嗢没斯不仅被赐姓，还被委任为左金吾大将军，封怀化郡王。

延伸说一句，嗢没斯一脉从此在中原王朝繁衍生息，繁衍到第六代，出了个李元昊，在北宋时期建立夏国。李元昊为何姓李？就是因为这次赐姓。

当然，李瀍还没放弃对乌介可汗的努力，安排之前被扣留的回鹘使者回返，带去给乌介可汗的诏书。

李瀍诏书写道：

> 自彼国为黠戛斯所破，来投边境，抚纳无所不至。今可汗尚此近塞，

未议还蕃，或侵掠云、朔等州，或抄击羌、浑诸部。遥揣深意，似恃姻好之情。每观踪由，实怀驰突之计。中外将相咸请诛夷，朕情深屈己，未忍幸灾。可汗宜速择良图，无贻后悔。

终究是大国皇帝，分寸拿捏到位，既体现慈悲之心，又暗含威慑之意，表现得仁至义尽，就看乌介可汗是否迷途知返了。

与此同时，李瀍遣使给太和公主送棉衣，命李德裕替自己写了封信：

先朝割爱降婚，义宁家园，谓回鹘必能御侮，安静塞垣。今回鹘所为，甚不循理，每马首南向，姑得不畏高祖、太宗之威灵！欲侵扰边疆，岂不思太皇太后慈爱！为其国母，足得指挥。若回鹘不能禀命，则是弃绝姻好，今日已后，不得以姑为词！

信写得有些微妙，有点责怪太和公主没有起到回鹘国母作用的意味。不知太和公主接信后作何感想，便是有千般委屈，更与何人说？

九月，李瀍开始做战争布局：

河东节度使刘沔兼任招抚回鹘使，一旦军事行动开始，各战区特遣兵团统一由刘沔指挥。以张仲武为东面招抚回鹘使，其东方战区特遣兵团及奚、契丹、室韦等部落军队统一归其指挥。以李思忠为河西党项部落军总指挥兼回鹘西南面招讨使，诸军于太原会合。

军事行动尚未开始，张仲武先做了点工作，工作看似不多，但对回鹘而言是致命的。

之前，奚部落、契丹部落隶属于回鹘，回鹘可汗向两个部落派驻使节，主管征税和进贡，并且有侦察唐军动向的秘密任务。张仲武大破回鹘军队后，奚部落和契丹部落态度转变，向唐军靠拢。张仲武派出牙将石公绪管辖两个部落，并给了石公绪一个任务。石公绪一上任，立刻动手，将回鹘派驻两个部落的八百多位使节全部诛杀，彻底断了奚部落和契丹部落与回鹘的联系，奚部落和契丹部落别无选择，只能跟唐军一条心了。

解决完两个部落的遗留问题，张仲武着手解决室韦部落。

事有凑巧，之前张仲武派弟弟张仲至率三万大军合围那颉啜，阴差阳错，居然这次合围中俘虏了室韦部落酋长的妻子。酋长焦急万分，愿意不惜一切代价将妻子赎回。张仲武拒不接受，只开出了一个条件：只要杀了所有回鹘派驻

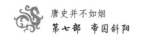

室韦部落的使节，立马毫发无损送还。

酋长已无讨价还价余地，只能遵命照办。

张仲武事先做的这些不起眼工作，彻底切断了三个部落与回鹘的联系，失去这些部落的策应，乌介可汗的部队只是独木难支的孤军。

时间走到公元843年（会昌三年）正月，乌介可汗自己送上门来了。之前李瀍与各节度使约定开春出击回鹘，现在乌介可汗率军进逼振武战区，找打来了。

河东节度使刘沔派出麟州刺史石雄、都知兵马使王逢率沙陀朱邪赤心三部及契苾、拓跋三千骑兵为先锋部队，目标直指乌介可汗御帐，一场针对乌介可汗的"斩首行动"即将开始。

出发前，刘沔对石雄说："黠虏离散，不足驱除。国家以公主之故，不欲急攻。今观其所为，气凌我辈。若禀朝旨，或恐依违。我辈捍边，但能除患，专之可也。公可选骁健，乘其不意，径趋虏帐，彼以疾雷之势，不暇枝梧，必弃公主亡窜。事苟不捷，吾自继进，亦无患也。"

从刘沔的话可以看出，由于太和公主受乌介可汗裹胁，李瀍事前布置策略是不急攻，慢慢寻找机会。刘沔老于兵事，深知战场上束手束脚难有作为，便授意石雄率军突袭，直扑乌介可汗的御帐。

将在外，君命有所不受，事实证明，刘沔是对的！

石雄率军进驻振武，登上城楼观察回鹘军动态，突见回鹘大营内有几十辆毡车，毡车周围走动的人有的穿红色，有的穿绿色，极像大唐官服！莫非这就是太和公主的居所？

石雄派出间谍一问，果然就是公主御帐！

石雄再派间谍去禀告公主：公主到了这里，这里是公主的娘家，应该想办法回来。今夜唐军将出兵攻击，公主和侍从们一定要保持镇定，毡车停留原地，切勿移动。

石雄又叫来士兵，在振武城城墙不起眼的地方凿出了十几个洞。

夜幕低垂，行动开始，白天凿好的洞派上了用场，石雄不开城门，率军从这十几个洞中悄无声息出发，直扑乌介可汗御帐。

直到快要摸到御帐，回鹘士兵才从梦中惊醒，惺忪的双眼惊恐放大，看到唐军如从天降。

乌介可汗大吃一惊，手足无措，所有辎重都顾不上了，骑上马便落荒而逃。

石雄紧追不舍，一直追到杀胡山。

杀胡山下，唐军大破回鹘，乌介可汗中箭受伤，数百名骑兵死战，护送他杀出了重围。

此战，石雄斩首一万，生俘两万，彻底让乌介可汗伤了元气，此后再无作为。三年后，乌介可汗被自己的宰相斩杀，以乌介可汗为首的这支回鹘湮灭于历史云烟之中。

战争结束两个月后，太和公主抵达长安，此时距离出嫁已经过去了二十三年，出嫁时十八岁，如今已经四十一岁了。

太和公主前往光顺门，换下盛装，摘下首饰，为回鹘负恩、自己和亲失败请求宽恕。李瀍派出宦官以示安慰，改封太和公主为安定大长公主。

对于太和公主而言，封号已经不重要了，重要的是终于回家了，从此告别异国他乡的生活。

第十五章　烽烟再起

互 不 信 任

在前面的章节我们说过，昭义节度使刘从谏频频仗义执言为皇帝李昂撑腰，深深得罪了当权宦官仇士良。两人你来我往，互指对方为奸佞。刘从谏控诉仇士良居心叵测，仇士良控诉刘从谏对抗中央，二人矛盾已不可调和。

等到李瀍登基，刘从谏特意命人到长安献马。此马高九尺，外形健壮，体态优美，健步如飞，刘从谏当成压箱底的宝马，想以此讨好李瀍。

不料，李瀍竟然拒绝了。

刘从谏心中恼怒，他怀疑是仇士良从中作梗。

怀疑也有几分道理，毕竟李瀍是仇士良拥立的，仇士良与李瀍的关系终究比刘从谏近一些。

刘从谏有口难辩，如果前任皇帝李昂健在，尚能理解自己的良苦用心，自己在皇帝最困难的时候发声，帮他度过了人生中最灰暗的日子。如今这位皇帝，受宦官拥立，与自己毫无交集，就连主动奉上的宝马都不笑纳，看来没有接近可能了。

心灰意冷到了极点，刘从谏觉得自己与长安的通路断了，只要仇士良在，断无和解可能。

既然如此，先立足自保吧，大不了学河北那些藩镇。

自此，刘从谏暗自整修军备，招降纳叛，与长安渐行渐远。

昭义战区的实力越来越强，钱越来越充足，但刘从谏却高兴不起来。每年征收的马税以及商人的商业税有五万贯，盐铁专卖所得也有数万贯，钱是越来越多，但周围战区都得罪完了。

这又是为何呢？因为刘从谏陷入一个死循环。

刘从谏想要加强军备，就需要有源源不断的钱。为了收更多的钱，刘从谏给在昭义战区活动的大商人都授以军职，并派他们到附近战区做生意。附近战区的大小官员本来还想在商人身上吃拿卡要，仔细一盘问底细，原来商人还有军职在身，这就不好办了。

《资治通鉴》记载说，有军职的商人在附近战区凌辱将士，时间一长，引起了普遍反感。对此，我表示怀疑。商人逐利是天性，没有人愿意得罪主顾，真实原因恐怕正如上文所说。这边油揩不成了，收入减少，那边刘从谏赚得盆满钵满，财大气粗。长此以往，附近战区与刘从谏的关系焉能友好？

刘从谏想跳出死循环，但他跳不出来。

刘从谏忧郁成疾，郁郁寡欢地对妻子裴氏说："我对朝廷忠心耿耿，朝廷却不懂我的心意，附近战区跟我们关系也不好。我死之后，如果外人主持军政，我们家的炉灶都不会冒烟了。"

刘从谏知道自己时日无多，加快布局，以侄子刘稹为牙内都知兵马使，堂侄刘匡周为中军兵马使，孔目官（文书）王协为押牙亲事兵马使，一再嘱咐亲信，好好辅佐刘稹。

不久，刘从谏病逝，刘稹秘不发丧，一切靠王协谋划。

对于王协而言，此情此景太熟悉了，宝历元年（825 年）八月，他就经历过一次，那一次是刘从谏的父亲刘悟病逝，刘从谏接替父亲继续执掌昭义战区。

王协信心满满地对刘稹说："我们就遵循宝历元年先例，不出百日，朝廷的委任状就会下来。现在只需要侍奉好监军宦官，打点好钦差，同时不跟四邻战区起冲突，城中做好戒备即可。"

王协算盘打得挺好，只可惜时代不同了。

如果宰相还没有换人，一切好说，王协的谋划还有成功的可能，只可惜如今宰相已然换成了李德裕。

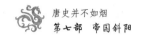

事实上，宝历元年时，朝中也并不缺有见识的宰相，时任宰相的李绛强烈反对刘从谏继任昭义节度使，但资深宦官王守澄收了刘从谏的厚礼，愣是帮刘从谏把事情办成了。

这一次呢？

皇帝李瀍召来宰相，商讨如何处置刘从谏身后的昭义战区。

多数宰相认为："回鹘还没有根除，边境警报尚未解除，此时再对昭义战区用兵，恐怕国力不支，不如就让刘稹先代理昭义节度使吧！"

赞同这种说法的不在少数。

李瀍看李德裕一直默不作声，便知他有不同意见。

正如李瀍所料，李德裕一开口就强烈反对："昭义战区情况与河朔三镇（卢龙、成德、魏博）不一样。河朔三镇割据已久，人心难以挽回，因此几任皇帝都对他们听之任之。昭义战区离长安近，一向忠义。宝历元年，刘悟去世，敬宗皇帝不理朝政，宰相又无深谋远虑，因此刘从谏得以继任节度使。如今刘从谏临死之前，擅自把兵权交给不懂事的娃娃。朝廷如果循例准许继任节度使，那么四方藩镇谁不想效仿？天子号令还有谁会遵守？"

李瀍追问道："卿有何良策制服？能不能出奇制胜？"

李德裕对曰："刘稹所依仗的就是河朔三镇，只要让成德、魏博不与其站在同一阵营，刘稹就无能为力了。陛下可以派得力大臣去传诏成德节度使王元逵、魏博节度使何弘敬，跟他们说，以前几位皇帝允许他们父子相传，已成惯例，昭义战区跟他们情况不一样。如今朝廷对昭义战区用兵，并不准备派兵进入太行山以东，昭义战区在太行山以东的三个州就由成德、魏博攻打，攻下了就归他们。同时传令给战区将士，平定昭义战区后重重有赏。只要魏博、成德两战区听命，不阻挠朝廷军队行动，刘稹必定要束手就擒。"

李瀍喜上眉梢："好，李德裕和朕想到一块去了，就这么定了，朕绝不后悔！"

李德裕马不停蹄，立刻替皇帝起草诏书：

> 泽潞一镇（昭义战区），与卿事体不同，勿为子孙之谋，欲存辅车之势。但能显立功效，自然福及后昆。

李德裕话说得很明白，他告诫魏博和成德节度使，昭义战区跟你们情况不一样，不要自以为是的为子孙考虑，企图保全昭义战区，将来互为依靠。只要你们能够为朝廷建立功勋，福气自然延续到子孙身上（暗指节度使位子传承）。

李瀍过目后，甚为满意："对，就应该直截了当地告诉他们。"

处理完魏博和成德战区，李瀍给卢龙节度使张仲武又下了一道诏书：回鹘余烬未灭，塞上多事，委任你全权处理。

两道诏书一下，效果立显。

魏博和成德节度使接到诏书，一看就明白了，如今的皇帝和宰相都是能人，诏书分寸拿捏得非常到位，文中有武，武中有文，既有长远利益诱惑，又有眼前利益相送，高，实在是高。

魏博和成德节度使表态遵命，与朝廷站到同一条战壕。

至于卢龙张仲武，本身就是凭借朝廷的支持才坐到卢龙节度使位置上，对朝廷的命令只有遵从。

重拳出击

昭义战区被孤立了起来，他们只是一支孤军。

不能说李瀍没有给刘稹改过自新的机会，李瀍给过，刘稹没要。

刘稹发布刘从谏逝世的消息后，李瀍辍朝以示哀悼，并追赠刘从谏为太傅。李瀍下诏命刘稹护送刘从谏灵柩到东都洛阳，刘稹拒不从命。李瀍再命人写信劝解刘稹，刘稹依然置之不理。

机会就这样从刘稹手边溜走，他没有珍惜，等到想珍惜的时候，来不及了！

公元843年五月十三日，李瀍下诏，剥夺刘从谏、刘稹所有官职，任命成德节度使王元逵为北面招讨使、魏博节度使何弘敬为南面招讨使，会同河中节度使陈夷行、河东节度使刘沔、河阳节度使王茂元一起讨伐昭义战区。

以往，河朔三镇节度使去世，身后事是固定剧情，一般朝廷先派特使吊唁，然后拒绝节度使一职继承，继而该战区反抗，最后朝廷对之用兵，双方一般要来回试探半年，半年后撕破脸开打。

如今，李瀍把这些繁文缛节都免了，从刘从谏死讯发布，到李瀍下诏用

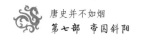

兵，前后只有二十天。

这速度，足以让他的父祖以及哥哥们汗颜。

即便李濔提高了效率，魏博和成德也配合朝廷军队作战，但攻打昭义战区的军事行动还是不顺利，仗一打就打了一年多，一直打到了公元843年闰七月。

这期间，朝廷军队与昭义军队多次作战，虽然不断有胜利喜讯传出，但都不足以动摇昭义战区的根基。

堡垒往往是从内部攻破的，昭义战区同样如此。

接替刘从谏的刘积还是太年轻了，没有自己的主张，一切都靠押牙王协、宅内兵马使李士贵做主。

偏偏李士贵是个舍命不舍财的主。

昭义战区处于非常时期，在非常时期需要非常手段，该赏的必须重赏，该罚的必须重罚，可惜他们只做到了一样，该罚的重罚，该赏的却不舍得赏。

时间一长，人心离散。

刘从谏的妻子裴氏眼见士气低落，焦急万分，看来刘积还是年轻，难以主持大局啊。裴氏有个兄弟叫裴问，率军驻守邢州，裴氏有意召回裴问，让其帮助刘积主持军政。

消息传到了李士贵耳朵里，李士贵急了，不行，决不能让裴问回来，他回来了，我干什么去？

李士贵"语重心长"地告诫刘积："太行山以东的事，全要仰仗五舅（裴问在兄弟中排行第五），若把他召回，就等于放弃太行山以东的三州了。"

奸佞之人就是这样，明明谋的是一己私利，却总会找出冠冕堂皇的理由。

毫无经验的刘积点头表示同意，向着自己作死的道路又迈进了一大步。

之后刘积的猪队友王协又出了两个馊主意：一、推荐昭义都头王钊出任洺州都知兵马使；二、向商人征收捐税。

王钊率军一万驻扎洺州，他带兵有方，深得将士拥护。之前一年多的作战，已经有几位将军或因为有投降之心，或因为作战不力，被刘积灭门，王钊免不了兔死狐悲，开始提防刘积。恰好此时有人举报王钊有二心，刘积召唤王钊回昭义战区总部述职。王钊连忙推辞："自从率军到洺州以来，还没有立过功，着实惭愧，希望多留几个月，再回总部述职。"

刘稹想了一下，同意了。

王钊呢？躲过了这一次，下一次呢？

王钊不想让命运掌握在别人手中，他要自己掌握自己的命运。好在刘稹的猪队友王协帮他争取到了"洺州都知兵马使"，兵权在手，一切就好办。

王协的第二个主意实在是馊得不能再馊了，朝廷军队大兵压境，唯有内部团结一致、矛头一致对外方有望渡过难关，而王协却在人为制造矛盾。

说到底，他是为了自己的腰包。

大敌当前的背景下，王协向昭义战区下属五州各派出一员将领主管征税，征财产税。征税将领挨家挨户评估财产，一律往高评估，然后按百分之二十的税率征收财产税。

错误的时机，错误的税率，万劫不复的结局！

眼见征税有油水可捞，有人急红了眼，千载难逢的机会，有条件要上，没条件创造条件也要上。

有一位叫刘溪的将领，为人既贪婪又残暴，刘从谏索性弃之不用，这样刘溪就在昭义战区坐了多年冷板凳。眼见征财产税这样重大的"商机"出现，刘溪决定，这一次绝不错过。

刘溪下了血本，重重贿赂了王协，王协投桃报李，把富商最多的邢州给了刘溪，至于刘溪能捞到多少，那就看自己本事了。

刘溪马不停蹄地到了邢州，一出手就抓了很多富商，交税，交税，交税！

重要的话说三遍！

刘溪的头上隐隐约约出现一颗死星，大难即将临头，他却浑然不觉。

刘溪太急了，他没有摸清邢州的底细，抓了不该抓的人。

前面说过，刘从谏妻子裴氏的兄弟裴问带兵驻扎邢州，裴问带的部队叫"夜飞兵团"，属于邢州驻军中的精锐部队。"夜飞兵团"士兵多数是本地富商子弟，在这一次刘溪的抓捕中，不少士兵的兄长或者父亲被抓。

士兵们纷纷找裴问，请他帮忙求情，裴问亲自拜访刘溪，再三恳求手下留情。

可惜刘溪眼里只有钱没有裴问，言语中多有不敬之语。

裴问不动声色，怒火却燃烧了起来，与其向这种人卑躬屈膝，不如杀之然

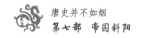

后向朝廷投诚。

裴问与手下将士谋划完毕，想了再想，把计划告诉了邢州刺史崔嘏。仕途宦游多年的崔嘏一看形势，唯有同意一途，你已经知道了这个天大的秘密，只有同意，对方才能放心，如果不同意，后果自己想。

公元834年闰七月二十五日，裴问与崔嘏关闭邢州城门，以快刀斩乱麻之势斩刘溪等四员将领，然后向成德节度使王元逵投降。

原本铁板一块的昭义战区被打开了一个缺口，接下来还会有第二个、第三个。

第二个缺口出现在洺州，打开缺口的人正是洺州都知兵马使王钊。

这些天王钊一直坐立不安，他知道必须作出抉择，要么认命伸出脖子任人宰割，要么反戈一击主宰命运，两条路必须选一条，没有中间道路。

王钊准备从鸡蛋里挑骨头，进而挑起士兵们的怨恨。

昭义战区这枚鸡蛋里的骨头实在太多了，王钊简直不用挑。

之前，战区总部赏赐洺州将士每人五丈麻布，大家领了赏赐都很高兴，因为按照惯例，这次赏赐是额外的，冬季还会再有一次赏赐。

将士们高兴了没几天，战区总部传达了新的指示：五丈麻布就算作冬季赏赐了！

将士们的心一下子就凉了，什么意思，朝三暮四，把我们当猴耍呢！

军中的怨气慢慢弥散开来，正巧，征收财产税的将领又到了洺州。

20%的税率，抢钱啊！

军中的不满情绪到达了顶点，王钊知道机会来了！

王钊集合将士，义愤填膺地演说："候补节度使刘稹年少，政令根本无法做主。如今仓库充实，足够十年供应，为什么就不能稍微发放一些犒劳一下辛苦的将士们呢！我做主了，总部的征财产税命令不执行！"

掌声雷动！

王钊趁热打铁："总部不犒赏大家，我赏！每人绢一匹，谷十二石！"

山呼海啸，地动山摇！

军心可用！

王钊见时机一到，关闭城门，斩杀征税将领，然后向魏博节度使何弘敬投降。

昭义战区五州已失二州！

投降也是可以传染的。

磁州守将安玉听说邢州、洺州相继投降，马上也向何弘敬投降。

昭义战区五州已失三州！

三州接连投降的好消息传到长安，宰相们一起进宫向皇帝李瀍表示祝贺。

李德裕兴致很高："昭义战区的根基尽在太行山以东，如今三州归降，昭义总部上党用不了几天就会发生变化。"

李瀍补充道："那个叫郭谊的一定会砍下刘稹的脑袋为自己赎罪。"

李德裕顺便夸一下皇上："一切尽在圣主掌握之中。"

李瀍被夸得很舒服："如今我们要先做点什么呢？"

李德裕早有准备，推荐给事中卢弘止为邢州、洺州、磁州三州候补刺史："万一被成德和魏博抢先要求合并三州，朝廷就左右为难了，所以这件事要快！"

卢弘止，大历十才子之一——卢纶之子。

卢纶，著名诗人，著有《塞下曲》六首。

> 林暗草惊风，将军夜引弓。
>
> 平明寻白羽，没在石棱中。

李德裕这是要跟成德和魏博战区玩文字游戏，当初诏书上写得很清楚，攻下三州，三州就归成德或魏博所有。如今三州是自己投降的，不是攻下的，因此不能归成德或魏博所有。

抢先一步布局三州的人事安排，届时还有说辞："你看，朝廷的任命都出来了，你们魏博和成德不能让朝廷言而无信吧！"

李瀍同意了李德裕的布局，不过没有接受李德裕提名的人选，而是任命山南东道节度使卢钧兼任昭义战区节度使，火速上任！

至于李瀍为何没同意李德裕提名的人选，可能是出于帝王术的考虑。李瀍虽然对李德裕倍加信任，有些时候还是会以拒绝提名的方式提醒李德裕：朕才是天下之主！

帝王术，深着呢！

好消息都是通向长安的，坏消息都是送往上党的（昭义总部所在地）。

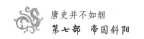
当三州投降的消息接连传到上党时，刘稹的心腹将领郭谊、王协意识到该为自己做点什么了，既然刘稹这艘船要沉了，就让他自己沉吧！

郭谊和王协准备对刘稹动手，但他们忌惮一个人，这个人就是刘稹的堂兄刘匡周。

刘从谏去世时，做了两个安排，一是让刘稹接掌兵权，另一个就是让刘匡周做中军使兼押牙，率领亲卫部队驻扎节度使官邸，以保家眷万全。

郭谊和王协稍作商议，便制订了三步走方案：

第一步，忽悠刘稹。

第二步，调走刘匡周。

第三步，动手！

由此我想起了经典笑话——把大象关冰箱里共分几个步骤？

第一步，把冰箱门打开。

第二步，把大象装进去。

第三步，把冰箱门关上！

对付刘稹这个智商让人无法理解的家伙，确实有这三步就够了！

郭谊和王协"诚恳"地跟刘稹说："十三郎（刘匡周在同辈兄弟中排行十三）率军驻扎节度使官邸，将领们都不敢多说话，生怕被十三郎怀疑进而惹祸上身，这就是山东三州最终失去的重要原因。如果让十三郎不再进入节度使府，将领们就能畅所欲言，开诚布公，你多听大家的建议，就一定能找到解救危局的办法。"

若是有正常智商的人，恐怕都不会相信这种鬼话，刘稹却信了！

刘稹究竟有没有智商？刘从谏为何会选定他做继承人？难道就因为刘稹是亲侄，刘匡周是堂侄？

刘稹召见了刘匡周，告诉他对外称病，不要再进入节度使官邸。

刘匡周瞪大了眼睛，有些着急："我在院中，诸将才不敢有异心。如果我离开了，全家必将被灭门！"

刘稹不为所动："此事就这么定了！"

刘匡周悲愤万分，以手揩泪，哭着走了出去。

接下来的事就好办了！

接着忽悠！

郭谊派出亲信董可武游说刘稹："山东三州叛变，都是由五舅裴问引起。如今城中这些人谁能担保不变心？候补节度使今后准备作何打算？"

"城中还有五万兵马，关闭城门死守！"

"不，这并非良策！候补节度使不如单人匹马去向朝廷请罪，像当初张元益那样，最差也能再做个刺史。不如暂且让郭谊做候补节度使，待朝廷任命下达，再侍奉太夫人和家眷以及金银财宝返回东都洛阳，如此岂不是更好！"

"郭谊？他肯善待我吗？"

董可武一脸忠义地说道："我和郭谊对天发誓，绝不辜负大帅一家！"

对天发誓，骗骗小孩子的话，刘稹居然也信了！

刘稹点头同意，董可武把郭谊叫了进来，三人又说了一番肝胆相照的话。

事情敲定之后，刘稹向伯母裴氏禀告，裴氏面色凝重："能平安归朝当然是好事，只怕为时已晚。我连自己的弟弟裴问都不能担保，焉能担保郭谊？你自己拿主意吧！"

刘稹决定相信郭谊，以伯母裴氏的名义任命郭谊为都知兵马使，兵权交由郭谊掌管！

刘稹用自己的亲身经历活灵活现地演绎了一个成语——太阿倒持，把宝剑的剑柄交由别人，自己的生死由别人掌握，自作孽！

刘稹起身到内宅收拾行装，心里还残存着刺史的梦。

宅内兵马使李士贵听说刘稹将兵权交给郭谊，大吃一惊，马上集合后院数千兵马攻打郭谊。

要说郭谊也是刀尖上舔血的人物，大风大浪见过很多。

郭谊只用一句话就把李士贵灭了。

郭谊轻飘飘地说了一句："你们为什么自己不去拿赏金，反而还要陪李士贵一起死啊！"

一语惊醒梦中人！

是啊，那边郭谊刚刚接任都知兵马使发钱呢，为什么有钱不拿啊？

士兵们瞬间反水，击杀李士贵，然后领赏去了。

郭谊忙活了一夜，上上下下都换上了自己人，是时候叫醒刘稹了。

郭谊让董可武进去拜见刘稹："请到前厅议事。"

刘稹察觉有些不对："在这里不能说吗？"

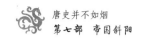

董可武回道："恐怕惊动太夫人（裴氏）。"

刘稹想想也对，便跟着董可武一起到了官邸北院。

酒席已提前摆好，主题是欢送刘稹平安归朝。

酒至半酣，该办点正事了！

董可武一脸忠诚地对刘稹说："今天的事，我们也是为了保全太傅（刘从谏被追赠太傅）一家。您还是自己了断吧，朝廷必定会因此怜悯，进而宽恕太傅一家。"

刘稹眼泪汪汪，他知道，无论如何，自己面临的都是死局。

刘稹悲哀地说道："若真像你说的那样，正是我的心愿。"

董可武上前按住刘稹的手，杀手在刘稹背后一刀。

了断！

一刀两断！

昨天还指天发誓要善待刘稹的郭谊下令逮捕刘稹满门，从刘匡周以下，一个不留，连婴儿都不放过。

同样没被放过的还有李训和郑注的余党，他们在刘从谏的昭义战区得到了善待，度过了几年快乐的日子，但幸福总是那么短暂，终究没有挣脱命运的牢笼。

郭谊将刘稹的头放在木匣里，连同降表一同送往长安。木匣路过泽州时，守将刘公直率全营恸哭。哭过之后，向朝廷投降。

自此，昭义战区五州全部投降。

消息传到长安，宰相们再次进宫向皇帝表示祝贺。

李德裕奏报说："如今不用再设立邢州、洺州、磁州候补刺史了，让卢弘止到三州以及成德、魏博慰问安抚即可。"

李瀍不接话茬，问道："该如何处置郭谊呢？"

李德裕对曰："刘稹只是个没见识的娃娃，对抗朝廷抗拒任命都是郭谊出的主意。等到刘稹气势衰退、孤立无援时，郭谊又卖主求荣。这样的人不诛，何以惩恶扬善？应该趁着朝廷军队还在昭义境内，将郭谊等一并诛杀。"

李瀍点了点头："朕意亦以为然。"

宰相杜悰却不认可，他认为如今军粮供应不足，朝廷军队不可能在昭义战区常驻，为了安抚昭义战区，郭谊等人可以赦免。

李瀍看了杜悰很久，一言不发。

李德裕明白李瀍的心思："今年春天时，昭义战区未平，河东又出现骚乱，若非陛下决断坚定，两处的叛军怎么可能被消灭？外边的人都说，若在文宗时，恐怕两处叛军都会早早被赦免了。"

李瀍看了看李德裕，还是你懂我！

高山流水觅知音！

李瀍来了兴致："你难道没有发现，文宗与你见解不同，怎么可能沟通呢？"

你懂我，我也懂你！

不过李瀍还是有所保留，再次拒绝了李德裕的提名人选，而是坚持用山南东道节度使卢钧，这一回更彻底，卢钧不再是兼任昭义节度使，而是免去山南东道节度使，专任昭义节度使。

当然，李瀍对李德裕还是认可的，在谁率军进驻昭义总部潞州的问题上，李瀍没有犹豫，让石雄率七千军马进驻。

可以说，李德裕是石雄的伯乐，如果没有李德裕，石雄可能还在边远的白州当刺史呢。

李德裕先是把石雄火线提拔，推上抗击回鹘的第一线，石雄自己也争气，一战夺回公主并击破回鹘。

在这次对昭义的用兵中，石雄再次被李德裕提拔，火线出任晋绛行营节度使。出任节度使的第二天，石雄率军连破昭义战区五个营寨，诛杀以及俘虏的叛军士兵数以千计。

李瀍得报，直称石雄是良将。伯乐李德裕趁机讲了一段往事：前些年在昭义战区，有个男子弯着腰唱歌"石雄七千人来到"。刘从谏认为他妖言惑众，将之斩首。如此看来，攻下潞州的必定是石雄。

这段往事呢，我认为是演绎的，但李德裕在这个时候讲这个故事也是可以理解的，他是为了给皇帝信心，给整个朝廷信心，顺便也把自己一再提拔的石雄神化一下。

李瀍大喜之下，赏赐石雄大批绸缎，在大批绸缎面前，石雄再次显示了他与众不同的一面。

石雄将绸缎堆到大营门口，自己只拿了一匹，剩下的大家均分！

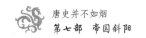

古来成大事者，必有过人之处！

已调任河中节度使的石雄率领七千人马向潞州推进，潞州城内的郭谊还在做着继任节度使的梦。

"按惯例，任命该下来了啊。"郭谊自言自语。

"或许是改任其他战区节度使，任命下达慢。"郭谊自己安慰自己。

郭谊开始整理行装，做好改任其他战区准备，省得到时手忙脚乱。

一切准备停当，属下来报，石雄率领七千人马正向潞州赶来。郭谊觉得有些不太对劲，心中不安，该不会……

石雄抵达后，郭谊率领潞州各级将领参拜。参拜完毕后，钦差宦官张仲清"善解人意"地说："郭谊的任命状明后天才到，其余诸位的任命状都在这里，晚点集会时发放。"

就在郭谊还在期待明后天到来的任命状时，石雄已经率领河中兵团在集会的球场完成了包围，张开口子，静候郭谊等人到来。

集会开始，石雄一个一个点名，郭谊以下，一向桀骜不驯、对抗朝廷的昭义将领一个不留，全部请君入瓮。

五花大绑，押送长安。

到此时，郭谊的所有幻想都破灭了，本来搬起石头砸刘稹的脚，最终砸的还是自己的脚。

已死的刘稹没有逃过惩罚，李瀍下诏，挖出尸体，暴尸三日。三日后，石雄命人将刘稹尸体拖到球场斩成数段，然后剁碎。

可怜，可恨，可叹！

不久，郭谊、王协等人在长安被斩首，算计了半生，最终还是没有算出自己的命运。

这辈子白算了。

至此，昭义战火全部平息，新任节度使卢钧上任迅速收复人心，昭义重归平静。

回想起来，对昭义的这次用兵主要归功于李瀍和李德裕的坚持，如果在文宗时代，用兵可能真的会虎头蛇尾。

李瀍资质只能算一般，但性格坚韧，认准的事情就一定要做到底，而且最重要的一点是，他发自肺腑地信任李德裕。李德裕目光长远，大局观超出他所处的时代，以往的宰相头痛医头脚痛医脚，而他着眼于全方位调理。

这样的君臣际会历史罕见，如果命运给他们多一点点时间，该有多好！

公元844年八月二十八日，李瀍加授李德裕：太尉（三公之一），封赵国公。李德裕连连表示辞让。

李瀍推心置腹地对李德裕说："只恨没有更高的官职赏赐你了。你若不应该加官进爵，朕必然不会给你。"

皇帝把话说到这个份上，李德裕不好推辞，只能笑纳了。

相比于平定昭义，这次军事行动更重要的意义是李德裕为王朝立下了规矩。

以往，朝廷军队出动平叛，收效甚微，李德裕经过研究找到了症结所在：一是，皇帝直接下诏指挥军队，恨不得一天连下三四道诏令；二是，监军宦官干预军政，临阵指挥的将领反而要听命于监军宦官；三是，监军宦官抽调精锐士兵组成保护自己的卫队，真正冲在一线的反而不是最精锐的，而且一旦战事不利，监军宦官率领自己的卫队先跑。三者叠加到一起，打得赢才怪。

对于监军宦官干预军政的问题，李德裕与杨钦义、刘行深两名担任枢密使的资深宦官进行了沟通，达成了一致，然后定下了规矩：今后，监军宦官不得干预军政，宦官卫队士兵只能采用千里抽十的办法，一千名士兵挑选十名，最大程度把精兵留给带兵将领。当然作为回报，即便监军宦官不参与军政，一旦军队立功受赏，监军宦官应得的那份与以往保持一致。

至于皇帝直接下诏指挥军队，李德裕与李瀍约定，以后除非宰相建议皇帝直接下诏，其余的一律不由皇帝直接下诏，放手由前线将领自行指挥。

闻道有先后，术业有专攻，让专业的人做专业的事。看起来简单，实施起来却很难。

李德裕定的规矩初步取得了成效，只是这样的成效能变成长效吗？

李瀍对之信任有加，所以李德裕能在一定程度上限制皇帝。

杨钦义、刘行深受李德裕个人魅力感染，所以愿意约束宦官跟李德裕合作。

如果这样的组合能够长久，该有多好！

第十六章　斗天斗地

所谓秘诀

从高力士以后，宦官在皇宫中的分量越来越重，地位越来越高，但这都改变不了一个事实：宦官是个高危职业。

远的如李辅国、鱼朝恩，近的如吐突承璀、王守澄，一个个都曾经红极一时，但都没有走出命运的怪圈，他们都曾经红过，但最后都无声无息地非正常死亡。

仇士良呢？他能跳出这个怪圈吗？

他想，也很努力。

李瀍登基之后，仇士良的感觉越来越不好。

原本李瀍只是一个碌碌无为的平安王爷，生生被仇士良扶上了马，即便李瀍对仇士良礼遇有加，仇士良还是感觉有点不太对劲。

之前，仇士良想用自己仪同三司的身份为干儿子"福荫"一个带刀侍卫官职，皇帝李瀍还没表态，就被给事中李中敏否决了。仇士良用期待的眼神看着李瀍，希望皇帝能替自己说句"公道"话，李瀍却一言不发。

仇士良明白了，说到底，皇帝是不想给自己这个脸。

仇士良叹口气，看来，新皇帝是个难缠的主。

不行，得让他知道我的分量。

仇士良开始寻找机会，机会很快到来。

这段时间，李德裕等宰相忙着给皇帝李瀍上尊号，并计划大赦天下。原本仇士良与李德裕并没有太多交集，但自从李德裕出任宰相之后，二人的矛盾便产生了，因为李德裕不肯顺着仇士良。

仇士良与李德裕不睦，雪上加霜的是，还有人从中挑拨。

有人向仇士良汇报：李德裕正在与度支（全国财政总监）商议裁减禁军经费，衣服、粮食以及马匹所需草料都会削减。

仇士良心中的怒火被点燃了，腾地站了起来："若果真如此，到了大赦那一天，神策军将士必定会云集丹凤楼前抗议示威！"

话如果只是私下说说，问题也不大。

问题是，仇士良在公开场合也如此说，而且说了不止一次。

这就是仇士良要找的机会，他要让皇帝看看他的能量，也要让李德裕下不来台，到时他伸出兰花指："看，宰相引起了神策军示威。"

刻舟求剑，愚不可及！

时代变了，皇帝变了！

李德裕得知消息后不敢怠慢，连忙上疏请求李瀍登延英殿跟大臣们见面，给自己一个澄清事实的机会。

延英殿上，李德裕原原本本将事情说了一遍，李瀍听完，明白是仇士良在背后捣鬼。

李瀍大怒，派贴身宦官到左右神策军传达口谕：朕跟宰相只是讨论大赦天下，并无削减粮草之议。况且大赦令是朕的意思，并非出自宰相，尔等怎么可以说那些话！

仇士良闻言，大气也不敢出，看来皇帝真生气了。

连正式诏书都没有，仅仅一道口谕，李瀍就把仇士良晾在了那里。

这就是一个皇帝应有的自信！

还记得文宗遇到同样情况是怎么做的吗？

他和宰相一起向仇士良解释：你多虑了，没有这回事，没有这回事。

李瀍用自信镇住了仇士良，同时用气场告诉仇士良，朕才是天下之主，而你，始终只是朕的家奴！

仇士良这些武装到牙齿的宦官，说白了是纸老虎，张牙舞爪看起来很吓

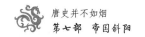

人，但只要皇帝够硬气，一根火柴就可以让它化为灰烬。所有被宦官裹胁的皇帝，只是因为心中有枷锁，心中的枷锁戴得太久了，都忘了自己原本可以反抗。

反抗之后才发现，原来那枷锁也只是纸枷锁！

仇士良看明白了，李瀍不好惹，再拿对付李昂的办法对付李瀍，也不管用了。恐惧突然爬上了仇士良的心头，这是以前从来没有过的感觉。

以前仇士良动动手指就可以让皇帝恐惧，现在倒过来了，李瀍哪怕不动手指也能让仇士良恐惧。

也罢，说到底只是人家的家奴，何必硬碰硬呢。

仇士良决定认怂，先保住眼前的富贵再说。

仇士良以年老多病为由，请求调任一个闲散职位。

李瀍看了看仇士良，心中暗道："算你识相！"

几日后，李瀍下诏，仇士良不再担任神策军中尉一职，改任左卫上将军兼内侍监，主持宦官总管府工作。

这一任命意味着仇士良交出了最核心的兵权，从李瀍身边抽离。

一个月后，仇士良在左卫上将军、内侍监任上退休，彻底退出了政治舞台。属下们为仇士良风风光光办了退休仪式，送他出宫回到宫外的私宅。

仇士良回到家中，感慨万千，干了一辈子工作，终于能在家休养了。从侍奉太子李纯开始，仇士良先后陪伴了祖孙三代共五任皇帝，从宪宗李纯，到穆宗李恒，再到敬宗李湛、文宗李昂、武宗李瀍，几十年过去了，他也从一个小宦官，变成了老宦官。如果给仇士良写一本传记《我的这辈子》，里面的内容想必非常丰富。

属下们鞍前马后伺候，给足了仇士良面子，备受感动的仇士良决定不再保留，他要回馈属下，教授他们绝招。

仇士良指点道："绝对不能让天子闲着，应该让他沉醉于奢侈糜烂的生活里，花样日新月异，让天子无暇顾及其他事情，这样我们就能得志了。不要让天子读书，接近士大夫，一旦让他知道前代兴亡故事，心怀忧惧，我们这些人就会被疏远了。"

属下们做恍然大悟状，千恩万谢，叩头离去。

仇士良这些方法算绝招吗？

其实不算！

早在秦朝时，赵高对付秦二世胡亥用的就是这招。

从仇士良个人职业生涯来看，这些花招至多对穆宗李恒、敬宗李湛父子管用，对宪宗李纯、武宗李瀍完全失效，因为两人都有政治理想，仇士良这种小儿科的玩意迷惑不了他们。对付文宗李昂也无效，李昂虽然文弱，但他也有治国理政的雄心。

因此，仇士良的这些小花招只对那些不知上进的皇帝管用。

不久，仇士良因病去世，走完了自己波澜壮阔的一生。在他身后，李瀍追赠其为扬州大都督。

同李辅国、鱼朝恩那些宦官相比，仇士良的结局算好的了，虽然最终失势，但至少是正常死亡，不像那几位，个个死于非命。

仇士良就这样盖棺论定了？

没那么简单！

在仇士良去世的第二年，跟仇士良有宿怨的几个宦官联合举报：仇士良家中藏有铠甲，武器多达数千件，图谋不轨。

李瀍命人突击检查仇士良私宅，果然在其家中发现铠甲和武器数千件，举报被坐实了。

细想起来，举报的真实性还有待考证，既然仇士良已经交出了所有兵权，他还有什么能力图谋不轨？即便图谋不轨，铠甲和兵器为何要藏在自己家中？难道找不到更隐蔽的地方？

综合来看，这次举报，更像是一次合作，与仇士良有宿怨的宦官与想抹掉仇士良所有痕迹的皇帝李瀍的合作。

毕竟李瀍是仇士良拥立的，毕竟这个皇位来得不太光彩，只有把仇士良的痕迹一一抹掉，李瀍的皇位得来才显得更加理直气壮。

李瀍不再客气，下诏剥夺仇士良官爵，家产罚没充公，家人全部沦为奴婢，男做奴，女做婢。

该来的还是来了！

从一名不文，到权势显赫，从光荣退休，再到官爵全部被剥夺，仇士良的人生是一个圈，一辈子风风火火忙忙碌碌，到头来，为谁辛苦为谁忙？

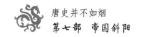

一生对手

如果说李德裕与仇士良的短暂交锋只是一个插曲，那么李德裕与牛僧孺、李宗闵之间的牛李党争就是永恒的主旋律。

双方从唐宪宗元和年间结怨，恩怨延续了几十年，从唐宪宗元和时代一直延续到唐武宗会昌时代。

之前李德裕一直处于劣势，如今不同了，他是高高在上的宰相了，而牛僧孺等人只能在地方官任上蹉跎。

上任之初，李德裕仗义出手，挽救了牛党成员杨嗣复、李珏的生命，但这并不意味着李德裕与牛党和解，相反，在与牛党死磕的路上，李德裕越走越远。

就在会昌元年，李德裕抓住了一次机会，摆了牛僧孺一道。

这次机会是汉水泛滥。

汉水，即今天的汉江，流经陕西、湖北两省，在武汉龙王庙汇入长江。会昌元年，汉水泛滥，大水淹没襄州居民房屋，居民损失惨重。

襄州是山南东道战区总部所在地，担任山南东道节度使的正是牛僧孺，此时牛僧孺还挂着同平章事衔，兼任宰相。

水灾让李德裕找到了借口，李德裕认定牛僧孺负有不可推卸的责任，防灾不利，已经不适合再担任节度使了。

李瀍同意李德裕的意见，牛僧孺就此卸任山南东道节度使，改任太子太师。

节度使是实职，太子太师是虚职，一杯茶，一天就过去了。

同为牛党核心成员的李宗闵呢，他的日子过得怎么样呢？

李宗闵的仕途折返跑比牛僧孺更辛苦。

文宗太和七年，李德裕第一次拜相，李宗闵被免去宰相职务，出任节度使。之后郑注、李训为了排斥李德裕，又把李宗闵召回出任宰相，而将李德裕贬出长安。

太和九年，李宗闵因救援牛党成员杨虞卿而触怒皇帝李昂，被贬出长安。几次调任之后，李宗闵出任太子宾客。在太子宾客任上，牛党成员、宰相杨嗣复准备推荐李宗闵再次出任宰相。没承想，还没来得及推荐，文宗驾崩，武宗继位，李德裕归来，李宗闵只能继续当宾客。

到会昌三年，李宗闵连太子宾客也当不成了。

当时，昭义战区对抗朝廷，烽火再起，昭义战区前任节度使刘从谏成了敏感词。李德裕轻而易举地将李宗闵和敏感词联系到了一起，顺势参了一本：太子宾客李宗闵在洛阳与刘从谏暗中勾结，不宜再留在洛阳。

这样，李宗闵洛阳也待不住了，只能到湖州出任刺史，离长安越来越远。

一年后，昭义战区被朝廷军队征服，李德裕得到李瀍空前的信任，登上人生巅峰。高处不胜寒的李德裕没有忘记两位老对手，他无时无刻不在牵挂！

李德裕给李瀍上了一道奏疏：

刘从谏盘踞上党十年，太和年间入朝拜见，牛僧孺和李宗闵当时是宰相，非但没有把他扣留，还加授宰相之衔，养虎为患，最终成了天下祸害。朝廷竭尽天下之力才将昭义战区平定，而追根溯源，都是牛僧孺、李宗闵之罪。

尽管李德裕写的是白字黑字，说得有鼻子有眼，但总体看来，属于"欲加之罪何患无辞"。即便追究养虎为患的责任，第一责任人是文宗李昂，而不是牛僧孺和李宗闵。再者，扣押节度使可是大事，牛僧孺和李宗闵没有那么大的权力。

为将牛僧孺和李宗闵的罪行坐实，李德裕特意派人到昭义战区总部调查，看能否找到刘从谏与牛僧孺、李宗闵交往的信件，只要找到一封，哪怕只是礼节性问候，二人的罪行也就坐实了。

调查结果出来了，一封信也没找到。

李德裕被仇恨包围了，他无法忘记牛僧孺、李宗闵对父亲李吉甫的挑战，更无法忘记牛党成员对自己的打压，如今自己掌握了主动，绝对不能浅尝辄止。

伪证！

当伪证二字闪过李德裕的脑海，李德裕自己也吓了一跳，反应过来后，叹了一口气，终究有一天，你变成了自己讨厌的样子。

管不了那么多了，把牛僧孺、李宗闵踩到底再说！

李德裕在昭义战区物色了一个人选，这个人叫郑庆言。郑庆言顺着李德裕的意思供述说：刘从谏做事谨慎，每次收到牛僧孺、李宗闵的信后，阅后即焚！

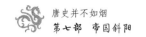

完美闭环，无懈可击，死无对证！

李德裕把郑庆言的"口供"上报皇帝李瀍，李瀍下诏让郑庆言到御史台接受调查。一番调查下来，御史中丞李回认定："证言"真实可信！

这时又有一个人证站了起来，这个人证叫吕述，时任河南少尹（相当于洛阳特别市副市长）。吕述指证说："当刘稹失败的消息传来后，牛僧孺发出一声叹息！"

这个指证太要命了。

当李德裕将吕述的指证转奏给李瀍时，李瀍大发雷霆，屋子里已经盛不下他的怒火。

盛怒之下，李瀍将牛僧孺贬为太子少保，即日起到东都洛阳上班，李宗闵被贬为漳州刺史。

过了几天，牛僧孺再被贬为汀州（今福建省长汀县）刺史，李宗闵被贬为漳州长史。

一个月后，贬斥再次升级，牛僧孺被贬为循州（今广东省惠州市）长史，李宗闵终身流放封州（今广东省封开县）。

这下总算踩到底了！

步步埋雷

整个会昌年间，李德裕是权力最大的宰相，其余宰相只是给他搭班子的。在皇帝李瀍的支持下，李德裕办事大刀阔斧，同时也有大权独揽之势。

著名书法家柳公权先生原本与李德裕关系不错，不料，因为推荐程序问题，柳公权的官职由实职变成虚职。

柳公权时任右散骑常侍，宰相崔珙知道柳公权有水平，便向李瀍推荐，建议皇帝任命柳公权为集贤殿学士并代理主管集贤殿事务。本来是件好事，没想到最终变成了坏事。

李德裕看到了这个推荐，皱起了眉头："老柳啊，你想当集贤殿学士跟我说啊，让崔珙推荐算怎么回事呢？"

李德裕对这事起了反感，进而对柳公权有了意见。

不久，柳公权被免去右散骑常侍，贬为太子詹事，哪凉快哪待着吧。

顺着柳公权的话题延伸一下，用一点篇幅说说这个传奇人物。

柳公权（778—865），字诚悬，汉族，京兆华原（今陕西省铜川市耀州区）人。唐代著名书法家、诗人，兵部尚书柳公绰之弟。

柳公权寿命很长，活了87岁，历经十朝，七朝为官，三朝侍书，82岁退休，87岁去世，时间跨度，人生阅历，让我想起古巴那位耗走数任美国总统的卡斯特罗。

柳公权出生在公元778年，当时在位的皇帝是唐代宗，年号大历。唐代宗之后是唐德宗，唐德宗之后是唐顺宗。唐顺宗比较可怜，连个年号还是儿子后来送的，自己没来得及改年号就去世了。

之后就是本书涉及的皇帝了，唐宪宗、唐穆宗、唐敬宗、唐文宗、唐武宗，加上之后唐宣宗、唐懿宗，柳公权的七朝为官，就是在这七朝。

当然，主要是这七朝太短了。柳公权从元和三年入仕（808年），到唐懿宗咸通初年（860年）退休，其间不过52年，还没有康熙或者乾隆一任皇帝时间长。

唐宣宗大中十二年（858年）正月一日，宣宗在元旦举行朝会，柳公权年已八十，便在群臣之首向宣宗称颂祝贺，因含元殿较远，柳公权到时因年迈已感疲惫，在称贺之后，本要为宣宗上尊号"圣敬文思和武光孝皇帝"，但柳公权误称"光武和孝"，因此遭御史弹劾，罚了一季的俸禄，御史们议论纷纷，有点怨恨老柳还不退休的意味。直到唐懿宗咸通（860—874）初年，柳公权以太子太保之职致仕。

柳公权在其所处的时代里，仕途并不顺利，官运也不亨通，但这并不影响他名垂千古。

柳公权之后，又一位我们熟悉的人物被李德裕耽误了仕途，这个人就是白居易。

白居易的个人魅力很强大，唐朝的数任皇帝都是他的粉丝，唐武宗李瀍、唐宣宗李忱是其中的典型。

会昌年间，白居易担任太子少傅，李瀍久仰白居易的名望，想让白居易出任宰相。这是白居易距离宰相之位最近的一次，只可惜，咫尺天涯。

当李瀍向李德裕征询意见时，李德裕想了一想，顺着皇帝的意思说了几

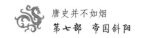
句，然后又强调说，白居易年逾古稀，经常生病，不能胜任金銮殿上三拜九叩的工作量。

君臣相知，李德裕懂李瀍心思，李瀍也懂李德裕心理。

李瀍明白，所谓身体原因只是借口，根本原因是李德裕跟白居易不对付。

李瀍不再勉强，毕竟国家大事还要仰仗李德裕，那就按李德裕的意思来吧。

李德裕拦下了白居易，却把白居易的堂弟白敏中扶上了马。

李德裕向李瀍推荐说，白敏中文学造诣不在白居易之下，年龄上又有优势，比白居易年轻二十多岁，而且有器度和远见。

白敏中由从六品的左司员外郎升任翰林学士，一步跨进天子朋友圈，在他前面，是一片光明坦途。

白居易不涉党争，做人不偏不倚，为何李德裕却对白居易心生厌恶呢？

世上终究没有无缘无故的爱，也没有无缘无故的恨。

李德裕厌恶白居易，归根结底还是因为党争。

起源还是元和三年的那场贤良方正直言极谏科考试。

当时，李德裕之父李吉甫执掌国政、筹划用兵，背后得到宦官吐突承璀的支持。白居易虽不反对用兵藩镇，但坚决反对用宦官为统帅，同时反对在没有胜算的情况下进行军事冒险，更反对用加重赋税的方式来维持旷日持久的战争，观点与牛僧孺、李宗闵在对策中提出的观点完全一致，却和李吉甫的政策是相悖的。由此李吉甫贬斥牛僧孺、李宗闵，当然也不会善待白居易。

李吉甫与白居易的恩怨很自然地延续到了李德裕。李德裕对白居易的反感到了极致。李德裕曾对刘禹锡说，尽管白居易文名极高，但他从来不看白居易的《白氏文集》，因为他怕看了以后会对白居易产生好感。

也够难为李德裕的。

两相对比，白居易与牛党成员却有着不错的关系。

白居易结婚很晚，他于元和三年（808 年）结婚，时年三十七岁。妻子姓杨，出自东汉以来的名门望族：弘农杨氏。在白居易所处的时代，先后有杨虞卿、杨嗣复出任过宰相，他们都是白居易妻子的堂兄，都属于牛党。白居易和杨虞卿关系尤其密切，两人曾同在宣州应乡贡州试，友谊源远流长。

至于与牛僧孺、李宗闵等人，更是有并肩战斗的友情。

元和三年的那场考试中，牛僧孺、李宗闵、皇甫湜三人指斥时政，得罪了宦官及宰相李吉甫，三人都不能按常例授予官职，只能受聘于藩镇幕府。时任左拾遗的白居易上《论制科人状》，力谏牛僧孺等人不当贬黜。后来白居易曾主持复策，因而与牛僧孺有师生关系。

太和六年，牛僧孺罢相，改任淮南节度使，在赴扬州途中路经洛阳，时任河南尹的白居易接待牛僧孺，并赋《洛下送牛相公出镇淮南》一诗，末句云："何须身自得，将相是门生。"意思是说，我不一定要亲自当将相，我的门生当上将相也是一样。可见双方都很重视这种师生之谊，关系非常亲密。

开成二年，牛僧孺又自淮南改任东都留守，此时白居易已辞去河南尹一职，以太子少傅分司东都。两人同居一城，且都宦情已减，无复进取之意，自然少不了经常在一起游宴聚会、饮酒吟诗。牛僧孺在洛阳买了新宅，白居易为之写了《题牛相公归仁里宅新成小滩》一诗，显然就是在牛僧孺的乔迁之宴上所作。

据统计，《白居易集》中写给牛僧孺的诗大概有三十多首。二人经常来往，关系匪浅。

两相对比，白居易写给李德裕的诗只有一首，还是在两人有直接上下级关系时。那仅有的一首，可能也是白居易很不情愿写给上级李德裕的。

身处牛李党争的时代，白居易虽与牛党成员私交不错，但政治上并不参与。由此，李德裕只是截断白居易通往宰相之路，并无格外打压。

李德裕没有想到，费尽心机拦下了白居易、扶起白敏中，他以为白敏中会对自己感恩戴德一辈子，却没想到，白敏中的感恩戴德只是一阵子。

李德裕亲手为自己埋了一颗雷，他与白敏中之间，即将上演农夫和蛇的故事。

最 大 的 坑

时间走到会昌五年，李德裕亲手给自己挖了一个巨坑，这个巨坑的名字叫"吴湘案"。

吴湘，时任江都县令，被淮南节度使李绅弹劾：盗用出差粮票代金及强娶

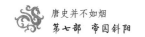

辖区内平民颜悦之女，颜家陪送嫁妆，实为给吴湘的贿赂。

弹劾到最后，李绅总结陈词：吴湘所犯罪状严重，应该依律判处死刑。

李绅这次弹劾玩得有点大。

即便吴湘有职务侵占之嫌，即便有强娶民女收受贿赂之嫌，依照唐律，也到不了必须处死这一步啊。

吴湘以为自己的事情还会有转机，因为多数人都说他冤，谏官们纷纷上疏要求重审。李瀍听取大家意见，派监察御史崔元藻、李稠前往复查。

复查结果很快出来了："盗用出差粮票代金事实清楚，证据确凿。至于强娶辖区内民女一事，有所出入。颜悦曾担任平卢战区大营侍卫官，妻子出身士族，因此颜悦并非平民出身，对吴湘强娶民女的指证并不成立。"

按照复查结果，吴湘犯的事至多算经济犯罪，依照《唐律疏议·杂律》，因受赃定罪，最高徒刑三年；按照《职制律》："诸监临之官，受所监临财物者，五十匹流二千里。乞取者，加一等。"说破大天，吴湘罪不至死。

然而，李德裕却不认可复查结果，他认为吴湘必须死！

负责复查的崔元藻、李稠很快被贬，崔元藻被贬为端州司户，李稠被贬为汀州司户，监察御史不用做了，到地方做点更重要的管理户籍工作吧！

处理完崔元藻、李稠，李德裕不再派人复查，也不把吴湘移送司法机关，直接建议李瀍批准李绅的弹劾，斩吴湘！

李瀍准奏，吴湘被处斩！

回想"吴湘案"的前前后后，处处诡异，仅仅因为经济犯罪，吴湘便被处斩，这一切到底是为什么呢？

一切都是因为吴湘一家与李德裕一家的私人恩怨。

恩怨是上一代的，吴湘是替叔叔吴武陵背锅，李德裕是为父亲李吉甫报仇。

吴武陵，信州人，元和初年中进士，后出任翰林学士。淮西吴元济叛乱时，吴武陵写诗给吴元济劝导归降，吴元济不听。裴度东讨，韩愈为司马，吴武陵数次通过韩愈向裴度献计献策。太和初，为太学博士。

吴武陵是如何得罪李吉甫的呢？

起因是吴武陵拉赞助。

吴武陵拉赞助时，还是一名举人，准备进京赶考，苦于囊中羞涩无法成行。吴武陵硬着头皮晋谒本州刺史李吉甫，希望能够得到李吉甫的资助。

第一次晋谒，吴武陵碰了钉子，李吉甫态度倨傲，一分钱没出，就把吴武陵打发了。

吴武陵是个有办法的人，他回去写了一篇文章，又拿着文章去晋谒李吉甫。

李吉甫一看文章，脸色大变，马上准备了一份厚礼给吴武陵，还勉励吴武陵好好学习天天向上，早日成为国家栋梁。

吴武陵满意而去，李吉甫恨得牙根痒痒。

原来，吴武陵在文章里写了一件往事，一件李家人不愿提及的往事。

李吉甫的父亲李栖筠年轻时家贫，为了筹措盘缠也曾到官员家里拜谒。官员不肯赞助，李栖筠便写诗奉承，极力恳求。最后官员勉强拿出了一点薄礼，把李栖筠打发了。这是李栖筠心中的痛，也是李家显贵后不想再提及的往事，偏偏吴武陵把这件往事写到了文章里，提醒李吉甫：我可是知道你们家丑事的哦。

李吉甫不想让父亲的不堪往事传播，便用厚礼堵吴武陵的嘴。

这是二人的第一次恩怨。

数年后，李吉甫无意中的一句话居然帮了吴武陵，这次帮忙更让李吉甫恼火。

那时李吉甫已担任宰相，他例行公事地关心了一下当年的进士录取情况，便问："吴武陵考得如何？"

主持考试的官员叫崔郾，一听宰相如此问，心里明白了八九分，吴武陵是宰相的什么人吧。

原本二十七人的录取名单已经确定，崔郾心里盘算着无论如何也要满足宰相的需求。

崔郾无中生有地回应道："哦，吴武陵已经上榜了。"

李吉甫正要说话，钦差到了，李吉甫连忙迎接，一番寒暄后，大家坐定。

这时崔郾拿出草榜，从从容容地填上了"吴武陵"的名字。

李吉甫惊得目瞪口呆！本想把吴武陵挡在门外，没想到居然让他以这种方式进来了！

钦差走后，李吉甫指着吴武陵的名字："吴武陵一个粗人，怎么能上

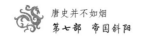
榜呢!"

崔邠快哭出来了,完了,本想拍马屁,结果拍马蹄子上了!

就这样,李吉甫所讨厌的吴武陵进入仕途,成为李吉甫心中永远的痛,也成了李德裕心中难解的心头之恨。

时光匆匆,等到李德裕大权在握时,吴武陵已经去世,进入李德裕视野范围内的,直系亲属就要算江都县令吴湘了。

会昌五年的李德裕,权力达到最高峰,错觉也达到了峰值,他以为自己可以长握权柄,他以为自己的靠山李瀍永远不会倒。一系列错觉下,他制造了"吴湘案",为父亲报了仇,为自己出了气。

错觉永远是错觉,梦境再美好,也会有梦醒的那一天!

"吴湘案"在李德裕的主持下盖棺论定,画上了句号。

李德裕不会想到,仅仅两年后,句号就变成了问号,进而变成了感叹号,最后变成了断送李德裕一生的终极大坑。

"吴湘案"过去后,李德裕将目光锁定在两位同事身上,一位是杜悰,一位是崔铉。

杜悰和崔铉都是宰相团成员,跟李德裕一起搭档了一段时间。时间一长,李德裕感觉这两个搭档用起来很不顺手,不仅不能给自己帮忙,有时反而添乱。

既然这样,那就让他们靠边站吧!

不久,杜悰和崔铉双双被免职,杜悰改任尚书右仆射,崔铉改任户部尚书。

户部侍郎李回出任中书侍郎,加"同平章事",这样李回便成了李德裕的新搭档。

一来一去之间,李德裕达到了目的,但朝中对其不满的声音越来越多,尤其是杜悰和崔铉被罢相之后。

当官当到宰相这个级别,背后没有人是不可能的。杜悰和崔铉的背后也有人,宦官和皇帝左右侍从就是他们的支持者。

杜崔二人被罢相,宦官们看不下去了:"李德裕也太专权了,长此以往可不是好事。"宦官和侍从有他们的优势,他们常年待在皇帝身边,想要坏李德裕的事很容易,不需要大动干戈,只需要时不时吹吹小风而已。

再好的君臣际遇，也架不住如此吹阴风。

还好，李瀍并不糊涂，即使他对李德裕有些意见，但总体还是信任的。

给事中韦弘质在这个时候上了一道奏疏，蹚进了这湾说不清道不明的浑水。

韦弘质写道："宰相权力太大，不应该再兼管全国钱粮事务。"

这样的质疑，李德裕见得多了，兵来将挡水来土掩。

李德裕辩解道："委派官员，安排职责，一切都由天子做主。韦弘质受人蛊惑，挑拨是非，这正是身份卑微的官员企图排斥身受国家重任的高级官员。他所说的一切，不应该是他说的话。"

李德裕轻轻一挡，人微言轻的韦弘质便飞了出去。韦弘质为这次上书付出了代价，他遭到贬斥，仕途被阴影笼罩。

李德裕沿着惯性前行，毕竟皇帝信任有加，毕竟皇帝春秋鼎盛，只要君臣交心，这段堪称千古佳话的君臣际遇就一定会长久延续下去。

很遗憾，这一切只是李德裕的一厢情愿。

第十七章　前赴后继

武宗灭佛

同行是冤家。

在唐朝，佛教和道教相处得不太融洽。

唐朝历代皇帝在佛教和道教之间摇摆，有的皇帝信佛，有的皇帝信道，当皇帝信佛时，道教受打压，当皇帝信道时，佛教便受打压。

武则天当国时，佛教鼎盛，道教生存空间受到挤压，甚至出现过和尚欺负道士，把几个道士头发拔光强迫当和尚的闹剧。

如今皇帝李瀍信道，最信任的道士叫赵归真。

赵归真这些年一直围着皇家转，一心想当皇家御用道士。敬宗李湛时，赵归真曾经当过御用道士，可惜好景不长，李湛被弑之后，失去靠山的赵归真被赶出皇宫，流落民间。

李瀍登基之后，赵归真得以翻身，李瀍又把赵归真招进宫来，在麟德殿设置九天道场，从此又成了一名御用道士。

何为九天？

中央加八方，即为九天。中央称"钧天"，东方称"苍天"，东北称"变天"，北方称"玄天"，西北称"幽天"，西方称"颢天"，西南称"朱天"，南方称"炎天"，东南称"阳天"。

重新入宫的赵归真迅速引发了关注，群众的眼睛总是雪亮的。

右拾遗王哲上疏阻止，李瀍不能接受，将王哲贬为河南府士曹参军，谁让你反对来着！

会昌三年，李瀍在宫中兴建望仙观，不用问，必定是赵归真的主意。

会昌四年，李瀍封赵归真为"右街道门教授先生"。

李瀍对赵归真的宠信被大家看在眼里，急在心里，对这么一个劣迹斑斑的道士怎么能如此信任呢？

李德裕也加入劝诫的行列，李德裕劝诫道：赵归真，敬宗朝的有罪之人，陛下不应该跟这样的人亲近。

对于李德裕的劝诫，李瀍还是重视的，李瀍解释道："我在宫里无聊，找赵归真聊天解闷而已。至于国家大事，朕还是会找你们这些大臣咨询。在这方面，一百个赵归真也别想蒙蔽我！"

李德裕继续劝诫道："卑劣小人看到权势在哪里，就会扑向哪里，就像夜里的飞蛾扑向灯火。臣听说最近十来天，车马已经塞满赵归真的门户，希望陛下特别警惕。"

李瀍点点头，然后对赵归真的信任一如既往。

接下来，赵归真要做点事情了。

会昌五年的一天，祠部（相当于教育部祭祀司）报上来一组数据：全国共有寺庙4600座，道场4万所，和尚及尼姑26.05万人。

李瀍被这组数据吓了一跳，他知道全国寺庙多，和尚多，却没想到多到这个程度。

位置不同，注定看问题的角度不同。

在佛教徒看来，如此一组数据说明佛教传播面广，香火旺盛。

而在皇帝李瀍看来，这意味着海量赋税流失！

和尚不从事生产，依赖信众供养，寺庙名下的土地由租户耕种，税赋却不向国家上交，如此倒挂的体系下，肥了寺庙，胖了和尚，瘦了国家。

倘若李瀍信佛，或许他愿意听之任之，只可惜李瀍信道，对佛教并不感冒。

李瀍看到了税赋大量流失，赵归真则看到了打压佛教的大好机会，两个老友一商量，佛教的灭顶之灾就此来临！

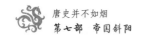
李瀍下诏，位于山野荒田中的寺庙以及修行道场全部拆除，首都长安、东都洛阳两条街上，各保留两座寺庙，每座寺庙只留30名和尚。各战区总部及各道政府所在州县，以及同州、华州、商州、汝州各保留一座寺庙。

保留的寺庙分为三等，一等保留和尚20人，二等保留和尚10人，三等保留和尚5人。不在保留名单的寺庙全部拆除，不在保留名单的和尚尼姑全部还俗，寺庙所有财产田宅由政府接收，寺庙拆除下来的建材用来建政府场馆及驿站，铜像及钟磬一律熔化，用于铸钱。

一纸诏令，几多忧伤。

诏令之下，4600余座寺庙绝大多数被拆除，剩下的只有原先的零头；26万和尚、尼姑还俗，剩下的也只是零头。没收的寺庙土地达上千万顷，解放的奴婢有15万之多。

不久，李瀍再次加码，东都洛阳寺庙只保留和尚20人，各战区、道原来保留20人的减为10人，保留10人的减为3人，保留5人的一个不留。

各地僧人流离失所，苦苦找寻出路，心中还在期待着"下岗再就业"。五台山的和尚们陆陆续续离开五台山，前往幽州，据说那里还能收留和尚。

消息很快传到了宰相李德裕的耳朵里，李德裕瞪起了眼。

在打压佛教的问题上，李德裕跟李瀍保持一致，他甚至比李瀍更在乎税赋的流失。

身为宰相，面对的局面千头万绪，方方面面都需要用钱，如果能从寺庙手中把税赋收上来，李德裕做梦也会笑醒。

李德裕召来幽州派驻长安的官员："马上告诉你们的节度使张仲武，五台山的和尚当将领一定不如幽州本地将领，当士兵也不如幽州本地士兵。为何要落一个包庇逃犯的罪名，给人攻击你们的借口？难道看不见刘从谏招降纳叛，集结游手好闲之人，到头来有什么好处？"

张仲武何许人也，闻听此言，马上意识到问题的严重性。张仲武召来居庸关守将两把大刀："如发现云游僧人入境，立即斩首！"

通往幽州的这条路也断了，五台山的和尚不知道天下之大，哪里才是他们的容身之处。他们的面前只有一条路，那就是改行！

几乎没有官员敢为和尚说话，偶尔有发声的，也被迅速淹没了。主客郎中（相当于教育部礼宾司司长）韦博试着发了声：事情不能做得太极端。

即便这般中肯的意见，李德裕也听不进去。

不久，韦博被调出长安，出任朔方节度副使。

轰轰烈烈的"武宗灭佛"就这样告一段落，是好是坏，是悲是喜，只能留给历史评价了。在灭佛的问题上，李瀍并不孤独。在他之前，还有两位灭佛的皇帝，对于佛教而言，并称"三武之祸"。

在李瀍之后，还有一位周世宗，这四位合在一起，构成了"三武一宗"。

"三武一宗"，是指北魏太武帝（拓跋焘）、北周武帝（宇文邕）、唐武宗（李瀍）和后周世宗（柴荣）。

"三武灭佛"指的是北魏太武帝灭佛、北周武帝灭佛、唐武宗灭佛这三次事件的合称。这些在位者的谥号或庙号都带有个武字。若加上后周世宗时的灭佛，则合称为"三武一宗之厄"。在中国历史上，这几位皇帝曾经发动过毁灭佛法的事件，使佛教在中国的发展受到很大打击，因此在佛教史上被称为"法难""三武一宗之厄"，等等。

脱 胎 换 骨

悲剧，其开头往往是喜剧。

对于李瀍而言，意外登基是个喜剧，当他把赵归真引入宫中后，喜剧的外壳下就埋下了悲剧的种子。

赵归真除了在宫中设立道场，他还炼丹。

这些年李瀍吃了不少丹药，他相信赵归真，更相信丹药的神奇疗效。

吃啊吃，不断地吃，丹药渐渐产生了效果，李瀍变得越来越严峻急躁，冷酷无情，喜怒无常。

这一症状跟其祖父宪宗李纯完全一致！

李瀍察觉到了自己的变化，与此同时，他想知道外界的人如今如何看他。

难题出给了李德裕，如今外界如何看朕？

李德裕小心翼翼地回应："陛下所做严厉决断，变化莫测，朝廷官员都惊慌恐惧。之前暴徒叛逆横行，陛下威严用以服众。如今天下太平，唯愿陛下处世宽厚。何谓宽厚？受到处罚的人没有怨恨，安分守己的人不受惊扰。"

李瀍点了点头，朕尽力而为。

秋季以来，尤其进入冬季，李瀍总感觉身体有些不对劲，他知道身体可能出问题了。道士们却安慰他，没事，这是在脱胎换骨。

李瀍姑且相信，期待奇迹发生。

外出狩猎的次数越来越少，李瀍越来越虚弱。朝中官员察觉出李瀍身体有异，每逢奏事时不敢过多停留，生怕有意外发生。

论年纪，李瀍只有三十二岁，论身体状况，他却已经接近终点。

会昌六年（846年）正月，李瀍的身体每况愈下。该如何是好呢？

这时该有学问的人上场了。

该人士分析，两汉供奉火神为王朝保护神，因此将"洛阳"改名为"雒阳"。本朝供奉土神为保护神，而皇帝李瀍的名字中有两个土，一个水，土比水多，这样保护神的气场盖过了皇帝的气场，皇帝就生病了。（什么鬼逻辑！）

该人士最后总结，建议李瀍改名为李炎。"炎"字两个火，从五行角度，火生土，于王朝也有利，同时增加皇帝气场，有助于驱除病魔。

名字是改了，但李炎的身体还是一天不如一天，从会昌六年正月初三开始，一直缺席朝会，已经连续有两个多月。

御医看过了，无效。

御用道士看过了，傻眼了。

众人都不知道李瀍究竟得了什么病。

从现代医学的角度看，应该就是"重金属中毒"。

想想也可悲，在通往"重金属中毒"的道路上，唐朝皇帝前赴后继，不绝于路，明明之前已经有多起悲剧发生，还是不断有后来者主动成为悲剧的主角。

众人早就劝过李瀍，李德裕更是多次提醒，赵归真那个御用道士根本靠不住，李瀍不听更不信，他坚持信任赵归真，两人在通往异度空间的路上，肩并肩，手拉手，齐步走。

人这一辈子，不对别人负责，归根结底就是不对自己负责。

倘若赵归真对李瀍负责，控制一下丹药的剂量，李瀍的寿命会得以延长，赵归真的富贵也会长久。

可惜，赵归真只知道有求必应，只知道抓住眼前的富贵，却不知当李瀍在服用丹药的道路上越走越远时，他自己的路也快走到了尽头。

皇帝都被你的药吃死了，你的明天还会好吗？

凝重的气氛蔓延开来，从中央到地方。

皇帝李炎的生命进入了倒计时，又到了改朝换代的时间节点。

李炎不是没有儿子，可惜儿子都太小。

宦官们再次活跃了起来，在这个关键时刻，他们不会容忍自己缺席。

新皇帝要懂事，要听话，最好没什么背景，最好智商不高。

几个条件筛查下去，光王李怡浮出了水面。

抱歉，让你等了这么多年。

早在元和十五年，李怡就有过出场，只是那时他是涉世未深的皇子，处于无人理睬的角落。

在这个世界上，李怡冷暖自知，真正疼爱他的只有母亲郑氏。之前说过，郑氏原本是镇海节度使李锜的小妾，李锜反叛被扑灭，郑氏也被俘虏送入宫中做了郭贵妃的侍女。机缘巧合，宪宗宠幸了郑氏，生下了李怡。

如此这般出身，在等级森严的后宫，李怡和母亲的日子过得如何，可想而知。

雪上加霜的是，李怡偏偏表现得有点低能，大家都以为他智商偏低。

接下来是关于李怡的几段记载，都很传奇。

李怡十多岁时，身患重病，当时病势愈发沉重，忽然有光辉照耀其身，他便马上一跃而起，端正身体拱手作揖，像对待臣下一样，他的乳母认为这是心病。但穆宗李恒看过后，却抚摩着他的背说："这孩子是我家的英明人物，不是心病。"并赐给他玉如意、御马、金带。李怡常常梦见乘龙上天，他将此事告诉母亲郑氏，郑氏对他说："这个梦不应该让旁人知道，希望你不要再说。"李怡愈加隐晦不露，与众人在一起时，不曾多言。

长大后的李怡已经被贴上了"智障"的标签，成为大家争相欺负的对象。有一天，唐文宗李昂在十六宅宴请诸王，席上，众人把酒言欢，热闹喧腾，李怡依然不言不语，一个人坐在角落发呆。李昂看到了，便指着他说："谁能让李怡开口说话，朕重重有赏。"李昂本来是李怡的侄子，可是在他眼里，李怡显然只是一个供人取乐的小丑而已。面对一哄而上的诸王，李怡依然保持沉默，不管他们怎么戏弄，面色丝毫不改，始终一副逆来顺受的样子。这让众人

很得意，却让座中的亲王李炎起了疑心。李炎是李昂的弟弟，就是后来的唐武宗。面对始终不悲不喜的李怡，他开始怀疑此人是否真的痴呆，于是在后来的日子，他抓住一切时机对李怡进行试探。

武宗李炎即位后，在一个大雪纷飞的下午，李怡和诸王一起随皇帝外出踏雪，众人兴尽而返时，已是日薄西山，加上中途休息时设宴畅饮，谁也没有注意到，那个傻乎乎的李怡已经从马上坠落，掉在了冰天雪地中。虽然史料说这是一次意外，但是李炎在位期间，李怡经历的意外也太多了，隔三差五就要坠马，平地走路都会摔跤，实在令人难以置信。这次被丢在冰天雪地之中，李炎料定他不会再回来了。可是没想到，第二天一早侍卫来报，说李怡又出现在了十六宅。

李炎更认定李怡有蹊跷，于是决定直接弄死他，以绝后患。几天后，可怜的李怡被突然闯入的宦官抓进了永巷。永巷从汉代开始就是幽禁宫女和嫔妃的地方，关押在那里的大多是政治斗争的牺牲品。李怡被关押后，又被人捆成肉粽一样扔进了厕所。当时，李炎身边有一个宦官姓仇，他对李炎说，这种傻子留着也没用，干脆一刀杀了。李炎同意了。可是，这个宦官并没有真的杀了李怡，而是偷偷将他运出宫藏了起来，以备日后之用。

从此，这个一度被人取笑的傻子就从宫廷消失了。据记载说他逃到了浙江出家为僧，也有人说他被姓仇的宦官软禁，总之，他暂时远离了复杂的皇宫。

会昌六年春天。李炎病危，他的儿子都年幼，还没有立太子，朝野上下人心浮动。仇姓宦官联合他人拿出了自己的秘密武器：李怡。虽然李怡一直被众人视为弱智，但他是唐敬宗、唐文宗、唐武宗的叔叔，论资历绝对够老，而且有宦官力挺，朝臣也不敢反对。

传奇看着很过瘾，跟真的一样。

很有可能全是假的。

这些传奇很有可能都是李怡登基之后授意手下杜撰的，为的就是神化自己，为的就是表明自己受命于天，而且是宦官主动把他推上位的，而他本人跟宦官并没有太多瓜葛。

李怡能够登基的真正原因是因为他符合宦官们拥立的条件，他有皇族血统，但却没有强大的外戚背景，而且他愿意跟宦官们合作。

李怡的上位，与汉宣帝刘询的上位异曲同工，都是被人推上位，不同的是，李怡的背后是宦官，刘询的背后是霍光。

会昌六年三月初开始，皇帝李炎病情加重，已然口不能言。宦官们不敢怠慢，加快了步伐。

会昌六年三月二十日，李炎下诏：皇子冲幼，须选贤德，光王怡可立为皇太叔，更名忱，应军国政事令权句当。

诏书以皇帝名义颁发，背后实则是宦官的意思。依李炎本意，他不会放弃让儿子继位的机会，这是人之常情。

现在倒好，继位的不是皇太子，而是皇太叔。

光王李怡成了皇太叔李忱，挺身进入了帝国权力中心。

会昌六年三月二十三日，李炎逝世，享年三十二岁，他的叔叔李怡为他奉上庙号：武宗。

李炎是又一位死于丹药的皇帝，他不是最后一个，在他身后，唐朝皇帝还在这条路上前赴后继。

李德裕的天塌了下来，千古难有的君臣际遇就这样戛然而止。

李炎遗诏，任命李德裕为摄冢宰。

放在其他朝代，这个职位还有托孤的意味，放在唐朝后期，这个职位是靠边站的信号。

三天后，三十六岁的李忱登基称帝，沿用会昌年号，次年改元大中，他就是历史上的宣宗，李德裕率领文武百官联名祝贺。

热闹的登基典礼是李忱政治生涯的开始，同时也是李德裕政治生涯的终结。

典礼结束后，李忱问左右侍从："刚才靠近我的那个人是不是太尉（指李德裕）？他每次看我，我浑身毛发都竖起来（毛发洒淅）。"

类似的一幕也曾出现在汉朝，成语叫作"芒刺在背"。

汉宣帝刘询由权臣霍光拥立，刘询非常清楚，霍光权势很大，自己的生死存废完全取决于他，因此对他很害怕。刘询即位后做的第一件大事，就是谒见祖庙。那一天，宣帝乘坐一辆装饰华丽的马车，霍光坐在马车一侧陪侍，皇帝见霍光身材高大，脸容严峻，不由自主地觉得非常畏惧，惶恐不安，就像有芒刺在背上那样难受。此后，宣帝见到霍光，总是小心翼翼。公元前68年霍光病死，乘车时再也没有他陪侍，宣帝才感到无拘无束，行动自由。

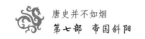
汉宣帝的"芒刺在背"是人之常情，皇帝李忱的"毛发洒淅"则是夸张了，通俗一点说，他是不喜欢李德裕这个人。

李忱不喜欢李德裕，原因是多方面的。

1. 李德裕是李炎重用的宰相，李忱拨乱反正，凡是李炎赞成的，他基本都是反对的。

2. 李德裕担任宰相五年八个月，几乎大权独揽，得罪了很多人，宦官们不喜欢他，翰林学士们不喜欢他，政敌们更不喜欢他。李忱由宦官们拥立，自然不会用宦官们讨厌的人。

3. 李忱好不容易得到权力，他不喜欢李德裕式的宰相与他分享权力。

几点叠加到一起，李德裕的宰相生涯走到了尽头。

四月一日，李忱正式处理国事。

仅仅一天后，李德裕出任荆南节度使，遥兼二级宰相。

任命一出，舆论哗然，大家预料到李德裕会靠边站，没想到是如此迅速地靠边站，一下子贬出了长安。

李德裕重用的人一下子失势，一个一个被贬出长安，最远的被贬到了崖州（今海南省琼山市）。

受李德裕重用的节度使石雄一下子变得无人问津，他的凤翔节度使职位被免去。石雄前往宰相办公厅述说自己曾经为国立下的功劳，希望能够再当节度使。宰相们不再把这位昔日英雄放在眼里，搪塞道："你从前立有功劳，朝廷已经安排你做过河中、河阳、凤翔节度使，回报已经足够了。"

最终，宰相们只任命石雄为左龙武统军，没有实职，只是领一份薪俸而已。

石雄郁郁而终。

接下来这批人更惨。

皇家御用道士赵归真的富贵到了头，御用两个字彻底作废，他和几个同行被判处死刑，乱棍打死。处号罗浮山人的轩辕集处境略好，被判流刑，流放岭南。

道士们陷入穷途末路，和尚们的前方却霞光万丈。

李忱大赦天下，首都长安左右两街除以前留下的两座佛教寺庙外，另行增加八座寺庙，和尚、尼姑改由功德使（相当于宗教事务总监）管辖，剃度的和尚、尼姑仍由祠部（相当于教育部祭祀司）发给度牒。

这是一个信号，一个对和尚重大利好的信号。

八个月后，李忱的一纸诏书让和尚们的好日子又回来了。

李忱诏书写道：之前所废除寺庙，只要有和尚愿意重建，就交给他们居住，有关单位不可以禁止。

李炎和李德裕费了九牛二虎之力打压佛教，现在全面反弹。

凡是敌人反对的我们就要拥护，凡是敌人拥护的我们就要反对。

逻辑呢，其实不那么严密。

第十八章　后浪前浪

落井下石

李忱将李德裕贬为荆南节度使、遥兼二级宰相的诏书还没有焐热，新的变动又出来了。这一次李德裕被免去了遥兼二级宰相，不过不用去荆南战区了，改任东都洛阳留守长官，到洛阳上班。

宦海浮沉的李德裕知道，洛阳恐怕还不是自己的最后一站，前方还有无尽的未知等着自己。

原本受李德裕提携的白敏中官运亨通，以翰林学士、兵部侍郎的身份进入宰相团，成为宰相团的一员。

以李忱的想法，他最想提携的官员其实不是白敏中，而是另外一位姓白的官员——白居易。

李忱一开始有拜白居易为相的想法，因为他是白居易的粉丝。可惜，天不假年，在李忱登基几个月后，白居易告别人世，从此世间再无白乐天。

李忱想起与白居易的有缘无分，饱含深情写下了《吊白居易》：

> 缀玉联珠六十年，谁教冥路作诗仙。
>
> 浮云不系名居易，造化无为字乐天。
>
> 童子解吟长恨曲，胡儿能唱琵琶篇。
>
> 文章已满行人耳，一度思卿一怆然。

回过头说白敏中，白敏中仕途的关键一步是李德裕提携的，若没有李德裕推荐，白敏中还会长期在低位徘徊。

白敏中进位宰相，该对伯乐李德裕投桃报李了吧。

白敏中确实报了，以怨报德！

身居高位的白敏中不仅没对老长官李德裕施以援手，反而趁机落井下石，他指使党羽李咸狠狠参了李德裕一本。乐见其成的李忱顺势将李德裕再贬一次，由东都留守贬为太子少保。

屋漏偏逢连夜雨，破鼓又遭众人捶。眼见老宰相李德裕已经成了破鼓，想捶的人越来越多。

前永宁县尉吴汝纳又使出一记重锤：李绅与李德裕相互勾结，欺骗武宗，冤杀我的兄弟吴湘，请召回江州司户崔元藻，负责调查此案。

吴汝纳是替弟弟吴湘伸冤：几年前，李德裕为父报仇，冤杀与父亲结怨的吴武陵之侄吴湘。

皇帝李忱更加乐见其成，好，好好审一审，看看李德裕究竟在这件事上扮演过什么角色。

御史台着手重审，历时三个月，结案报告出炉。

结案报告显示：据崔元藻列出的吴湘受冤情形，与吴汝纳诉状相同。

事实清楚了，证据确凿了，当年李德裕督办的"铁案"如今彻底被翻案了。

东都洛阳也待不下了，李德裕还得继续搬家。

李忱再下重手，将李德裕贬为潮州司马。

满朝文武几乎没有人帮李德裕说话，唯独右补阙丁柔立站了出来，丁柔立上疏为李德裕喊冤。

乍一看，丁柔立是李德裕的死党，实际上，并不是。

李德裕当权时，有官员向李德裕推荐丁柔立，推荐词是"清廉正直"，可以出任谏官。李德裕没有在意，这次推荐无疾而终。

如今，凭借自己能力当上右补阙的丁柔立毅然为李德裕喊冤，尤其是在众人纷纷落井下石的时候。

丁柔立没能改变李德裕被贬的事实，他反而被认定为李德裕的党羽，贬为南阳县尉。

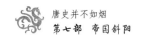
在之后的史书上，再也没有出现丁柔立的名字，他一生的高光时刻就是这次为李德裕喊冤。

为一个未曾提携自己的落魄官员喊冤，进而丢掉了自己的前途，究竟值还是不值呢？

无论如何，丁柔立的风骨值得我们肃然起敬。

又过了几个月，李德裕再次被贬，从潮州出发到崖州，出任崖州（今海南省琼山市）司户。

几个月后，一切终于结束了。已经贬无可贬的李德裕在崖州司户任上去世，享年六十二岁。

《资治通鉴》如下记载：

> 己未，崖州司户李德裕，卒。——《资治通鉴》

如果李德裕仅仅是一个普通司户，他的死不会记录到《资治通鉴》上。

虽然自新皇登基后一贬再贬，贬无可贬，贬至崖州司户，一个不入流的芝麻小官，但李德裕从来不是芝麻小官。

经制四方，勋业卓卓。

海岛万里，贤相凋零。

该如何评价李德裕呢？

范仲淹：李遇武宗，独立不惧，经制四方，有相之功，虽奸党营陷，而义不朽矣。

洪迈：若唐宰相三百余人……李德裕、郑畋，皆为一时名宰，考其行事，非汉诸人可比也。李德裕功烈光明，佐武宗中兴，威名独重。

赵秉文：肃代有一颜真卿而不能用，德朝有一陆贽而不能用，宣朝有一李德裕而不能用，自是以还，唐衰矣。

李商隐：成万古之良相，为一代之高士。

在他去世前两年，封州流犯李宗闵在封州去世，享年五十六岁。

在他去世前一年，太子少师牛僧孺病逝，享年六十八岁。

曾经的风云人物，如今一个个随风而去，那些曾经由他们掀起的波涛早已平息，他们如同长江后浪推动的前浪，一个个消失在沙滩上。

命 运 多 舛

顺着李德裕，说说与他同时代的李商隐。

李德裕的结局是个悲剧，但至少他曾经辉煌过，李商隐呢？他的一生都是悲剧。

这是一个误入牛李党争旋涡的才子，这是一个一生为牛李党争所误的可怜人。

李商隐，字义山，祖籍怀州河内（今河南省沁阳市），出生于郑州荥阳（今河南省郑州市荥阳），晚唐著名诗人，和杜牧合称"小李杜"，与温庭筠合称为"温李"。

元和十一年（816 年），李商隐三岁，随父亲李嗣赴浙。李商隐不到十岁，李嗣去世。李商隐只得随母还乡，过着艰苦清贫的生活。李商隐"五岁诵经书，七岁弄笔砚"，至十六岁，便因擅长古文而得名。

太和三年（829 年），李商隐移家洛阳，结识白居易、令狐楚等前辈。令狐楚欣赏李商隐的文才，对其十分器重，让李商隐与其子令狐绹等交游，亲自授以今体（骈俪）章奏之学，并"岁给资装，令随计上都"。后又聘其入幕为巡官，曾先后随往郓州、太原等地。

开成二年（837 年），经过长期刻苦学习并由于令狐绹的延誉，李商隐得中进士。

开成三年（838 年）春，李商隐应博学宏辞试不取，在参与料理令狐楚的丧事后不久，李商隐应泾原节度使王茂元的聘请，去泾州（治今甘肃省泾川县北）做了王的幕僚。王茂元对李商隐的才华非常欣赏，并将女儿嫁给了他。

正是这桩婚姻将李商隐拖入了牛李党争的政治旋涡中。

王茂元与李德裕交好，被视为"李党"的成员，而令狐楚父子属于"牛党"。牛党与李党势不两立，命运安排，李商隐跨在了两党中间。

李商隐的婚姻被解读为对刚刚去世的老师和恩主的背叛，为此他付出了代价。

之后，李商隐参加授官考试，在复审中被除名。这件事对李商隐最直接的影响，是使得他获得朝廷正式官职的时间推迟了一年。

开成四年（839 年），李商隐再次参加授官考试，顺利通过，得到了秘书

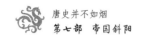
省校书郎的职位，不久，调任弘农县尉。

虽然县尉与校书郎的品级一样，但后者远离权力中心。李商隐在弘农任职期间很不顺利，因为替死囚减刑而受到上司陕虢观察使孙简责难，李商隐感到非常屈辱，难以忍受，最终以请长假的方式辞职。凑巧的是，在此期间孙简正好被调走，接任官员设法缓和紧张局面，李商隐勉强留了下来。但他已经没有心情继续工作，不久就再次辞职并得到获准。

时间走进会昌年间，李德裕全面执政，如果一切顺利，李商隐有望在仕途上有所作为。

会昌二年，李商隐复入秘书省为正字，这时变故又来了。

母亲去世了。

按照礼法，李商隐必须回家守孝三年。

这三年正是李德裕最辉煌的三年，李商隐就这样错过了。

会昌五年（845年）十月，李商隐结束守孝，重新回到秘书省。此时李德裕的执政已近尾声。

次年三月，武宗去世，宣宗李忱即位，曾经权倾一时的宰相李德裕及其支持者迅速被排挤出权力中心。

大中元年（847年），桂管观察使郑亚邀请李商隐赴桂林任职，五月，李商隐同郑亚来到距京城五千里以外的南方。郑亚南迁，是宣宗清洗计划的一部分。李商隐愿意跟从一位被贬斥的官员，表明他同情李德裕一党。另一方面，也显示对自己的升迁不再抱有信心。在桂林不到一年，郑亚再次被贬官为循州刺史，李商隐随之也失去了工作。

大中二年（848年）秋，李商隐回到长安。潦倒之际，李商隐写信给故友令狐绹请求帮助，令狐绹只是礼节性地回了封信，李商隐还忙不迭写诗表示一下。

寄令狐郎中

李商隐

嵩云秦树久离居，
双鲤迢迢一纸书。
休问梁园旧宾客，
茂陵秋雨病相如。

【韵　译】

你是嵩山云我是秦川树，长久离居；

千里迢迢，你寄来一封慰问的书信。

请别问我这个梁园旧客生活的甘苦；

我就像茂陵秋雨中多病的司马相如。

令狐郎中指望不上，李商隐只能通过自己考试得到一个盩厔县尉的小职位。

十年前，仕途起步时，他正好也是一个相当的职位（弘农县尉）。

大中三年九月，李商隐得到武宁军节度使卢弘正的邀请，前往徐州任职。卢弘正对李商隐颇为欣赏，如果他的仕途顺利，李商隐可能还有最后一次机会。然而造化弄人，李商隐追随卢弘正仅仅一年多后，卢弘正就于大中五年春天病故。这样，李商隐不得不再一次另谋生路。

大中五年（851年）秋，被任命为西川节度使的柳仲郢向李商隐发出邀请，希望他能随自己去西南边境的四川任职。李商隐接受了参军职位，在简单地安排了家里的事情之后，于十一月入川赴职。在四川，李商隐一待就是四年。这四年是李商隐宦游生涯中最平淡稳定的四年，心如死水的李商隐已经再也无心无力去追求仕途的成功。

大中九年（855年），柳仲郢调回京城任职。出于照顾，他给李商隐安排了一个盐铁推官的职位，虽然品阶低，待遇却比较丰厚。李商隐在这个职位上工作了两三年，罢职后回到故乡闲居。

李商隐处于牛李党争的夹缝之中，一生不得志，郁郁寡欢，唐宣宗大中末年（约858年），李商隐在郑州病故。

身处时代洪流，每个人都只是沧海一粟。

谁能想象，一个身后名动千古的诗人，在他所处的时代，竟然活得如此卑微。

值得欣慰的是，如他同时代的，比他位高权重的，都湮灭在历史之中，而我们至今还在诵读他的诗篇：

春蚕到死丝方尽，蜡炬成灰泪始干。——李商隐《无题·相见时难别亦难》

夕阳无限好，只是近黄昏。——李商隐《乐游原》

身无彩凤双飞翼，心有灵犀一点通。——李商隐《无题·昨夜星辰昨夜风》

相见时难别亦难，东风无力百花残。——李商隐《无题·相见时难别亦难》

昨夜星辰昨夜风，画楼西畔桂堂东。——李商隐《无题·昨夜星辰昨夜风》

君问归期未有期，巴山夜雨涨秋池。——李商隐《夜雨寄北》

何当共剪西窗烛，却话巴山夜雨时。——李商隐《夜雨寄北》

锦瑟无端五十弦，一弦一柱思华年。——李商隐《锦瑟》

沧海月明珠有泪，蓝田日暖玉生烟。——李商隐《锦瑟》

春心莫共花争发，一寸相思一寸灰！——李商隐《无题·飒飒东风细雨来》

八骏日行三万里，穆王何事不重来。——李商隐《瑶池》

历览前贤国与家，成由勤俭破由奢。——李商隐《咏史二首·其二》

新人上位

江山代有才人出，各领风骚三两年。

现在又到了新人上位的时候了。

一日，皇帝李忱向白敏中提及一段往事：

当年，朕跟随宪宗灵柩前往陵墓，突然风雨交加，文武百官和三宫六院的嫔妃一哄而散，四处避雨，只有山陵使一个人留在原地，手扶先皇灵柩不放，这一幕经常在朕眼前浮现。我记得山陵使个头很高，有很多胡子。你帮我想想，他是谁？

白敏中事前做过功课，对曰："他叫令狐楚。"

李忱很兴奋："哦，他有没有儿子？"

白敏中对曰："长子令狐绪，现任随州刺史。"

李忱追问："是否有宰相之才？"

白敏中心中明白，李忱是想提携令狐一脉。白敏中对曰："令狐绪从小患有风湿，身体不好。令狐楚次子令狐绹曾任湖州刺史，有才干气度。"

李忱有些喜出望外，立即擢升令狐绹为考功郎中（相当于国务院文官部考核司长）兼知制诰（诏书撰写官）。

有唐一代，如果官当到知制诰，再有一点运气，下一步就是宰相。

被馅饼砸到脑袋上的令狐绹进宫谢恩，李忱把话题引到了宪宗朝。令狐绹思路清晰，条理分明，李忱听得连连点头，心中已有擢升令狐绹为宰相的念头。

仔细算来，令狐绹五十二岁，元和十五年时，不过二十五岁，他能知道多少元和一朝的往事？想必多是从父亲令狐楚那里听来的，在李忱面前拣李忱爱听的说。

不管怎样，令狐绹已经深深打动了李忱，这颗政治新星即将冉冉升起。

从令狐绹开始，只要是元和时期高官之子，李忱一律青眼相加。

刑部员外郎杜胜朝会时觐见李忱，李忱问起家世，杜胜底气十足："当年顺宗病重，家父杜黄裳曾第一个请宪宗监督国政。"

哦，还有这事。李忱马上擢升杜胜为给事中（御前监督官）。

之后，李忱前往翰林院视察，问起翰林学士裴谂家世，对曰：元和重臣裴度之子。李忱立即当面擢升裴谂为翰林承旨（翰林院院长）。

（老院长估计在隔壁挠墙痛哭！）

再之后，李忱与宰相们谈论元和朝清廉干练的官员，谁能排名第一？

有宰相提及江西道观察使韦丹，恩德遍布江西八州，逝后四十年，当地百姓还在歌颂其恩德，仿佛韦丹犹在。

李忱马上命国史馆编撰杜牧撰写《丹遗爱碑》，并擢升韦丹之子、河阳战区观察判官为御史。

元和官员之子擢升如此容易，为什么呢？

李忱是在为自己皇位的合法性背书。

因为他继位的身份，实在有些尴尬。

有的史书说，李忱继位时没有出现波澜，因为他是唯一合法人选。

非也非也！

李忱继位时，武宗李炎是有儿子的，只是有唐一代没有立幼主的传统，

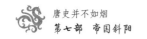
宦官们也不敢打破这一传统；再者，即便要立李忱这一辈的皇叔，李忱也不是唯一一位，与他同样有资格的还有几位，他们都是宪宗李纯的儿子。

如果要立有辈分的，还有，唐顺宗李诵的儿子还有数人健在，不过那样可能得先立一个皇太爷，太搞笑了。

总体说来，李忱与宦官们接触上了，双方达成了某种默契，进而李忱上位。

位是上了，但合法性还是弱了一点，皇太叔一说实在有点掩耳盗铃。

怎么办？

既然合法性弱，那就加强，强化自己是宪宗儿子，而且是对宪宗感情深厚的儿子！

会昌六年冬，礼院（祭祀部祭礼科）奏报说：皇族五年大祭祭文，在祭祀穆宗、敬宗、文宗、武宗牌位时，只自称——继任皇帝某某致意。

李忱准奏。

这是一个信号，一个淡化穆宗父子四朝的信号，最终的目的是把这四朝视为"伪朝"，这样李忱便是货真价实的宪宗真正继承者。

十年后，李忱做了一次尝试。

吏部尚书李景让上了一道奏疏：穆宗是陛下兄长，敬宗、文宗、武宗都是陛下的侄子，陛下向兄长磕头还说得过去，向侄子磕头就说不过去了。而且这样的话，陛下不能祭祀七代祖先，所以这四位皇帝的牌位应迁出皇家祭庙，迎回代宗以下的牌位。

李忱将这道奏疏交给文武百官讨论，讨论了很久，没有定论，最终不了了之。

无疑，李景让的奏疏是李忱愿意看到的，这样可以抹掉穆宗父子四朝的痕迹。很可惜，礼法是件大事，想改变没那么容易。

李忱也只能耐着性子，告诫自己，慢慢来，慢慢来！

横 跨 八 朝

仅仅从跨越朝代来看，太皇太后郭太后是成功的，她出生于德宗朝，一直熬到了宣宗朝（李忱），在宪宗朝为贵妃，在穆宗朝为太后，在敬宗、文宗、武宗朝为太皇太后。到了宣宗朝，郭太后仍然称太皇太后，虽然从宣宗李忱那里论，她应该是太后，但毕竟已经当了三朝太皇太后，冷不丁再降为皇太后，还有点不太习惯。

从寿命上看，郭太后是幸运的，她的寿命很长，几乎比同时代的人都长，按照唐宪宗李纯的年龄估算，到宣宗登基时，郭太后已经六十八岁，而她的丈夫，只活了四十二岁。

如果从人生阅历看，郭太后又是不幸的，从丈夫开始，她一直在见证着亲人的离世，从儿子开始，她一直在白发人送黑发人，一连送走了儿子和三个孙子。

从贵妃，变成了太后，从太后又变成了太皇太后，地位越来越高，身边的亲人却越来越少，直至李忱登基，看似来了亲人，实则更是仇人。

元和十五年（820年），宪宗李纯离世存在诸多疑点，但都被继任皇帝刻意淡化了，毕竟他们都是宪宗去世的既得利益者。

试想，如果宪宗一直健在，继位的未必一定是李恒，这一点在前面我们提到过。

如今李忱继位，他想旧话重提。

李忱真的是因为与宪宗感情深厚进而追查宪宗之死？恐怕未必。

李忱藏着私心，他要通过追查，加强自己皇位的合法性。

李忱同时还藏着另外一个私心，那就是替母亲郑太后出头。

前面说过，郑太后最初是郭太后的侍女，皇宫里的这种主仆关系注定和谐不了。多年以来，郑太后一直受着郭太后的气，如今乾坤倒转，自己儿子成了皇帝，原本强势的郭太后却成了少人问津的孤家寡人。

郭太后承受着巨大的人生落差，一直以来，她都是众星捧月、养尊处优，如今，李忱登基后却对她十分冷淡。

郭太后气血难平，虽说已经年逾七十，但李忱不把她这个嫡母放在眼里，郭太后还是无法接受。

大中二年（848年）五月二十一日，郁郁寡欢的郭太后登勤政楼，景色还是那些景色，看景的心情却荡然无存，郭太后眼前浮现出往昔一幕幕，泪水在眼角滑落。贵为太后，风光无限，如今却是这般惨淡。

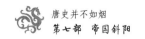

郭太后拍着栏杆，心如死灰。

突然，郭太后身子向前一探，她想就此结束自己无法言说的一生。

身边人眼疾手快，迅速将郭太后拉了回来。

哀莫大于心死。

郭太后意图跳楼的消息很快传到了李忱的耳朵里，李忱大为震怒，郭氏，意欲何为！

当晚，郭太后在兴庆宫告别人世。

外人认为郭太后的死是非正常死亡，很有可能是李忱派人谋杀。

后宫的事，外人无法知晓真正的真相，我们只知道，这一天郭太后意图跳楼，这一晚她告别人世。

横跨八朝，高高在上，富贵逼人，落寞收场。

对于每个人而言，人生就是一次飞行，不在于飞多高，而在于安全降落。

对于郭太后而言，漫漫人生路结束了，对于李忱而言，事情还没完。

该把郭太后葬于何处呢？

李忱不允许郭太后与宪宗合葬，她不配！将来母亲郑太后百年之后，她才有资格与宪宗合葬。

主管部门知道李忱的心思，只好顺水推舟，建议将郭太后安葬于景陵（宪宗李纯陵墓）外园，李忱表示同意。

这时一个小人物跳了出来："我反对！"

反对的人叫王皞，时任祭祀部祭礼科祭礼见习官。

王皞上了一道奏疏："郭太后应与宪宗合葬，牌位送进皇家祖庙宪宗神龛。"

一石激起万层浪，皇帝李忱大为震怒，怎么会有如此没有眼色的官员？

白敏中紧急召见王皞，质问王皞为何如此不懂政治，为何要上这样一道奏疏？

王皞从容不迫："郭太后是汾阳王郭子仪的孙女，宪宗当太子时的正妃，顺宗时代她是好儿媳。宪宗去世当晚发生的事情暧昧难明，并没有明显的对郭太后不利的证据。郭太后身为国母，历经五位皇帝，怎么可以用暧昧不明的事情，废除正嫡和偏庶的名分？"

白敏中听后大发雷霆，王皞依然有理有据地回应，两人一直在激烈争论。

到了宰相们聚餐时间，白敏中依然没能把王皞压服，王皞据理力争，不肯做半步退让。

最后的结局还是原本的结局，王皞却为这次奏疏付出了代价，被贬出长安，出任句容县令。

任何时代，坚持原则都是一件孤独而又辛苦的事情。

半年后，横跨八朝的郭太后被安葬于景陵旁边，时隔二十八年，夫妻终于在九泉之下重聚。只是重聚打了折扣，他们没能合葬，从居住环境看，算是邻居。

郭太后的牌位没能进入皇家祖庙，多年以后，宣宗的儿子懿宗恩准，郭太后的牌位才得以进入。

如果将郭太后的经历拍成影视剧，她的经历会被向往还是被同情呢？

对于郭太后而言，世态炎凉，冷暖自知！

第十九章　兢兢业业

效仿太宗

因为来之不易，所以倍加珍惜。在《贞观长歌》一书中，我曾经用这句话形容太宗李世民，现在这句话放在宣宗李忱身上同样合适。

从概率论而言，李忱上位要比李世民难得多。

试想，李世民上位，往多了说，概率为三分之一，唐朝第二代皇帝注定只会在他们亲兄弟三人中产生，往小了说，概率为二分之一，只有他和太子相争。

李忱呢，宪宗皇帝最不起眼的儿子，但凡前面四位皇帝有一个长寿，都能把他耗死。偏偏四位皇帝没有一个长寿，皇位的馅饼最终落到了李忱头上。

如此得来的皇位，焉能不倍加珍惜？

李忱将自己的榜样锁定祖爷爷、太宗李世民，虽然他接手的帝国已然千疮百孔，但他是太宗子孙、宪宗之子，他有义务将整个帝国重新带回繁荣的轨道。

李忱下了一道诏令，任命知制诰令狐绹为翰林学士，这样令狐绹离宰相之位又近了一步。

君臣二人闲坐，李忱命令狐绹读《金镜》给自己听，《金镜》相传是太宗李世民亲自撰写。

令狐绹一字一句读下来,当读到"至乱未尝不任不肖,至治未尝不任忠贤",李忱示意暂停。

"至乱未尝不任不肖,至治未尝不任忠贤",政治混乱,未尝不是任用低能官吏,政治清明,未尝不是任用干练贤才。

李忱反复诵读了几遍,连连点头:"追求天下太平,首先得记住这句话。"

李忱命人将《贞观纪要》书写到屏风上,一有时间,他便会对着屏风仔细品读,直至烂熟于心,还会经常品读。

沉下心来,李忱开始研究吏治,他一开口,就把令狐绹吓了一跳。

李忱说:"朕想知道文武百官的姓名和薪俸。"

令狐绹倒吸一口凉气,帝国幅员辽阔,官员众多,如果皇帝想了解到县尉、司户一级,那实在太庞杂了。

令狐绹对曰:"六品以下官员地位低微、数目众多,都由吏部统一拟定待遇。五品以上官员,才由宰相呈请皇帝任命,姓名都在官籍簿上,称为'具员'。"

李忱点点头,好,就让宰相制作《具员御览》。

宰相们连忙加班制作,五卷《具员御览》制作完毕,摆上了李忱的案头。

收复河湟

运气来了,有时挡也挡不住。

李忱登基第三年,天降功业。

这件功业就是收复河湟。

安史之乱爆发后,驻守在河西、陇右的军队东调平叛,吐蕃乘机进占了河湟地区,这一占就近百年。

唐代宗时,宰相元载曾筹划收复河湟,计划尚未实施,元载被诛,收复计划不了了之;唐宪宗时,每每看地图扼腕叹息,他一直想等平定河北藩镇,然后再向河湟用兵,元和十五年突然驾崩。

就这样,河湟失去接近百年。

诗人杜牧曾经写诗《河湟》:

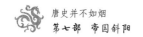
元载相公曾借箸，宪宗皇帝亦留神。

旋见衣冠就东市，忽遗弓剑不西巡。

牧羊驱马虽戎服，白发丹心尽汉臣。

唯有凉州歌舞曲，流传天下乐闲人。

此诗旨在讥刺当时的统治者无心国事只知享乐，表达自己对国家边防的忧虑。前四句感慨宰相元载提出过收复失地的建议，却遭陷害；宪宗李纯在看地图时，也曾感叹过河湟地区的失陷，常想恢复失地，但未及西征，便赍志以殁。后四句写河湟地区的百姓虽然沦为异族臣民，身着戎服牧羊驱马，但却仍然"白发丹心"地忠于汉家王朝。可是当朝统治者对此却无所谓，而只是对"凉州歌舞曲"感兴趣，过着悠闲享乐的生活。

从时间推测，杜牧写此诗的时间应该在大中三年之前，因为大中三年初，河湟突然毫无征兆地收复了。

严格说来，也不能说毫无征兆，征兆已经出现了多年，只是唐朝皇帝并没有过于在意。

多年之前，吐蕃就开始走下坡路，内乱不止，纷争不断。到唐宣宗大中三年，吐蕃内乱达到了极点，对于河湟地区渐渐失去控制。

大中三年初，被吐蕃占据近百年的秦州、原州、安乐州及石门等七关一起归降唐朝。

李忱大喜过望，马上任命太仆卿陆耽为宣谕使，命泾原、朔方、凤翔、邠宁、振武五战区出兵支援。

到这一年八月，唐朝军队全部进驻三州七关，完成对三州七关的控制。

胜利来得有些出人意料！

回到唐朝怀抱的河陇居民代表一千多人，扶老携幼，前往长安觐见李忱。

八月八日，李忱人生的高光时刻，他登上延喜门，接见河陇居民代表。河陇居民欢呼雀跃，脱下蛮夷服装，换上唐朝冠帽衣裳，围观群众激情洋溢，万岁之声，山呼海啸。

李忱望着激动的臣民，有些动容，民心是水，民心可用，真得做出点事情，方能对得起万民拥戴。

之后，李忱下诏：

即日起，招募农民前往三州七关开荒种田，五年内不收赋税，今后京师判处流刑的犯人一律发往三州七关。临近战区官兵，能在防地耕种者，政府提供耕牛和种子，温池（位于三州七关范围内）所属盐池获利，一律用于支援边防，由度支负责。三州七关驻防将士，加倍发给衣服和粮食，两年换防一次。沿途设置岗哨，建立城堡栅栏，商旅往来以及边防军家属子弟传递家书，各关镇不得刁难。山南战区、剑南战区边境所有被吐蕃占领的州县，可以斟酌自身力量，努力收复。

诏书一出，天下欢腾。

诏书的内容是明君的做派，思虑全面，目光长远，让人依稀看到太宗李世民的影子。

不久，西川战区传来捷报：收复维州。

一连串的胜利让宰相们兴奋起来，一起请求给皇帝李忱呈献尊号。

所谓呈献尊号，本质就是拍皇帝马屁，称赞皇帝英明神武。问题是，皇帝富有四海，胸怀天下，需要这些富丽堂皇的尊号吗？

现实的情况是，皇帝们一般都接受了，这只能理解为，皇帝也有虚荣心，也需要得到肯定和表扬。

对于宰相们的请求，李忱没有同意，他把话题引到了宪宗身上："宪宗一直想收复河湟，只因中原用兵，心愿一直未能完成。如今总算完成了先人遗愿，你们可以讨论呈献给顺宗、宪宗的尊贵谥号，以彰显他们的丰功伟业。"

一个月后，追赠顺宗谥号为至德弘道大圣大安孝皇帝，宪宗谥号为昭文章武大圣至神孝皇帝。

通俗理解，这是给长眠地下的宪宗和顺宗，一人又发了一封表扬信。

大中三年年底，山南西道传来好消息：已收回扶州。

扶州在哪？今天的九寨沟。

这次收复很关键，唐朝居民可以去九寨沟旅游了，而且还不用办签证。

更大的好消息还在后头。

大中五年（851 年）二月，天德军基地传来了好消息：沙州（位于今甘肃省敦煌市）代理刺史张义潮派来使节，请求归降。

又是一个天大的馅饼。

张义潮原本只是沙州的平民，吐蕃内乱，给了张义潮千载难逢的机会。

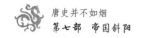

张义潮眼见吐蕃分崩离析，人心涣散，心中暗暗酝酿将沙州脱离吐蕃回归唐朝的计划。张义潮暗中结交英雄豪杰，联络了很多人，大家志趣相投，相约一起做这件大事。

一天早上，张义潮带领大家，身穿铠甲，手握兵器，齐聚沙州政府门前，高声呐喊，杀气腾腾。周边的汉人闻声赶到，抄起家伙，加入张义潮的队伍。吐蕃守军在沙州本来就少，从没有想到沙州的汉人会团结到一起向他们发难。

国运没了，一切都是纸老虎。

吐蕃守军没敢与张义潮正面冲突，居然弃城而逃！

张义潮率部进入州政府，接管沙州政权，自命为沙州代理刺史，马上向唐朝派出使节，请求归降。

李忱闻讯，大喜过望，马上任命张义潮为沙州防御使（相当于沙州警备区司令）。

得到任命的张义潮底气更足，从沙州出兵，一路势如破竹，从吐蕃手中收回瓜州、伊州、西州、甘州、肃州、兰州、鄯州、河州、岷州、廓州等十州。

张义潮马不停蹄，让哥哥张义泽携带连同沙州在内的十一州地图以及重要档案前往长安。

至此，河湟之地，全部收复。

以沙州等十一州土地，再加上沙州与长安的距离，如果张义潮想要自立为王，朝廷也只能徒呼奈何。国力早已今非昔比，向沙州这样的边远之地用兵，心有余而力不足。欣慰的是，张义潮心怀故土，愿意回归唐朝怀抱，终使河湟之地全回唐朝。

李忱投桃报李，设立归义战区，总部设在沙州，任命张义潮为归义节度使兼十一州观察使。

对于收复河湟的重大胜利，宰相崔铉写下《进宣宗收复河湟诗》：

> 边陲万里注恩波，宇宙群芳洽凯歌。
> 右地名王争解辫，远方戎垒尽投戈。
> 烟尘永息三秋戍，瑞气遥清九折河。
> 共遇圣明千载运，更观俗阜与时和。

诗只是应景，举国上下的兴奋之情如滔滔江水，绵绵不绝。

高 深 莫 测

收复河湟，皇帝李忱的威信蒸蒸日上，毕竟收复河湟是数代唐朝皇帝的夙愿，只有李忱将梦想照进了现实。

李忱威望日高，他行事的方式越来越让身边的人琢磨不透。

李忱前往皇家林园打猎，遇到一个砍柴的樵夫，李忱问樵夫来自哪个县？樵夫回复说来自泾阳。李忱再问："县令是谁？"樵夫答曰："李行言。"

李忱追问："李县令怎么样？"

樵夫答曰："非常固执。有一次逮捕了几个盗贼，神策军派人来要人，李县令就是不放，还把几个盗贼杀掉了。"

李忱不动声色，哦，原来是这样。

回到宫中，李忱亲笔写下了李行言的名字，把名条贴到了寝宫柱子上。

过了几个月，李忱擢升李行言为海州刺史。李行言不明所以，莫非有人替自己在上面运作了？

李行言进宫谢恩，李忱和颜悦色，赏赐李行言金鱼袋和紫色官服。紫色官服是三品以上高官才有资格穿的，李行言按品级只能穿四五品官穿着的红色官服。

李忱故弄玄虚，笑问："知不知道你为何能穿紫色官服？"

李行言老实回答："臣愚钝，确实不知。"

李忱命人到寝宫柱子上取下名条给李行言看："你看，朕就是用这种方式记住你的！"

等听完李忱与樵夫的奇遇记，李行言惊讶不已，也后怕不已，多亏自己行得正，要不然，樵夫的嘴一张，自己丢了官都不知道怎么丢的。

大中九年二月，李忱擢升醴泉县令李君奭为怀州刺史，宰相们一头雾水，为什么呢？怀州刺史刚刚出缺，李忱便亲笔题名，擢升李君奭，这李君奭是如何入了皇帝法眼？

伏笔是几年前埋下的。

还是在一次打猎的途中，李忱看到十几位老者聚集在一座寺庙里焚香祷告。李忱有些好奇，老者们在祷告什么呢？

老者们回答说："我们是醴泉居民，县令李君奭政绩优异，考核期满，就

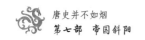

要离职了。我们要去上级政府请求李县令留任，出发前在这里请求佛祖保佑，成全我们的心愿。"

李忱回宫后将李君奭的名条贴到了柱子上，一直等到适合李君奭的职位出现。

李君奭进宫谢恩，李忱拿着名条给李君奭讲了这段往事。

李忱讲完，大家都明白了，原来李忱还有这样考核官员的渠道。

令众人想不到的还有很多。

为了解各地风土人情、山川形胜、民生利弊，李忱命翰林学士韦澳编撰了一本《处分语》，一切都在秘密中进行，知情人只有皇帝和韦澳几个编著者。

邓州刺史薛弘宗进宫参见，出来后连连感叹："陛下对我们邓州的了解程度令人吃惊。"韦澳心如明镜，追问原委，仔细一听，原来都是《处分语》上的内容。韦澳不动声色，跟着薛弘宗一起感叹："陛下果然不同凡响。"

提前做足功课，靠《处分语》折服臣子，这秘密，韦澳一辈子也不敢点破。

你若以为皇帝只靠《处分语》，你就又错了。

李忱记忆力超强，连宫里洒水扫地的奴仆，他都能叫得上名字，而且知道每个人的才干和长处，呼唤起来差使，从不出错。有关部门所奏报的全国各监狱管理官以及管理员的姓名，李忱只要看过一遍，就会记在心中。

偏偏有人自作聪明，以为李忱注意不到细节。

度支奏报"绸缎渍污"，把"渍"误写成了"清"。宫廷机要室值班宦官孙隐中以为皇帝没有发现这个错别字，便自作主张改了过来。等到宰相办公厅签署完意见再次呈阅，李忱一眼就看出有人在"渍"上动了手脚。

是谁在擅作主张？

李忱一查到底，擅作主张的孙隐中被惩戒，恨不能连连抽自己耳光，谁让你手这么欠！

李忱为何会是这样？

1. 可能是天赋异禀，智力过人。

2. 即便青年时代不受待见，但还是会受到良好的教育。

3. 越是被众人忽视冷落，越有可能在暗地里发愤图强。

在李忱身上，可能后者的作用更大。

你越是藐视我，我越是要强大自己。每时每刻，我们不仅要感谢那些对我们青眼有加的的人，同时也要感谢那些轻视我们对我们爱答不理的人，他们给了我们压力和动力，让我们变得更加强大。

生 性 多 疑

生活的苦难给了李忱智慧，生活的苦难磨炼了李忱的品格，生活的苦难也促使李忱生性多疑。

想想也能理解，在那样的环境成长，你注定成不了傻白甜。

所以《甄嬛传》里的甄嬛的人物设定是成立的，在后宫里，你注定要从一尘不染的小白兔，变成所向无敌的大灰狼，这是丛林法则使然；《芈月传》里的芈月人物设定是塌陷的，四处都是陷阱，周围全是冷箭，当大王主动提出要立芈月的儿子为太子时，芈月还要傻白甜一样拒绝。试问，你这样是怎样活了那么多集的？

青少年时期的磨难使得李忱生性多疑，除了他的母亲，他没有百分之百相信的人，包括妻子，包括儿子，至于扶他上位的宦官以及重用的大臣，李忱都是在怀疑中使用，在使用中怀疑。

前面说过李忱登上帝位主要靠宦官帮忙，宦官马元贽是其中出力最多的一位。李忱投桃报李，对马元贽特别恩宠，宠信程度超过其余任何一个宦官。

即便如此，李忱始终警惕，他希望宦官守住底线，手不要伸出后宫。

很快，李忱不愿意看到的事情还是发生了。

李忱曾赏赐给马元贽一条宝玉腰带，马元贽却转手送给了时任宰相的马植。马植不知道腰带来历，对腰带爱不释手。

狗窝里放不住剩馍的马植系着这条宝玉腰带进宫朝见，李忱一眼就认出了腰带，脸顿时沉了下来。

马植心知大事不好，为时已晚，只能老实交代，腰带是马元贽赠送。

第二天，马植被免去宰相职务，贬出长安，出任天平节度使。

事情到这一步还不算完，李忱下令逮捕马植亲信董侔，由御史台严加审问。

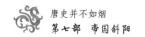

董侔不敢隐瞒，供出马植与马元贽结交的全部过程，二人不仅交往过密，而且认了同宗。

李忱再次下诏，贬马植为常州刺史。

在朕的眼皮底下，敢结交内廷官员，所欲何为！

至于马元贽，李忱没有加以惩戒，但从此时起，开始疏远，直至排挤出权力宦官的朋友圈。

大中十年十二月，户部侍郎崔慎由出任工部尚书、同平章事，成为宰相团成员。

大中年间，宰相团成员变动频繁，前期稍微固定的是白敏中，之后长期固定的只有令狐绹一人，其余班子成员则不固定，经常变动，李忱每次任命宰相，左右侍从事前都不知道。

这一次任用崔慎由也是如此，过程峰回路转，尽显李忱多疑的性格。

前一天，李忱派枢密使到翰林院传达圣旨：任命兵部侍郎、全国财政总监萧邺为宰相团成员。

传旨完毕，枢密使王归长和马公儒回来复命，问道："萧邺的全国财政总监，应不应该免除？"

就是这多余的一句话，萧邺的宰相位子飞了。

李忱顿起疑心，认为王归长等人在帮助萧邺，只是让你们传旨，何曾让你们过问萧邺其他官职安排？

李忱马上提笔写下崔慎由的名字和新的职务，交给翰林院，并且加了批注：萧邺不再主管财政部税务司。

大中十二年十月，建州刺史于延陵进宫辞行，君臣对话。

李忱问："建州距离京师有多远？"

于延陵答："八千里。"

李忱说："你在那里做的好事坏事我都会知道，不要以为山高皇帝远。这个台阶前面，直通万里，你了解吗？"

于延陵胆战心惊，手足无措，竟不知该如何应答。

李忱这时又显示自己大度和蔼的一面，安慰了几句，勉励了几句，便让于延陵退下。

李忱并没有说大话，对于八千里之外的于延陵，李忱果然了如指掌。于延陵上任之后，能力不足，无法应对建州的局面，李忱不再犹豫，一纸诏书将于延陵贬为复州司马。

朕有远程监控，你就是不信！

宰相令狐绹算是御前红人，但是对于这个红人，李忱同样是在使用中怀疑，在怀疑中使用。

这天，令狐绹推荐李远出任杭州刺史，李忱有些迟疑。

李忱说："我记得李远有一首诗，青山不厌三杯酒，长日惟消一局棋，这样的人，能治理州县吗？"

令狐绹赶忙替李远说情："诗人喜欢夸张，显示自己的高雅，未必事实就像诗里写的那样。"

李忱勉强作出了决定："好吧，那就让他不妨一试！"

这一次，李忱算是给了令狐绹面子，接下来，李忱吓出了令狐绹一身冷汗。

之前，李忱下过诏令，凡是新上任刺史，不能直接到地赴任，必须先到京师觐见，由皇帝当面考察后，合格才能上任。令狐绹有一个朋友担任刺史，这次调任相邻州任刺史。令狐绹告诉这位朋友，直接赴任吧，不用到京师觐见了。

这位朋友心眼也实，以为有宰相撑腰，便直接到邻州上任，然后按照惯例，给皇帝上了一道上任谢恩奏章。

李忱一看，看出了其中的问题，便责问令狐绹："这是怎么回事？"

令狐绹连忙遮掩："两地离得很近，直接赴任可以免去迎来送往的繁文缛节。"

李忱脸色有些难看："只因很多刺史并不是适合人选，他们会给百姓造成麻烦，所以打算一个一个接见，当面考察，询问他们的行政经验，了解他们的能力高低，或予高升，或予罢黜。明明有诏令却放在一边不去执行，宰相可真是有权啊！"

令狐绹顿时吓出了一身汗，湿透了厚厚的皮衣。

下次还敢自作主张吗？

总体而言，李忱是一个工于帝王术的皇帝，他喜欢掌控的感觉。

每次出席朝会，李忱对待文武百官好像接待宾客，全程精神饱满，看不出有丝毫疲惫。宰相奏事时，旁边不站一人，态度威严，令人不敢抬头面对。朝

会仪式感很强，让文武百官总是感觉有压力。

文武之道，有张有弛，李忱在群臣面前有张的一面，同时也有弛的一面。

奏事完毕后，李忱会和颜悦色："接下来，我们可以谈谈家常闲话！"

此时的话题很杂，有街头巷尾的小事，有宫廷宴会的趣事，兼容并蓄，五花八门。

大约一刻钟后，李忱会绷起脸，严肃地说："你们要好好做事，我常害怕你们对不起我，以后不能相见！"

李忱起身回宫，留下群臣面面相觑，胆战心惊。

令狐绹后来回忆说："我当宰相九年，掌握帝国最高权柄，最是承受皇帝的恩宠，然而每次延英殿奏事，总是汗透衣裳。"

由此可见，李忱给群臣的压力有多大。

不 立 太 子

晚唐时节，出现李忱这样一位皇帝，对于大唐而言是件好事。

李忱精力充沛，亲力亲为，在千疮百孔的帝国版图上缝缝补补。因为篇幅的原因，我没有展开说，在这一时期全国各地陆续出现叛乱，叛乱每年都有，层出不穷，好在规模都不算大。

李忱像一个救火总指挥，每天指挥官员在各地灭火。如果这样一个总指挥能长寿，帝国的火情还能控制，一旦总指挥倒下，继任总指挥不具备相应能力，帝国的火情就会失控。

李忱像工作狂一样工作，他提防着宦官，提防着群臣，同时更提防着自己的儿子。

整个大中年间，李忱不立太子，急得大臣们挠墙，李忱就是不立太子。

大中五年十月，户部侍郎魏谟出任宰相，魏谟是魏征的五世孙。

魏谟不愧为魏征后人，敢言他人不能言之事。这一年李忱已经41岁了，却迟迟没有册封太子，文武百官干着急，也不敢轻易提出立太子的议题。皇帝迟迟不立太子，一定有其不可告人的目的，身为臣子，自然不敢触碰这个雷区。

魏谟出任宰相后进宫谢恩，顺势奏报说："全国一派安定祥和，唯独太子仍未确立，不能让正人君子早点加以辅佐，我暗中深感忧虑。"

魏谟说着有些动情，一面说，一面流泪。

这一场景被传了出来，众人纷纷在心里给魏谟竖大拇指。然而李忱不为所动，一切涛声依旧。

又一个五年过去了，终于有位宰相又提请立太子。

李忱与宰相裴休闲坐，李忱先表态，裴休可以毫无拘束，畅谈时事。裴休认真地看了看李忱，鼓足勇气建议皇帝早日指定太子。

李忱瞬间脸色阴沉："如果指定太子，朕就成了可有可无的闲人！"

裴休眼见又碰了钉子，不敢再讲话。

所谓毫无拘束，说到底还是有边界的。

早年间的香港电影有个经典的桥段，财大气粗的大亨甩出一张支票："想要多少，随便填！"

真能随便填？逗你玩呢！

时光走到大中十二年，又一位宰相提议立太子，结果一句话丢掉了自己的宰相位子。

这一年，李忱打算登丹凤楼宣布大赦天下，宰相令狐绹有点担心："登楼大赦，费用巨大，必须要有个名义。而且，国家不应该一赦再赦。"

令狐绹这些宰相毕竟只是朝臣，而不是皇帝身边的人，他们不知道在李忱身上发生了什么。

李忱身体出现了问题，他和他的父辈一样，又走上了吃丹药的老路。

也是奇了怪了，唐朝死于丹药的皇帝接二连三，但后来者还是络绎不绝。

有史学家一语道出真谛：皇帝要靠丹药满足自己的私欲。

面对后宫的诸多美女，年轻皇帝有心有力，而上了岁数的皇帝心有余而力不足，这时可能就想求助于丹药了。

饮鸩止渴，自寻死路。

李忱服用了丹药，身体走下坡路，大赦天下他是有私心的，他想用这个方式为自己祈福。

见宰相反对，李忱有些恼火："名义？叫我用什么名义？"

宰相崔慎由接过话头："陛下还没有册立太子，百姓都在期盼。如果陛下

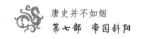

举行册封太子典礼，那么到南郊祭天都可以，何必登楼大赦！"

崔慎由以为这是一个难得的进言机会，不料，又触碰到皇帝最忌讳的地方。

太子，太子，又是太子！

李忱冷冷地看了看崔慎由，心生厌恶，当初怎么让他当宰相呢！

丹药在李忱的体内发生作用，他口干舌燥，心神不宁，与过往那个沉着冷静的李忱已不是同一个人。

李忱低下头去，不再说话。

现场静得让人窒息！

李忱独自等待，默默忍受，天下之大，没有人懂他！

十天后，崔慎由被解除宰相职务，出任东川节度使。

有唐一代，太子问题格外敏感，由李世民玄武门之变开始，儿子算计老子的现象时有发生。

苦难中长大的李忱心知皇位得来不易，他要牢牢握在手中，坚决不能旁落，朕不给，别人不能抢，亲儿子也不行！

关于立太子的问题，李忱也有苦衷。

李忱最欣赏的是三子夔王李滋，但李滋身前，还有郓王李温，这就有点麻烦了。

郓王李温是长子，李忱非常不喜欢，别的皇子都跟随皇帝住在宫中，李温却只能跟其他疏远的皇族子弟一起住在十六王宅。

李忱为何对李温如此不待见？

可能跟李温的生母有关，也可能跟李温出生前后李忱自身的处境有关，还有可能跟李温的性格以及智商有关。总之，在李忱的诸多儿子里，李温是最不受待见的一个，偏偏他却排行老大。

李忱有心绕开李温立老三夔王李滋，又担心阻力太大，再加上他总感觉自己年富力强，立太子一事不必着急。

这一拖就拖到了李忱的暮年，拖到了李忱人生的最后光景。

当断不断，反受其乱！

人生中有些事总要面对，拖延绝不是解决办法。

第二十章　天不遂愿

长 寿 秘 诀

年少时渴望快快长大，年老时渴望返老还童，人这一辈子总是想跟时间做对，到头来，都成了时间的手下败将。

李忱初登基时，对丹药深恶痛绝，他绝没有想到，有朝一日他也会投入丹药的怀抱。

李忱依赖上了丹药，同时想起了一个人，罗浮山道士轩辕集。

此时距离轩辕集被流放已经过去了十一年，而流放轩辕集的正是李忱。

轩辕集到底是什么人呢？

在民间记载中，这是一个神乎其神的人。

据民间记载：

罗浮先生轩辕集，已经有数百岁，但容颜不老。立在床前，头发下垂于地。坐在昏暗的房屋里，目光可以射出几尺，经常在深山峻岭中采药，总有毒龙猛虎护卫。老百姓准备斋饭邀请他，虽然一天有百处之多，但他都用分身法分别前往，没有不到。跟别人喝酒，就从袖子中取出一个小壶。好像只能容纳二三升酒。然而，即使宾客满座，用它来倒酒，整天不竭。轩辕集喝酒，就是喝一百斗也不会醉。夜里把头发下垂在盆中，酒顺着头发滴进盆里。

唐宣宗召见轩辕集，把他请进宫内，给他的待遇很优厚。

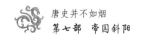

唐宣宗问他说："长生的道术可以得到吗？"

轩辕集说："废止歌舞和女色，去掉食物的滋味，对待哀和乐像一件事，施舍恩惠不偏不倚，自然和天地会合恩德，日月齐明，到达尧、舜、禹、汤的治道。长生不老的方法，算得上什么难呢？"

唐宣宗又问轩辕先生的道术与张果老相比，谁能胜过谁？

轩辕先生说："我不知道其他人，只知道我比张果老少。"

等轩辕先生退出去以后，皇上就派嫔御拿来金盆遮盖白鹊来试轩辕先生。当时轩辕集正在住的地方休息，忽然对那里的宦官说："皇帝怎么能再让老夫射覆呢？"宦官不明白他的话是什么意思。这时唐宣宗下诏，让轩辕集快去。轩辕集才到玉阶就对宣宗说："盆下白鹊，应该早放它。"唐宣宗笑着说："先生早已知道了。"

轩辕集坐在皇帝的床前，唐宣宗命令宫中人进茶水。有宫中人笑话轩辕集容貌古怪，衣着朴素。转眼之间，头发稠黑、红嘴唇、年龄十六七岁的宫中人就变成老年妇女，皮肤粗糙，像鸡皮一样，驼背，鬓发稀疏，在唐宣宗面前涕泪交流。唐宣宗知道这是宫中人的过错，于是让她拜求轩辕先生，她的面貌又像原来一样了。

唐宣宗说京师没有豆蔻荔枝花，一会儿，这两种花都连接着叶子，花各近百朵，新鲜芬芳像才折下来的一样。

唐宣宗又赏赐柑子，轩辕先生对唐宣宗说："我山下的，香味超过这个。"唐宣宗说："我没有得到呀！"轩辕集于是取来皇帝面前的碧玉瓯，用宝盘盖上它，一会儿，撤去宝盘，马上柑子到了，香气芬芳，充满大殿。柑子的个头儿很大。唐宣宗吃它，赞叹它甘甜味美，没有能比得上它的。

民间传说总是神乎其神。

《资治通鉴》如是记载：

大中十二年初，轩辕集抵达长安，李忱召唤入宫，问道："长生法术，能不能学？"轩辕集说："帝王弃绝私欲，尊崇道德，自然会承受大福，用不着到别的地方去求长生不老。"在长安逗留几个月，轩辕集一再请求回罗浮山，李忱只好让他回去。

在民间传说中，还有如下一段：

唐宣宗又问他说："我能做几年天子？"轩辕先生就拿过笔写："四十年。"

但十字挑了出来。唐宣宗笑着说："我怎么敢奢望四十年呢?"等到唐宣宗晏驾,是十四年。

功亏一篑

从轩辕集那里没有得到长寿秘诀,李忱转而向别人求助。

医师李玄伯、道士虞紫芝、隐士王乐走上了第一线,他们挺身而出给李忱奉献丹药。

可能是他们太自信了,也可能是他们被眼前的富贵迷惑了双眼,也有可能是他们身不由己,他们用丹药把自己的命与皇帝捆绑到了一起,天与地,生与死,成了他们脚下的两扇门。

他们会踏进哪扇门呢?

大中十三年八月,李忱身上的大疮溃烂,日夜睡在寝殿,宰相与政府官员被隔绝于外,不能相见。

又一个重金属中毒的皇帝!

从晋王朝开始,到唐王朝末期,道教炼丹盛极一时。所谓丹药,吹得神乎其神,但其中的重金属却是挥之不去的,主要成分有铅、汞、砷、硫。重金属在体内凝聚,慢慢就会造成重金属中毒。

病入膏肓的李忱,身上带着一张化学元素表。

生命的最后时刻,李忱终于指定了储君——夔王李滋!

李忱将李滋托付给了枢密使王归长、马公儒和宣徽南院使王居方,命他们三人拥立李滋。三位宦官以及右军中尉王茂玄是平时李忱最为厚待的四位,李忱相信,在他们的拥护下,李滋一定能顺利登基。

李忱是这么想的,三位接受委托的宦官也是这么想的。

宫中权力宦官除了这四位外,还有一位,这位是左军中尉王宗实。

不知什么原因,王宗实跟这几位关系比较疏远,话总是说不到一块。

三位受皇帝重托的宦官商量了一番,决定搬开王宗实这块绊脚石,既然平时话都说不到一块,在拥立新君这件大事上,就不带他玩了!

经过商议,王宗实被外放到淮南战区做监军宦官。

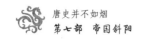
三位宦官的计划看起来很周密，但诡异的是，在他们执行计划的过程中居然没有叫右军中尉王茂玄一起参与。

可能是不想让王茂玄分享拥立之功，也有可能故意不让王茂玄留在宫中，以免引起王宗实的怀疑。

两相比较，更有可能是三位宦官想贪天之功，把拥立之功揽到三人名下，不想让他人染指。

王宗实在宣化门外接到诏书，不疑有他，准备从银台门出宫，然后到淮南报到。

王宗实手下、左神策军副使亓元实拽住了王宗实的袖子，凑近耳边低语："皇上患病已经一月有余，你只能隔着房门问候平安。今天突然调任，谁知道是真是假？为什么不去面见皇上之后再走！"

王宗实眼前一亮，对啊，我怎么没想到这一层呢？

两人再进内宫，发现各门已经加强守卫，人数都比平时增加了。

一定是出大事了！

亓元实掩护着王宗实往里冲，一直奔向皇帝卧室。

卧室内，皇帝李忱已经走完了人生路，龙驭上天。从会昌六年（846 年）登基算起，到大中十三年（871 年）结束，李忱的皇帝生涯定格在十四年。

李忱的遗体被搬动，头向东方安置妥当，内宫男女围绕四周，哭声四起。

王宗实向前一站，大声斥责王归长等人假传圣旨，王归长、马公儒、王居方从未经历过如此场面，顿时慌了手脚，他们不敢据理力争，居然跪倒在地，捧住王宗实的双脚，请求饶命！

不让右军中尉王茂玄参与的恶果显现了出来，倘若王茂玄率领右神策军镇住现场，即便王宗实到了寝殿也不敢轻举妄动。

王茂玄不在，王宗实便是现场手握兵权的唯一人选，胜负已分！

王宗实这种级别的宦官，自然知道太子之争，如今他掌控了局势，于情于理都要做对自己最有利的事情。

拥立夔王李滋还是郓王李温呢？

王宗实毫不迟疑地选择了后者。

夔王李滋是先皇李忱指定的人选，再去拥立，还能有多少拥立之功？

郓王李温本来与皇位绝缘，你把他扶上了皇位，这个拥立之功该有多大？

王宗实马上派人到十六王宅迎接郓王李温，这个最不受待见的皇子即将实现人生的重大逆袭。

大中十三年八月九日，王宗实公布李忱"遗诏"：封郓王李温为太子，改名李漼，暂时主管军国大事。

"遗诏"同时宣布，逮捕王归长、马公儒和王居方，全部诛杀。

"遗诏"假李忱之名，行的是王宗实之实。

又过了一天："遗诏"再出，命令狐绹为摄冢宰。

八月十三日，李漼登基，他便是历史上的唐懿宗。

半年之后，李漼将父亲李忱安葬于贞陵，谥号圣武献文孝皇帝，庙号宣宗。

对李忱有如下评价：

《资治通鉴》：宣宗性明察沉断，用法无私，从谏如流，重惜官赏，恭谨节俭，惠爱民物，故大中之政，讫于唐亡，人思咏之，谓之小太宗。

《旧唐书》：李之英主，实惟献文。秕稗尽去，淑慝斯分。河、陇归地，朔漠消氛。到今遗老，歌咏明君。

《新唐书》：宣宗精于听断，而以察为明，无复仁恩之意。呜呼，自是而后，唐衰矣！

无论史书把李忱说得如何英明神武，都无法掩盖其在立储问题上的失职。近代著名演义小说家蔡东藩有云：

以立储之大经，不先决定，及驾崩以后，竟为宦竖握权，视神器为垄断之物，英明者果若是乎？

第二十一章　所托非人

又 添 新 患

大中十四年八月二十日，新任皇帝李漼尊祖母郑氏为太皇太后，出身卑微的郑氏随儿子成了皇太后，这次又随孙子成了太皇太后。于个人荣耀而言，已至巅峰，只是最为孝顺的儿子已逝，郑氏内心的苦又有多少人懂。

接下来就该赏罚分明了，拥立有功的王宗实被封为骠骑上将军，品级从一品。

受罚的人有三个，分别是李玄伯、虞紫芝、王乐，前任皇帝李忱正是死于他们的丹药，三人的结果很一致，全部问斩。

两相对比，还是轩辕集高明，早早看出了危局，脱身而去，而这三位，贪恋眼前富贵，最终富贵成了难以下咽的毒药。

在面对最后结果时，人人都想做轩辕集，而在面对最初选择时，恐怕多数人还是会像这三位一样。

看破眼前的富贵，拒绝一时的诱惑，都需要有大智慧。

九月，李漼追尊母亲晁昭容谥号元昭皇太后。

元昭皇太后年轻时进入光王李怡府邸，最受宠爱，先是生下长子李温，后生下万寿公主、广德公主。

具有对比意义的是，李忱对万寿公主、广德公主都是宠爱有加，唯独对长子李温不感冒，这到底是为什么呢？

如果对比李温（李漼）后来的所作所为，可能只有一个解释，李温的品行和能力不被认可。

可能也只有这样一个解释了。

更大胆的解释，李温并非李忱亲生？

玩笑开得有点大。

就在皇帝李漼忙着朝中布局时，唐朝边境又添了新患。

白眼狼都是养出来的。

最初，韦皋担任西川节度使，开凿了清溪公路，这条路成为唐朝与南方各蛮夷的交通要道，南方各蛮夷可以经过蜀地到中央进贡。为了安抚蛮夷，韦皋遴选蛮夷子弟到成都读书，学业完成后送回，然后再选其他子弟继续来读书。如此循环反复长达五十年，五十年下来，在成都培训过的蛮夷子弟数以千计。

起初人数不多，西川战区财政压力不大，到后来供养人数越来越多，已经成了一项负担。再者，蛮夷所谓的"进贡"都是面子工程，唐朝的赏赐要比其所谓的"进贡"多得多。尝到甜头的蛮夷派出的使团越来越大，人数越来越多。

到杜悰当西川节度使时，上疏请求减少对蛮夷供应的数目，当时的皇帝李忱便批准了。

尝不到甜头后，南诏王国（首都苴咩城，今云南省大理市）国王丰祐大怒，派出的冬季祝贺使节将《祝贺冬季奏章》交到嶲州便返回了南诏。与此同时，南诏国王召回在成都的留学生，给唐朝的公文措辞也不再恭顺。从这时起，南诏不再进贡，并开始骚扰唐朝边境。

唐宣宗李忱逝世后，唐朝派出宦官报丧，巧合的是，南诏国王丰祐也过世了，太子酋龙继位。

酋龙接到报丧，大怒："我们也有丧事，朝廷不派人悼念，写给南诏的诏书，仍写给先王。"酋龙把钦差宦官安置到了城外宾馆，接待十分冷淡。宦官回来如实奏报，李漼不悦。

南诏是有丧事，但你不奏报，朝廷如何知道？

再者，酋龙的"龙"与唐玄宗李隆基的"隆"同音，难道不知道避讳吗？

李漼作出决定，以后不再派使节去册封，唐朝没有这个藩属国。

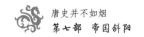

李漼的决定正好给了南诏王国借口，自此，酋龙自称皇帝，改国号为大礼帝国，年后建极。

宣布立国之后，酋龙派军攻陷播州，从此成为唐朝边患。

如果李漼坚持派使节前去册封，是否酋龙就会俯首称臣？

恐怕不会。

说到底，白眼狼是喂不熟的，当你足够强大，白眼狼在你身上有利可图时，双方的关系还能勉强维持；当你渐渐衰落，无法满足白眼狼胃口时，白眼狼就会獠牙相向，反戈一击！

千万别以为白眼狼可以驯服，白眼狼终究是喂不熟的！

裘 甫 起 义

尽管李忱在位时期被称为"大中之治"，但在表面繁华的背后，农民起义的火星已经渐次出现。

大中十三年（871年）十二月，也就是李忱逝世四个月后，浙东道起义军首领裘甫率众揭竿而起，攻陷象山县城（今浙江省象山县）。

裘甫率军进逼剡县（今浙江省嵊州市），此时人并不多，武装群众一百人而已。

浙东道观察使郑祗德派游击副使刘勍、副将范居植率领三百士兵会同台州民兵，共同进击裘甫起义军。

公元860年正月四日，浙东部队与裘甫起义军会战，浙东部队拥有三百士兵加台州民兵，人数上占据优势，该赢了吧？

此战，副将范居植战死，游击副使刘勍仅仅逃出一命。

裘甫士气更盛，部众扩大到一千余人，十天后攻陷剡县，大开仓库，招兵买马，人数迅速扩大到数千人。

王朝末期的农民起义就是这样，如果在萌芽期，破灭了也就破灭了，如果朝廷军队一再失利，农民起义的队伍就如同滚雪球般越滚越大。

如今裘甫部众已经达数千人，浙东、浙西两道的上空都被恐怖的气氛弥漫。承平已久，人们不知道什么是战争；铠甲武器，不是腐烂，就是钝锈，已无法使用。

盘点士兵，能凑齐的不足三百人，浙东观察使郑祗德不得已，只能临时招募新兵。

就在这火烧眉毛的时候，负责招募的官员居然还收受贿赂，招募来的五百新兵不是生力军，而是不能作战的老弱病残。

就这么不负责任地报了上去，招募新兵五百！

郑祗德不知道底细，还满心指望五百新兵能够救急。

郑祗德派出三员将领率领五百新兵与裘甫再战，这下该扭转局势了吧。

裘甫部队在三溪南方（在今浙江嵊州市之南，有三溪汇合北流）设下埋伏，把主力布防于三溪之北，然后堵住三溪的上游使下游水浅，人马可以蹚水而过。

会战开始，裘甫部队佯装不敌，往后溃退。浙东部队"乘胜"追击，蹚水过溪。走到一半，裘甫部队掘开上游堵塞，大水奔腾而下，浙东部队几乎全部被水冲走。

此战结果，三员将领全部战死，五百士兵几无生还。

胜利的消息传来，裘甫的部队再度扩大，起义的人群从四面八方向浙东道集结，人数多达三万，分为三十二队。

裘甫见时机成熟，自称天下都知兵马使，改年号罗平，铸印称天平国，从此大张旗鼓，准备大干一场。从中国大历史看，裘甫一旦走上这一步，离败亡也就不远了。人数不过三万，又是改年号，又是铸印，操之过急了。后来起义成功的朱元璋又是怎么做的呢？高筑墙，广积粮，缓称王。

裘甫势头越来越大，浙东道观察使郑祗德的压力越来越大，一边上疏向皇帝告急，一边向邻近战区求援。

在郑祗德的求援下，浙西道派出兵马四百，宣歙道派出兵马三百，这七百兵马成了郑祗德的救命稻草。

时间不长，郑祗德看出来了，来的不是救兵，全是大爷。

为了让援军发挥出战斗力，郑祗德有求必应，对援军的供应，超出正常供应 13 倍，仍没能满足援军的胃口。

援军总算要出击了，又提出要求，需要浙东道将士当向导。

这会轮到浙东官兵谈条件了。

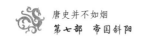

有的声称有病在身，有的假装从马上摔下受伤，有的则要求谈好条件，委任一个官职。

此起彼伏，洋相百出，争论到最后，援军又撂挑子了，按兵不动，坚守不出。

该如何解除浙东危局呢？

兵部尚书夏侯孜推荐了一个人，前任安南都护王式。

王式，文官出身，带兵打仗却也是行家，担任安南都护时，有勇有谋，威震汉人和蛮夷，声名传播远近。

宰相们纷纷同意，王式被任命为浙东观察使，原浙东观察使郑祗德调回长安，出任太子宾客，文不能提笔安天下，武不能上马定乾坤，就安心当个宾客吧。

三月一日，王式进宫朝见，皇帝李漼询问破敌方略。王式胸有成竹："只要有军队，一定可以破敌。"

旁边的宦官不合时宜地插话："动员军队，费用太大。"

聪明人聊天能抓住一切可以利用的机会，王式迅速抓住了"费用"二字。

王式说："臣就是为了国家珍惜物力，节省费用，才要求大量调派兵马。如果兵马众多，破贼容易，如果兵马稀少，则破贼不易，时间一长，叛贼力量就会越来越大，江淮群盗也会蜂起响应。国家用度全靠江淮，一旦道路阻隔不通，上到皇家祭庙，下到禁卫十军，都会失去供应。到那时候再调兵平叛，费用会大到无法计算。"

李漼点了点头，无疑，王式说的在理。

李漼回头嘱咐宦官："应该交给他充足的军队。"

这个细节表明，在李漼的治下，宦官的权力更大了，以前他们的兵权只在宫内的神策军，现在全方位扩大了。当然这并不意味着宦官全面掌握了兵权，至少他们可以干预。

这次会面让王式要到了足够多的兵马，忠武、义成、淮南战区分别派出军队，向王式报到。

这边王式紧急调拨兵马，那边裘甫四处出击，衢州、婺州、上虞、余姚、慈溪、奉化、宁海、象山都遭遇劫掠。裘甫部队所过之处，青壮年被俘虏，老弱病残被屠杀。

这样的队伍注定是长久不了的。

王式被任命的消息从中央传到了地方，浙东人心稍稍安定，裘甫一方紧张了起来，毕竟这次朝廷派出的是大规模的正规军。

得到消息时，裘甫一众人等正在饮酒，消息一到，热烈的气氛降到了冰点。

裘甫队伍中最有谋略的当数刘暀，刘暀见裘甫犹豫不决，叹息一声："有如此之众，大计还不能决定，实在可惜。如今朝廷派王式带兵来，听闻此人智勇无敌，不用四十天肯定就到了。兵马使（指裘甫）应该立即率军攻下越州，以坚固的城墙做屏障，夺取府库，派五千兵马据守西陵（今浙江省萧山市西北西兴镇），沿着浙江修筑营垒，阻止王式东来。大肆集结舰船，一有机会就长驱直入攻取浙西，北渡长江，劫掠扬州货物钱财以充实我们的力量。然后回军，修筑石头城作为根据地，宣歙道、江西道必定有英雄豪杰起兵响应。再派刘从简率一万兵马乘船南下，攻取福建。如此，则国家最富庶之地都落入我们手中。我们这一生足以无忧，唯独担心子孙能否守住了。"

刘暀口若悬河，期待能得到裘甫的热烈回应。

裘甫一句话把刘暀晾在了那里："大家都醉了，明天再议！"

一片冰心填了夜壶，刘暀心凉透了，索性装醉，提前退席离场。

裘甫阵中不乏有谋略之人，进士出身的王辂也有谋略，受裘甫重视，待之以宾客之礼。王辂游说裘甫说："刘副司令（指刘暀）的战略是孙权模式，趁天下大乱，据有江东。如今大唐平安无事，想建立这样的功业绝非易事。不如拥众据险自守，陆上耕田，海上捕鱼，形势危急就逃到沿海的海岛，如此可为万全之策。"

裘甫左思右想，不敢作决定。

四月，王式行进到柿口，属下来报，义成战区特遣兵团军纪败坏，王式顿时铁青了脸，准备将特遣兵团司令斩首。

经众人苦苦求情，王式才勉强放弃了将其斩首的念头。

经此一折腾，属下士兵全长了记性，大军所过之处，秋毫无犯。

行进到西陵，裘甫派出使节请求投降。王式摇摇头："裘甫没有投降之心，只不过想看看我在做什么，想用假投降麻痹我，让我懈怠！"

王式指着使节说："裘甫双手绑在身后前来投降，可以免死！"

四月十五日，王式进入越州，办理完交接，王式为郑祗德设宴欢送。开席前，王式站起身，举起酒杯："我主持军政大事，不可以饮酒，今天就请监军（指监军宦官）与大家一醉方休。"宴席一直持续到夜晚，王式命点起蜡烛继续欢宴："我在此，贼人不敢妨碍我们饮酒作乐！"

为将，首先得有信心，这一点，王式可以得满分。

第二天，王式在越州城外远郊给郑祗德饯行，双方说了很多肝胆相照的话，依依惜别。

回到城内，王式重申军令，不怒自威。之前挑剔供应不足的消停了，称病不出的回来报到，阵前谈条件要求升官的也沉默了。

士气一下子扭转了过来。

有了士气，好事自己送上了门。

裘甫的别动部队司令洪师简、许会能率部投降！

王式微微点点头："投降就对了，你们得戴罪立功，证明你们与叛军不一样。"

王式命令洪师简率部充当前锋，与裘甫部队作战。不久，洪师简果然建立功劳，王式也不食言，向朝廷推荐二人当官。

之前，裘甫派间谍进入越州城，总有官兵将间谍藏匿起来，并好生招待。文武官员与叛军也有勾结，盘算着一旦越州城陷落，好以此做铺垫保全家人。越州城内的一举一动，尽在裘甫的掌握之中。

王式早有防备，着手暗中调查，摸清情况后，王式将间谍一网打尽，全部问斩。平时残暴狡猾的将领和士兵也被王式打入网中，一律处刑。

在此之后，越州城门加强警备，没有通行证的不许进城，也不许出城，裘甫军队再也得不到越州城的内幕消息。

接着，王式又下了一道让众人看不懂的命令：各县打开粮仓，赈济穷苦百姓。

属下有人劝止："叛军还没有消灭，军粮紧俏，不可以散落到民间。"

王式微微一笑："这就不是你所能知道的了。"

眼下令王式最头痛的还是缺少骑兵，该如何组建一支骑兵部队呢？

王式思索半天，突然眼前一亮，有了！

原来，一些回鹘人、吐蕃人在投降唐朝之后被安置到江淮地区，这些人习惯冒险，擅长骑射，正是组建骑兵部队的大好兵源。

王式说干就干，按图索骥，按照地方提供的安置名单，挑选出一百多名骁勇善战的士兵。

流落于江淮地区的这些回鹘人、吐蕃人原本水土不服，不能适应中原的农耕生活，生活极为困顿。

如今王式精选骑兵，令回鹘人、吐蕃人得以发挥自己专长，同时给美酒犒赏，还给他们的妻儿救济。

一百多名新骑兵热泪盈眶，振臂欢呼，愿为帝国出战。

王式将经过训练的骑兵编练成骑兵部队，交由骑兵司令石宗本率领，再奏请皇帝李漼，拨付龙陂监战马两百匹，王式的骑兵部队终于成形。

有人向王式建议，设立烽火台收集叛军远近众寡的消息，王式笑了笑，不作回应。转头王式挑选出一些老弱士兵，配上强壮骏马，每次只派出少数人出去侦察敌情。众人不明所以，都感到有点奇怪，却不敢细问。

王式检阅本道士兵及民兵自卫队，总计四千余人，命他们引导各战区特遣兵团，分路出击。越州城没有正规军守卫，王式便又招募民兵自卫队一千人填补城防空缺。

王式下令，命宣歙将领白琮、浙西将领凌茂贞各率本道特遣兵团，北方来的将领韩宗政等率领民兵自卫队，共计一千人，石宗本率领骑兵为前锋，从上虞奔奉化，解象山之围，称“东路军”；以义成镇将领白宗建、忠武镇将领游君楚、淮南将领万璘率本部兵马与台州、唐兴民兵会合，称“南路军”。

王式特别指示：“不要强行夺取险要，不要焚烧房屋，不要残杀平民谎报战功。平民被裹胁进叛军的，悬赏鼓励他们投降。叛军的金银财宝，只要取得，就归你们所有，官府不问。所有的俘虏，都是越州百姓，一律释放。”

成功的人，能够透过事物表面看透本质，王式就是这样的人。他懂军事，更懂人心！

四月二十三日，南路军攻克沃州寨。

四月二十四日，南路军再攻克新昌寨。

五月二日，东路军击破叛军将领孙马骑部。

五月九日，南路军击败叛军将领刘畦部，斩将领毛应天。

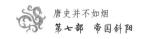

五月二十九日，东路军在南陈馆大破叛军首领裘甫，斩数千人。

东路军乘胜追击，叛军士兵下了狠手，将绸缎布匹扔了一地，塞满了路面，想以此延缓东路军的追击速度。

关键时刻，昭义将领跌跌戣下令：敢看一眼者，斩！

东路军士兵没有一个人敢捡，打起精神全力追击。

即便这样，还是让裘甫逃脱了。

该到哪里寻找这个泥鳅呢？

义成将领张茵在唐兴俘虏了大批叛军士兵，张茵准备让他们吃点苦头，知道政府军的厉害。

叛军士兵纷纷求情："我们知道裘甫在哪里，他已经进入了剡县。如果放我们一马，我们愿意当政府军的前导。"

张茵接受条件，率部急行军，在裘甫进入剡县的次日抵达了剡县城下。

王式得到消息，马上命令东路军与南路军到剡县城下会师。

六月十二日，东路军与南路军完成对剡县的合围。

三天内，激战八十三次，政府军保持全胜。不过杀敌一千，自损八百，政府军同样疲惫不堪。

这时裘甫请求投降，诸将前来请示王式，王式摇了摇头："叛军是想喘口气拖延时间，你们更应该加强戒备，大功即将告成。"

果不出王式所料，裘甫军队又连续出战三次，累计下来，政府军的战果扩大为八十六胜。

六月二十一日夜，裘甫扛不住了。

裘甫、刘暀率一百余人出城投降，与朝廷军队遥遥对话，离城墙有数十步远。裘甫还是争取投降条件，朝廷军队却不准备再谈，士兵迅速出动，完成对裘甫一行人合围，一百多人都成了俘虏。

六月二十三日，裘甫一行被押送至越州，王式下令将刘暀等二十余人腰斩，给裘甫戴上刑具，解送长安。

剡县此时还有五百多人在坚守，政府军对他们却不感兴趣了，一时松懈，五百余人突围而走。

看似突围了，想彻底摆脱政府军却没那么容易。

政府军一路追击加引诱，五百多人的领头人被自己人出卖，被砍下了头颅，其余人都做了俘虏。

裴甫之乱至此彻底平息。

关于裴甫被俘经历，《玉泉子见闻录》写得很生动。

王式讨伐裴甫，剡县坚固，士兵善战，不能立即攻破。王式为了尽快平息叛乱，答应了裴甫的投降，允诺保举裴甫为金吾将军，裴甫同意，但刘畔强烈反对。押送途中，快到越州时，押送士兵把裴甫的手用枷铐起，并用绳索拴住脖子。裴甫不解："我既然投降，为何还要这样？"士兵说："这是法度，到越州就拿掉。恭喜你，只管坦荡前行，包管有命。"

抵达越州，王式登上南城楼等待，宣告说："裴甫，你有什么罪？罪都在刘畔之流身上。"当即下令腰斩刘畔等人。刘畔回头对裴甫说："你真的要当金吾将军吗？"

裴甫被押到长安，没有等到金吾将军的任命，等来的是跟刘畔一样的结局，东市问斩，一刀两断。

裴甫为什么要反？没有人去问。

于是注定，裴甫不是第一个，也不是最后一个。自此，各地叛乱接连不断，连绵不绝。

经此平叛，朝廷加授王式为检校右散骑常侍，各将领依照战功分别奖赏。

众将领回到越州，王式设宴犒劳。酒酣耳热之后，众将领抛出了心中的疑问："我们成长于军旅之中，一直南征北战，今年终于追随大帅，击破叛军。然而还是有很多地方不甚明白，请问：大帅刚到时，军粮紧缺，大帅却让各县拿出存粮救济灾民，为什么？"

王式说："这很容易理解。叛军把粮食聚集到一起，用来引诱灾民。我们如果早点给灾民发粮食，他们也不会去当强盗。而且，各县没有军队，叛军去了，还不是一样落到叛军手里！"

将领们又问："为什么不设烽火台呢？"

王式说："设烽火台的主要目的是催促救兵，我们所有的兵马都出去平叛了，烽火传来的消息，又能派谁去救援呢？这样一来，只能徒增百姓的恐惧而已。"

将领们又问："为何派老弱胆小的士兵出去侦察，而不多派人手呢？"

王式解释道："勇敢的士兵都派上战场，有更大作用。出去侦察的话，勇

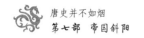
敢士兵遇到敌人，可能会不自量力，挺身迎战，不幸战死的话，叛军的行踪我们就无法掌握了。"

众将领恍然大悟，哦，原来是这样。

实际上，从公元750年以来，浙东农民起义总共有两起，第一起发生在公元762年，袁晁起义，最终被张伯仪平定，第二起就是裘甫这次。

从危害而言，裘甫这次并不比袁晁那次更大，具有对比意义的是，袁晁那次，在《资治通鉴》里只有寥寥几句，而裘甫这次，洋洋洒洒，十分详细。

究其原因是唐王朝中期以后，私人修史盛行，大户人家每户都有私史，王式出身书香门第，王家的私史只会更加丰富，司马光加以借鉴，于是我们看到了形象丰满的王式。

总体而言，王式确实在平叛中立下了汗马功劳，不过就起义的规模而言，裘甫起义的规模还比较小，跟后来的黄巢起义不在一个数量级。

改元咸通

公元860年十一月二日，李漼前往圆形祭坛祭祀天神，大赦天下，改年号为咸通。

之所以使用这个年号，据说是因为李漼记得父亲李忱曾做过一首曲子《泰边陲乐曲词》，里面有一句"海岳晏咸通"。"咸通"由此而来。

有专家提出："咸通"这个年号可以从《周易》中找到答案。

"咸"可以解释为"都"，它又是"感"字的古体，《周易·咸卦》解释"咸"卦道：咸，感也，柔上而刚下，二气感应以相与……天地感而万物化生，圣人感而天下和平，表达了一种只有君臣、臣民上下相感才能实现政通人和的政治理念。《周易·系辞上》也说："《易》无思也，无为也。寂然不动，感而遂通天下之故。"都是感而后通，有感才能通。

无论年号取自《泰边陲乐曲词》，还是来自《周易》，年号的本身都是无比美好，只可惜，李漼这个意外登基的皇帝，并配不上这个年号。

李漼登基之后，着手调整权力结构，令狐绹首当其冲。

令狐绹当权近十年，嫉贤妒能，从中央到地方，都对他畏惧痛恨。偏偏令狐绹又管不好身边的亲属和子女，儿子令狐滈依仗父亲权势，大肆收受贿赂，大有"二宰相"的架势。

李忱去世后，对令狐绹的非议便压制不住了，各种攻击纷至沓来。

李漼就势将令狐绹贬为河中节度使，遥兼二级宰相。

李漼又看中谁呢？

没有新意。

老熟人，白敏中。

李漼命白敏中卸任荆南节度使，出任司徒兼门下侍郎兼二级宰相。

老当益壮的白敏中有心在新朝继续发挥余热，但等待他的又是什么呢？

回到京师之后，白敏中进宫朝见，一不小心，从台阶上失足坠下，腰部受伤，被软轿抬回私宅休养。

这一休养就是四个月。

李漼这段时间做什么？

放羊！

休养中的白敏中心中不安，连上三道奏疏，恳请辞去宰相，李漼就是不准。

右补阙王谱看不下去了，上了一道奏疏：

陛下刚刚开始治理天下，正需要宰相尽力辅佐，不能一日或缺。白敏中受伤卧床已经有四个月，陛下虽然曾与他座谈，但时间没超过三刻。天下大事，陛下跟他讨论过吗？还是批准白敏中的辞职申请，寻访道德声望之士来帮助陛下。

就是这么一道奏疏，李漼居然容不下，顺手将王谱贬为阳翟县令。

给事中郑公舆认为不妥，将贬斥王谱的诏书加封退回。

李漼将皮球提给了宰相团，让宰相团讨论一下，王谱究竟该不该贬。

宰相团硬着头皮接下烫手山芋，象征性地讨论了一下。

还讨论什么呢？王谱冒犯的是白敏中，焉能不贬。

讨论到最后，王谱还是被贬为阳翟县令。

哦，闹了半天，白敏中是上演辞职秀呢，名为辞职，实则要把相位坐穿，到最后，反而让看不懂辞职秀的王谱贬了官。

仅从这件小事可以看出，李漼与其父相去甚远。

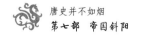

当年魏谟痛哭流涕，遗憾不能早立太子让正人君子早日辅导，魏谟的遗憾还是有道理的。

李漼过去被父亲冷落，想必对他的培养也是稀里糊涂，骤然登上大位之后，他根本不具备治国平天下的能力与素质。

更要命的是，他还缺乏当皇帝应有的包容和纳谏的风度。

皇帝没肚量，宰相无原则，经历大中之治的大唐王朝自此掉头直下，在下坡路上越走越顺。

第二十二章　不高兴皇帝

言过其实

咸通二年二月，李漼终于批准了白敏中的辞职申请，改任凤翔节度使，同时任命左仆射、判度支杜悰兼任门下侍郎、二级实质宰相。

上任之初，一场危机向杜悰袭来。

一天，两位枢密使来到宰相办公厅，宣徽使杨公庆紧跟着进门。杨公庆走到杜悰面前行了个礼，要单独传达皇帝吩咐，其余三位宰相见状，立即起身到西厢回避。

杨公庆取出斜封密旨交给杜悰，杜悰拆开一看，脸色微变。

杨公庆拿来的是先帝李忱病重时大臣们请求郓王李温监国的奏章，杨公庆表情凝重："对当时没有署名的宰相，应该用惩治叛乱条例严厉处罚。"

杜悰反复读了几遍，停了一会："圣主登基，举国欢腾，今天这份奏章，不是一个臣属应该看到的。"

杜悰重新封上了奏章，交给杨公庆："皇上如果打算处罚宰相，应该在延英殿上当面颁下诏令，公开谴责。"

杨公庆回宫后，杜悰再跟两位枢密使面对面落座："宫内宫外的臣属，本是一样，宰相应该与枢密使共同参与国政。如今皇上刚刚登基，帝国的很多情形都不熟悉，需要内外臣属合力辅佐，应该把仁爱放在第一位，刑杀放在最

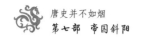
后，怎么可以同意先对宰相开刀？如果皇上杀得手滑，习以为常，纵使中尉、枢密使位高权重，难道一点也不为自己担心？我受六朝恩典，希望能辅佐皇上成为尧舜一样的圣君，不愿意皇上以自己的好恶成为执法的标准。"

两位枢密使相互看了一眼："我们会把您的话报告皇上，如果没有您这样的敦厚道德，想不了这么长远。"

二人告辞回宫。

其余三位宰相围过来，想探听一下皇帝的旨意，杜悰默不作声。三人大为恐惧，言辞中有向杜悰乞求保全家族之意，杜悰安慰道："不要往坏处想，没事，没事。"

之后再也没有听到什么消息，李漼也没有进一步指示。等到李漼登延英殿朝会时，一脸喜悦。

如果仅仅看上面的记载，可能会被杜悰所折服，谈笑之间把巨大危机化解，事后还不居功自傲，一切淡然处之。

真相的确如此吗？

其实不是。

这段记载来自杜悰《家传》，也就是说来自杜悰家自己修的私史。同王式家的私史一样，杜悰家的私史一样存在夸大其词、言过其实的问题。

真相可能是，杜悰所在的宰相班子与宫内的宦官集团达成了默契，默认了宦官参与国政的事实。

本是一桩丑事，在杜悰的私家史中却成了一件好事。

私人修史，有太多情感和利益纠葛，想做到秉笔直书，太难。

概不接受

咸通三年四月一日，李漼下令长安东西两街四个寺庙设置戒坛，剃度二十一天。

如果说李忱对佛教还是有节制地信奉，那么李漼对佛教已经到了痴迷的地步，甚至因为一心向佛而没有时间处理国家大事。

李漼曾经在咸泰殿建立戒坛，称"皇宫内寺"，剃度宫女，让她们在里面修道，长安东西两街和尚、尼姑也都进宫参与。

不仅如此，李漼又在宫中设置讲台，亲唱佛歌，亲写佛经，又多次前往各寺，赏赐布施，毫无限度。

如果给李漼这个佛教徒评级，大约可以评到顶级，从他的表现来看，他适合做一个顶级佛教徒，而不是皇帝。

偏偏他将两种身份兼而有之，对于王朝而言，大不幸！

吏部侍郎萧仿看不下去了，给李漼上了一道奏疏：

玄祖（唐朝追尊李耳为玄元皇帝）的道理，最重要的是慈爱和节俭；孔子的教义，以仁爱正义为第一选择。典范流传百代，再无法增添。佛的意思是：放弃王位，出家成仙，割舍最难割舍的爱，取得万神消灭后世上特有的荣耀，这些都不是帝王所应追求的目标。盼望陛下经常登临延英殿，接见宰相等高级辅佐官员，深入探讨百姓的痛苦，虔诚地祭祀祖先。应该了解：荒唐的赏赐和滥用的刑罚，一定会带来灾难。而克制残暴，排除杀戮，一定会带来幸福。请陛下撤除跟和尚、尼姑讲解佛经的筵席，亲自处理国家政事。

奏疏上去后，李漼很是重视，对萧仿嘉奖一番。

然后，依然故我！

李漼的游戏宴会丝毫没有节制，左拾遗刘蜕又上了一道奏疏：

凉州应不应该修筑城池，反复讨论，没有定案；邕州受南蛮侵占，军队以及武器正在途中。一个月来，天下并非无事。陛下不向远近表示你的忧虑，怎么能要求部下竭尽死力！希望陛下稍加节制，等到远方人心安定，再大肆游戏欢乐不晚！

奏疏入宫，石沉大海，对牛弹琴。

不久，李漼一一祭拜了李唐王朝十六座皇陵！

不知道有没有列祖列宗在他祭拜的过程中差点气得活过来。

祭拜皇陵费时费力费钱，如果李漼把祭拜十六座皇陵的时间省下来治理国政，列祖列宗会更开心，只可惜，他把有限的时间，浪费得无影无踪。

祭拜完皇陵，李漼洗心革面了吗？

没有！

他在成为昏君的路上快马加鞭。

咸通四年，李漼发出诏令：任命宫廷礼宾室主任宦官吴德应为驿马车交通

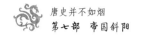

视察官（馆驿使）。

李漼的不按常理出牌，激起了御史的反对。

御史纷纷上疏：依照惯例，御史负责巡查驿马车交通业务，不应该忽然间交给宦官。

李漼作出了批示：敕命已发，不可更改。

这个批示立刻成了靶子，左拾遗刘蜕又站了出来，上了一道奏疏：

从前芈侣灭亡陈国后，改作一县，接受申叔时一句话，立刻恢复陈国独立；太宗征调士卒修建乾元殿，听到张玄素规劝，立刻停止。自古以来英明领袖最可贵的，就是从善如流，怎么可以借口命令已经发布，就不能更改？命令由陛下发出，由陛下收回，有什么不行！

李漼再次不理，刘蜕再次对牛弹了琴。

风云数百年的王朝最终土崩瓦解，一定少不了李漼这些加速器！

不 可 理 喻

咸通四年十月十五日，皇帝李漼的一个任命又起了波澜。

李漼任命长安县尉、集贤院校理令狐滈为左拾遗，这个看起来简单的任命遭遇了非议。

一天后，左拾遗刘蜕上疏："令狐滈教育子女没有家法，身为平民，却掌握宰相大权。"

哦，有这么严重？

起居郎张云也跟着上疏："令狐滈的父亲令狐绹任命李琢为安南都护，以至南蛮直到今天还成为南方的灾难，都因为令狐滈接受贿赂，使自己的父亲蒙受恶名。"

两天后张云再次上疏："令狐滈的父亲令狐绹当权时，令狐滈的绰号是'平民宰相'。"

被人揭老底揭到这个程度，令狐滈也不好意思了，上疏辞让，表示自己不适宜担任左拾遗。

李漼只好顺势将令狐滈委任为东宫总管府纠察官。

张云和刘蜕以为自己获得了胜利，不料，事情还没有完。

不要忘了，令狐滈的背后站着的是前任宰相令狐绹，目前正担任淮南节度使。

令狐绹虽然当过近十年宰相，但令狐宰相的肚子里连一叶扁舟都撑不下。听闻儿子仕途被阻，自己又受到非议，令狐绹不干了，上疏为儿子伸冤。

这时又到了考验李漼的时刻，他会作出怎样的回应呢？

李漼的做法是贬张云为兴元少尹（相当于兴元特别市副市长），贬刘蜕为华阴县令，贬斥二人的诏书上赫然写着：虽然忠心正直值得嘉许，但疏忽轻率的责任，仍然难逃。

指鹿为马，颠倒黑白，张云、刘蜕上疏是为了维护公平正义，李漼却因为令狐绹的抗议，把说真话的张云、刘蜕贬出了长安。

一旦皇帝不鼓励臣属说真话，以后你还听得到真话吗？

咸通三月十一日，彗星出现娄星之旁，流光长达三尺。

古代科技尚不发达，一般认为彗星出现就是有大事发生，而且坏事居多。

这一次呢？

两天后，司天监（天文台台长）的科研报告报上来了："依照《星经》考察，这颗彗星名含誉星，是一颗吉祥之星！"

李漼大喜，司天监进一步请求："宣告中外，载于史册。"

李漼批准。

于是，我们便看到这样的记载。

果真是吉祥之星？

马三立的相声——逗你玩！

有吉祥之星护佑，李漼更加放纵，他喜爱听音乐、玩游戏、开宴席，金銮殿前的皇家歌舞团女演员将近有五百人，宫中宴会，每月不少于十几次，基本上两天一宴。

李漼做皇帝是二把刀，听演奏、看表演却从来不知疲倦，每次都要赏赐，动不动就是一千贯，少了拿不出手。

曲江、昆明、灞浐、北苑、南宫、昭应、咸阳等地，李漼只要想去，站起来就走，不等安排布置。如此一来，有关部门只能经常处于紧急状态，提前准备好音乐、饮食、锦帐帘幕。亲王们都站在马前待命，随时陪同皇帝出行。李

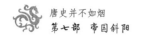
灌每到一个地方，随从护驾至少十万人，费用无法计量。

就是这般不计国力，就是这般不可理喻。好吧，我只能加把劲，早点把他写死。

大家再忍几页！

庞勋兵变

李灌的宴席还在继续，他的帝国却已四处火起。

这一次点火的不是变民，而是本应保家卫国的士兵。

之前我们提到过，唐朝西部崛起一个大礼帝国，成为唐朝的心腹大患。在大礼帝国军队攻陷安南后，李灌下令徐泗道（首府设在徐州）招募新兵两千人，南下增援；再从两千人分出八百人驻防桂州（今广西桂林），开始时约定驻防三年期满，即派军接替。

然而，三年期满后，丝毫没有换防的动静。一拖再拖，原定驻防三年的八百士兵生生在桂州驻防了六年。

八百士兵思乡心切，不断请求调回，这时徐泗道大营总管理官尹戡向徐泗道观察使崔彦曾报告：军中财务困难，如果派军前往接替，开支庞大，建议再延长一年。

崔彦曾大笔一挥，同意！

消息传到了桂州，八百士兵炸了锅，说好三年，结果待了六年，现在还要再多待一年，当官的出尔反尔，太不管我们当兵的死活了！

愤怒的情绪在军中蔓延，兵变一触即发。

正巧，桂州道观察使调离，新的观察使还没有到任，在这千钧一发之际，桂州道居然无人主事！

咸通九年（868年）七月，八百士兵发动兵变，诛杀都将王仲甫，推选粮料判官庞勋为领袖，将军械库武器抢劫一空，自行挥军还乡。所过之处，大肆劫掠，州县无法抵抗，纷纷向朝廷告急。

八月，李灌派出高级宦官张敬思赦免庞勋兵变之罪，准许他们自行返回徐州，庞勋部队倒也听话，立刻停止了沿路抢劫。

庞勋一行抵达湖南，湖南监军宦官略施小计，便让庞勋部队乖乖交出了全部铠甲武器。

严格说来，并非监军宦官谋略有多高，只是此时庞勋等人并没有真的想造反，他们的朴素愿望只是回家！

理想如此丰满，现实却总是骨感。

放下武器的庞勋一行很快察觉到异常，山南东道节度使下令严密戒备，派军驻守重要关卡，摆明了不让庞勋入境。

惹不起，躲得起。

庞勋等人乘船沿长江东下，众人心里打起了鼓："我们的罪状大过银刀部队（徐州本有一支银刀部队，因有叛乱迹象被全部诛杀），银刀部队都不被赦免，怎么会赦免我们？朝廷之所以赦免我们，只不过是怕我们沿路抢劫，或是怕我们一哄而散，四处抢劫。如果我们就这样到了徐州，必定被砍成肉酱！"

如梦初醒的众人掏出了积蓄，制造铠甲武器和大军旌旗，穿过镇海战区，进入淮南战区。淮南战区节度使正是前宰相令狐绚，他会如何应对呢？

令狐绚派出使节到庞勋为首的徐州变军大营慰劳，并且赠送粮草。

令狐绚跟没事人一样，淮南大营总管理官李湘却急得团团转。

李湘向令狐绚建议："徐州这支变军擅自从防区返回，势必作乱。朝廷虽然没有命令讨伐，但身为军事重镇的高级将领应该当机立断。运河流经高邮，河窄水深，如果率骑兵在岸上埋伏，纵火焚烧满载草料的船只挡住他们的去路，再用精锐部队攻击他们的背后，一定可以全部擒获。如若不然，放任他们渡过淮河北上，到了徐州，与怨恨政府的乌合之众结合，惹下的灾难恐怕更大！"

选择权交到了令狐绚手上，他将作何选择呢？

令狐绚向来胆小怕事，加上没有中央命令讨伐，索性装起糊涂："只要他们不在淮南作乱，就让他们通过，剩下的就不是我们的事了！"

担任九年宰相，掌握权柄，享尽荣华富贵，深受国恩，却如此见识，如此敷衍，如此不负责任，令狐宰相的政治高度，高不过三尺坟头。

遗憾的是，令狐绚的做法并非孤例，从此之后，不少官员也奉行此道，只要变军不在自己辖区作乱，剩下的就不是自己的事了。

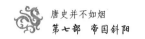
果不出所料，庞勋一行回到徐州立刻作乱，一举攻下徐州，并把战火绵延到附近十余个县！

原本，令狐绹有机会将这场叛乱扼杀在萌芽之中，现在，战火绵延十余个县，再想扑灭，难了！

徐州周边人心惶惶，与徐州相隔不远的泗州危在旦夕。

面对国家危难，并不是所有人都像令狐绹一样当鸵鸟只顾自保，家住广陵的平民辛谠站了出来。

辛谠的祖父辛云京曾任河东节度使，如果辛谠想要做官，还是有机会的。偏偏辛谠于仕途无意，他只安心做一介平民。

听说庞勋兵变，战火蔓延到泗州，辛谠从广陵出发，到泗州找自己的朋友杜慆。

杜慆的官职为泗州刺史，此时正陷入危局。

辛谠劝说杜慆，早点带家眷离开吧，守城士兵太少，别做无谓牺牲了。

杜慆说："天下太平时，拿人俸禄，享受高位，一旦危险，就抛弃城池，我不做这种事。而且，人人有家，谁不爱自己的家？我独自逃生，怎么能使大众安心？我立誓与将士们同生共死，保卫此城！"

如果每个官员都是杜慆，再弱的国家也有希望；如果每个官员都是令狐绹，再强的国家也会走下坡路。

见杜慆如此决绝，辛谠说："你能如此，我跟你一起死在这里！"

辛谠起身，回广陵与家人告别。

辛谠再回泗州时，逃亡的难民塞满道路，蜂拥南下，只有辛谠一个人北上。大家纷纷警告辛谠："人们都往南逃，你却只身北走，为什么要找死？"

辛谠一概不理，一个人决绝北上，进入危机重重的泗州城。

庞勋变军一路攻城略地，之前刚刚进入濠州，囚禁濠州刺史，接管了濠州防务。接下来，庞勋变军矛头指向杜慆所在的泗州。

杜慆不动声色，听闻徐州沦陷后，马上加强泗州防御工程，同时向江淮一带各战区求援。变军将领李圆派一百精兵进入泗州，准备照方抓药，接管泗州。

杜慆派人热烈欢迎，将一百精兵引入城中，然后一声令下，全部斩首！

第二天，李圆拥兵杀到泗州城下，城上的杜慆早有准备，射箭飞石，密如雨下，李圆一下子折损了几百人。

战报传递给庞勋，庞勋有些恼火，没想到小小的泗州城居然是根硬骨头。

泗州，扼守长江与运河咽喉，城池虽小，位置却很重要。

庞勋马上增派人马协助李圆进攻，围困泗州城的士兵达到上万人，却迟迟不能攻下泗州城。

咸通九年十一月十七日，庞勋变军再攻泗州城，日夜不停。接到求援的钦差宦官郭厚本率淮南战区特遣兵团一千五百人救援，但走到洪泽不走了，他们担心变军兵锋太盛，无法自保。

十一月十八日夜，辛谠乘一叶小舟在夜色掩护下渡过淮河，抵达洪泽，恳请郭厚本进军，郭厚本拒绝，辛谠只能空手而归。

十一月二十六日，变军攻城更加激烈，城里守军几乎抵挡不住，辛谠请求再出去求援。

杜慆几乎不抱希望："上次白去一趟，今天再去，有什么用？"

辛谠决绝地说："这次去，能领来救兵，我就回来；如果得不到救兵，我就死在那里！"

杜慆与辛谠洒泪而别，泗州城的安危全系于辛谠一身。当夜，辛谠划舟而去，身上背着门板，以抵挡四处飞来的暗箭。

再次见到郭厚本，辛谠为其分析利害，力陈泗州城必须救的原因，郭厚本快要被说服了。

这时淮南指挥官袁公弁却站出来反对："叛军势力如此强大，我们连自己都保不住，哪有余力救别人！"

辛谠拔出佩剑，怒目圆睁，指着袁公弁说："叛军猛烈攻城，或早或晚，泗州城就会陷落。皇上诏书命你前来救援，你却逗留不前，岂止上负国恩？一旦泗州陷落，淮河以南立刻就成了杀戮的战场，你能一个人独活？我今天先杀掉你然后自杀！"

辛谠起身要攻击袁公弁，郭厚本急忙跳起来抱住了辛谠，袁公弁这才狼狈逃脱。

然而，郭厚本还是没有救援的意思。辛谠无奈，手握佩剑望着泗州城方向流泪，旁边的士卒为之感动，纷纷流泪。

郭厚本终觉良心上过不去，拨付五百士兵给辛谠，命他回援泗州城。

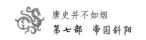

出发前，辛谠询问将士们的意见，大家都表示愿意同行，辛谠眼含热泪，扑倒在地，给众人叩头感谢。

一行人行抵淮河南岸，叛军正在攻城，一个军官说："看情形叛军已经攻破城池，我们还是回去吧！"

辛谠三步并作两步，上前一把抓住他的头发，举剑就刺，淮南士兵纷纷拦住："他是掌管一千五百人的判官，不能杀！"

辛谠大声喝道："凡在战场上妖言惑众的，定斩不饶！"

大家一再请求，辛谠就是拒绝。众人想硬抢，辛谠用剑逼退众人："各位将士只要上船驶向对岸，我就饶了他！"

众人抢着上船，辛谠将人质放掉，急行向北岸前进。途中有回头看的，辛谠举剑就砍。

到了淮河北岸，辛谠率军杀入重围，杜慆在城上与辛谠呼应，叛军猝不及防，不敢恋战，向后败退。

三天后，镇海战区援军四千人抵达泗州。原本指望这支援军能够解泗州城之围，不料就在淮河南岸，叛军截击镇海战区派遣军，四千人被团团包围，全军覆没。

接着，叛军一鼓作气包围郭厚本、袁公弇驻防的都梁城，连同令狐绹派出的第二支救援部队也团团围住。

第二支救援部队由之前献计的李湘率领，李湘率军出战，兵败。叛军攻进都梁城，俘虏李湘、郭厚本，押往徐州。叛军趁势进驻淮口，掐断了运河交通。

之后，叛军连战连捷，南下攻击舒州、庐州，北上攻击沂州、海州，一连攻下沭阳、下蔡、乌江、巢县、滁州、和州。

叛军为何攻击如此顺利？

一是因为县城防务普遍稀松，几乎没有驻军；二是外来援军参差不齐，临时征集的新兵居多，客场作战，人地两生；三是最重要的，庞勋叛军具有多年作战经验，战斗力强大。

叛军只要攻击顺利，人数就如同滚雪球一样越滚越大，如果朝廷军队不能及时控制，到最后就是灾难性的结果。

一片陷落声中，泗州城还在苦苦支撑，然而外援断绝，粮食吃紧，军民只能喝稀粥勉强维持。

辛谠向杜慆建议，再出去向淮南以及镇海战区求援。

当晚，辛谠率敢死队十人，手持长柄大斧，驾驶轻舟，暗中砍断叛军水上阻碍工程，突围而出。天亮时分，辛谠一行被发觉。叛军拨出五艘舰艇围追堵截，岸上五千步兵夹击追赶。幸好，辛谠驾驶的轻舟灵便，叛军舰艇吃水深、行动笨重，双方纠缠三十里水路后，辛谠终于脱身。

辛谠先到扬州，向淮南节度使令狐绹求援，再到润州，向镇海节度使杜审权求援。还是杜审权大方，二话不说，拨出两千精兵。令狐绹兵少，粮草却不少，赞助稻米五千斛、食盐五百斛，由镇海两千精兵押送泗州。

与此同时，朝廷各路平叛大军陆续赶到。

为了扑灭庞勋叛军，李漼下令，右金吾大将军康承训出任义成节度使兼徐州行营都招讨使，神武大将军王晏权为徐州北面行营招讨使，羽林将军戴可师为徐州南面行营招讨使，征调各战区部队，赴徐州平叛。

徐州南面行营招讨使戴可师率领三万大军渡淮河而南，转战前进，庞勋叛军放弃淮河以南所有据点。戴可师决定，先夺取淮口，再救援泗州城。

咸通九年（868年）闰十二月十三日，戴可师挥军包围都梁城，城中叛军很少，叛军们诚惶诚恐地在城上向戴可师叩头："我们正在跟作战司令商议出来投降。"

戴可师压根儿没把叛军放在眼里，一听叛军说要投降，心中大喜，下令全军后退五里，拿出诚意，等叛军出来投降。

等啊，等啊，等了一夜，叛军迟迟未来。

戴可师派兵前去侦察，发现叛军早已连夜转移，留给戴可师一座空城。

戴可师不以为意，一帮乌合之众，不足为虑。

进入都梁城之后，戴可师自以为首战得胜，居然全城不设防！

也该戴可师倒霉，就在戴可师进入都梁城不久，天降大雾，能见度极低。就在这时，叛军数万人突然杀进了都梁城，戴可师三万大军来不及集结，溃不成军。三万大军，侥幸逃脱的只有数百人，戴可师以及监军宦官没能逃出来，死于乱军之中。

三万大军如此轻易崩溃，一是因为临时拼凑，战斗力不强，二是因为戴可师一将无能，累死三军。

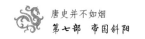

一个王朝一旦走了下坡路，军力一定跟着走下坡路。

都梁城一战，长了庞勋志气，灭了朝廷军队威风，庞勋趁势在淮南大发公告，民心震动，很多人纷纷逃离家园。

淮南节度使令狐绹只能采用拖延战术，派使节告诉庞勋，将奏请皇帝发给他大将的符节和印信。庞勋一直在等待护身符，听令狐绹如此说，庞勋暂时停下军事行动，幻想长安飘来护身符。

令狐绹用的是缓兵之计，庞勋用的是自我麻醉。

都梁城一战后，庞勋有些意满志得，一切真是顺利，这么发展下去，要么在淮南自立为王，要么得到朝廷的印信，怎么想，结果都不错。

人一旦到了这个时候，就开始飘飘然了，庞勋也不例外，开始每天游玩宴会，觥筹交错，享受胜利果实。

令狐绹的缓兵之计起到了作用，朝廷平叛大军逐渐在宋州集结，而庞勋叛军的扩军速度却在放慢，前来投效当兵的人一天比一天少。

更严峻的事实摆在了庞勋这个昔日的粮草判官面前，数万人的队伍，粮草如何解决呢？每天一睁眼就是几万人的吃饭问题，而庞勋根本没有稳定的后勤系统。

只有一个办法了，抢！

庞勋走上了饮鸩止渴之路，在占领区内征收富户和商人财产，按评估值征收80%！为起到震慑效果，有数百户富商被全族处死，罪名是隐匿财产。更可恨的是那些跟庞勋一起从桂州回来的士兵，自认资格老，尤为骄横凶残，不仅掠夺财产，还劫掠别人妻女。庞勋碍于老兄弟情面，无法制裁，老兵们便更加骄横。

饮鸩止渴，涸泽而渔，庞勋叛军将占领区翻了个底朝天，也把自身生存的根本铲断了。任何军队，如果跟老百姓为敌，得不到老百姓发自内心的支持，这样的军队一定会失败！

于庞勋而言，雪上加霜的是，内部还出了问题。

驻守丰县的守将孟敬文随着军事行动的展开有了活思想，既然你庞勋能当头，我为何不能！

孟敬文谋划脱离庞勋，自立门户，不料消息走漏，庞勋有了防备。

庞勋派心腹将领率兵三千协助孟敬文守丰县，说是协助，实为监视。孟敬文不动声色，与庞勋的心腹将领见面，当面猛夸对方的军事才能。双方约定，联军出击，攻打朝廷军队。

到了约定时间，孟敬文与对方同时出兵，见对方与朝廷军队接战，孟敬文火速收兵，留对方孤军作战。这一战，庞勋派来的三千人马全军覆没！

庞勋终于下定了决心，清理门户！

庞勋派人告诉孟敬文："我军已占领淮南，庞勋准备亲自前往淮南镇守，准备召集全体将领，遴选一位能将替他留守徐州！"

孟敬文如果冷静下来，不难发现这是一个陷阱，可惜徐州城的诱惑太大了，他无法保持冷静。他一厢情愿地认为，这是千载难逢的机会，他一定要把握住。

孟敬文立刻骑马奔向徐州，脑海里憧憬着自己镇守徐州的样子。

徐州越来越近，只剩几里了。

他终究没能到达徐州。

就在徐州城外，庞勋埋伏的部队将孟敬文生擒。几天后，庞勋下令，斩！

此后庞勋与朝廷军队鏖战数次，渐渐不支，最终死于乱军之中。

从咸通九年（868 年）七月开始，到咸通十年九月结束，历时 14 个月，庞勋叛乱终于被扑灭。

原本这场由八百人发端的叛乱可以在令狐绹的防区扼杀在萌芽之中，最终蔓延到整个淮南，征调十个战区军队才勉强扑灭。

战后论功行赏，平叛主帅康承训出任河东节度使，遥兼二级宰相，杜悰出任义成节度使，协助康承训平叛有功的沙陀部落酋长朱邪赤心出任大同战区节度使，后留在京师出任左金吾上将军，受赐新姓名：李国昌。

李国昌便是晚唐重要人物李克用之父。

守卫泗州城有功的辛谠被任命为亳州刺史，在泗州城危难之际，辛谠突出重围迎接援军和粮食，往返十二次。如果没有辛谠，恐怕泗州城早就陷落了。

即便如此，辛谠依旧上疏谦让："我的功劳，如果没有杜悰，就不能完成。"

心底无私的人，天地总是宽的。

庞勋兵变就这样结束了，不过还是留了一个不好的尾巴。

平叛主帅康承训在叛乱平定几个月后便受到贬斥。时任宰相的路岩和左谏

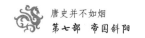
议大夫韦保衡参了康承训一本：讨伐庞勋时，康承训故意逗留，不肯前进；胜利之后，又不能把庞勋的残余党羽全部杀光，而且贪图抢夺战利品，没有用最迅速的方法奏报！

咸通十一年（870年）正月八日，李漼免去康承训的河东节度使及遥兼二级宰相职务，贬为蜀王李佶的师傅，东都洛阳上班。

不久，蜀王师傅也当不成了，李漼再次下令，将康承训贬为恩州司马。

直到李漼的儿子李俨继位，康承训才稍稍翻身，被授予左千牛卫大将军。在那不久，康承训病逝，享年66岁。

康承训自然存在问题，不然也不会被人抓住把柄，只是平定叛乱仅仅几个月，就被如此贬斥，这是一个王朝对待功臣应有的态度吗？

这叫卸磨杀驴！

寒心的不只一个康承训，还有千千万万个康承训。

等到叛乱四起，很多将领敷衍了事时，伏笔其实早在这里埋下了！

第二十三章　龙泣于野

不　作　恶

有什么样的皇帝就有什么样的宰相，李世民时有房玄龄、杜如晦，因为他配得上有这样的宰相，李漼呢，他的宰相都是什么样的呢？

李漼任内总共用过 21 个宰相，真正有宰相之才又有宰相器度的少之又少。李漼一朝，宰相贪赃现象较为严重，长安百姓把其中的曹确、杨收、徐商、路岩等几个宰相的姓名编了一首歌谣说：确确无论事，钱财总被收。商人都不管，货赂（路）几时休？

到咸通十年，大权落到宰相路岩手里，这是个贪起来没完的家伙。

至德县令陈蟠叟因为上疏给李漼，被李漼叫到长安觐见。会见过程中，陈蟠叟壮着胆子建议道："没收边咸一家的财产，可以供应全国军队两年的薪饷和粮食。"

李漼有了兴致，哦，这个边咸是什么人？

陈蟠叟回应道："路岩的亲信。"

李漼顿时暴跳如雷，将陈蟠叟轰了出去。事后，陈蟠叟为这次进言付出了沉重代价，他被贬到了爱州。

爱州，位于越南清化。

据王小波讲，在中亚古国花剌子模有一古怪的风俗，凡是给君王带来好消

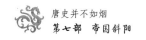

息的信使，就会得到提升，给君王带来坏消息的人则会被送去喂老虎。于是将帅出征在外，凡麾下将士有功，就派他们给君王送好消息，有罪，则派去送坏消息，顺便给国王的老虎送去食物。

对于花剌子模这个风俗我有所怀疑，但看发生在李漼身上的这些事，我又有点相信花剌子模的风俗是真的。

李漼的反应太怪了，他不去追查边咸和路岩的贪赃枉法，反而把说真话的陈蟠叟流放了出去，咋想的呢？

陈蟠叟如同一个说实话的孩子，看到李漼和他的宰相没穿衣服在街上裸奔，陈蟠叟好心提醒，结果被胖揍一顿！

让你瞎说实话！

李漼的耳边清净了，他如愿了！

自此还有人敢说实话吗？

当说实话的氛围消失，这个王朝一定出了问题！

时间走到咸通十一年（870 年）八月十五日，李漼陷入了巨大的悲痛之中，他最宠爱的同昌公主因病医治无效，与世长辞。

李漼哀痛不已，紧接着开始丧心病狂，竟然诛杀了为同昌公主治病的翰林医官团队二十多人！

仅此一点，我就得画个圈圈诅咒他！

丧心病狂，毫无理智，宦官们非要力推这么个玩意上位，满足了自己的私欲，坑害的是黎民百姓和江山社稷。

一个皇帝可以平庸，甚至可以低能，但不能是非不分。

很遗憾，李漼是非不分！

诛杀完翰林医官还不算完，李漼又下令逮捕了医官的亲属三百余人，囚禁于京兆狱。以李漼的心智，等待这三百人的不会是好结果。

又到了考验官员的时候了，敢不敢说真话呢？

中书侍郎、兼任宰相的刘瞻站了出来。

刘瞻，字几之，父亲刘景曾师从刘禹锡。刘景进士及第，开了连州学子进士之先例。刘禹锡欣然写诗以赠：湘中才子是刘郎，望在长沙住桂阳。昨日鸿都新上第，五陵年少让清光。刘瞻于唐大中年间登进士第，因"貌奇伟，有文学，才思丰敏"，大得当时宰相刘琢的赏识，荐为翰林大学士，拜中书舍人，户部侍郎承旨。咸通九年，刘瞻出任宰相。

刘瞻召见负责谏诤的官员，命他们上疏劝阻李漼，众人不约而同摇了摇头。李漼正怒火冲天，又有陈蟠叟流放爱州先例，谏官们都不想去冒险。

刘瞻叹了口气，还是我自己来吧！

刘瞻给李漼上了一道奏疏，婉转曲折，极力劝阻，然而还是对牛弹琴。李漼扫了几眼奏疏，大不高兴！

见上疏无效，刘瞻又与京兆尹温璋一起当面规劝，恳请李漼回心转意，网开一面。

李漼暴跳如雷，大声吼叫，将刘瞻和温璋轰了出去。

《资治通鉴》上没有记载被囚禁的三百人结局如何，但从刘瞻和温璋的遭遇反推，这三百人恐怕凶多吉少。

九月七日，刘瞻和温璋付出了说真话的代价。

刘瞻被贬为荆南节度使，遥兼二级宰相，温璋被贬为振州司马。

振州，今天海南三亚西崖。

温璋叹了口气，说："生不逢时，死何足惜！"当晚服毒自尽。

消息传到宫中，李漼火冒三丈，马上下诏：温璋如果对国家没有伤害，为什么自杀！只因他恶贯满盈，死有余辜。通知他的家属，温璋尸体三天之内停放城外，等我再赐恩典，才准下葬。一定要使中外人心大快，奸邪知道畏惧。

写到这里，我忽然觉得宣宗李忱不喜欢李漼这个长子是有道理的！

智商太低！

刘瞻被贬到这一步，韦保衡和路岩还不准备罢手，他们知道刘瞻的才能，既然已经把他打落下马了，那就不能轻易让他再爬起来。

韦保衡在这一年的四月由翰林承旨、兵部侍郎兼任宰相，同时他还有个身份——驸马、同昌公主的丈夫。

现在为了将刘瞻打压到底，韦保衡又在同昌公主的死因上做文章。韦保衡跟路岩共同上疏指控刘瞻：与翰林医官秘密勾结，误投毒药，致使同昌公主丧命。

既然指控，为何要用"误投"二字，我估计韦保衡是怕他那智商感人的岳父、皇帝李漼不信："误投"二字则相对模糊，智商感人的李漼可能就信了！

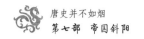

李漼果然相信，九月二十七日，再贬刘瞻为康州（今广东省德庆市）刺史。

翰林学士承旨郑畋在所拟罢黜刘瞻宰相诏书草稿上写道：刘瞻所居住的几亩田地，仍然不是自己的产业；拒绝四面八方的贿赂，却最害怕别人知道。

群众的眼睛是雪亮的，在郑畋的笔下，我们看到了一个大公无私不置私产的刘瞻，一个拒绝受贿却也替行贿人保全名声的刘瞻。

路岩看到草稿，气笑了。

路岩狞笑着对郑畋说："你这写的不是罢相，分明是推荐刘瞻当宰相。"

郑畋为这份草稿付出了代价，被贬为梧州（今广西梧州）刺史。

贬了郑畋，路岩还不解气，他得想一个解气的办法。平时与刘瞻谈话，刘瞻总是胜他一筹，这一次一定要把刘瞻打压到底。

路岩拿来全国地理《十道图》，仔细研读，最后在驩州点了一下，好了，就是这里！

驩州，今越南荣市，距离长安一万里！

在路岩的关照下，刘瞻被贬为驩州司户。

路岩的思想有多远，刘瞻就得走多远！

没有永远的朋友，只有永远的利益。

当路岩与韦保衡联手对付刘瞻时，他不会想到，有朝一日身边的这位"朋友"也会变成对手。

路岩与韦保衡的"蜜月"短暂到以天计算，仅仅数月后，两人就因为争权夺利翻了脸，这下轮到韦保衡出手了。

虽然都是宰相，但韦保衡还多了一重身份——驸马，虽然驸马的头衔也过期了（妻子同昌公主去世），但皇帝李漼还是对这位前女婿信任多一点。

韦保衡稍一发力，路岩在长安便待不住了。咸通十二年（871 年）四月二十七日，路岩被贬为西川节度使，遥兼二级宰相。

路岩出城上路，长安百姓纷纷用碎瓦小石向他投掷，路岩脸上有些挂不住。前来送行的代理京兆尹薛能是路岩提拔的，路岩向其抱怨道："临走，还劳烦瓦砾钱行。"路岩是在抱怨薛能没有派兵保护。

薛能缓缓举起笏板解释道："最近宰相出城，有关部门没有派人保护的先例。"

路岩脸一红，也罢，反正脸皮厚如城墙，何惧瓦砾！

常在河边站，哪有不湿鞋。

路岩疯狂打压刘瞻时，他不会想到自己也有落魄的一天。

西川会是路岩人生的谷底吗？

远着呢！

路岩到任西川节度使后，死党边咸、郭筹如影随形，遇到事情二人先行处理，然后再向路岩汇报。二人狐假虎威的样子让西川战区的大小官员都非常畏惧。

活该二人倒霉，在一次西川战区阅兵式上，二人继续狐假虎威，众目睽睽之下，二人不直接说话，一个劲用字条交流，二人面色凝重，看过后还把字条烧掉。

如此这般，你让西川官员怎么想？

不久，军中传出流言：边咸、郭筹将有重大图谋！

流言让西川的空气紧张，也让朝廷紧张。

朝廷马上作出应对，免去路岩西川节度使职务，调任荆南节度使。路岩灰溜溜地卸任西川节度使，准备到荆南上任。边咸和郭筹探听出路岩调任的原因，心生恐惧，二人不敢再跟着路岩上路，索性脚底抹油，玩起了人间蒸发。

无法人间蒸发的路岩没能到荆南上任，新的任命又出来了，贬为新州（今广东省新兴县）刺史。

等路岩走到江陵，新的命令又来了，无限期流放儋州（今海南省儋州市）。

儋州也不是路岩的谷底，不久他等来了勒令自尽的诏书，家产充公，妻子儿女罚没当奴。

路岩的自作自受还没有就此结束，死后又一次被羞辱。

之前当宰相时，路岩向皇帝李漼密奏：三品以上官员赐死，皆令钦差剔下喉管三寸，携回奏报，验其必死。

心有多恶毒，才能想到如此恶毒的方法。现在好了，报应到自己身上了。

路岩死后，三寸喉管被剔下，被钦差带回长安，验其已死。

巧合的是，路岩被处死的床，正是当年前任宰相杨收被处死的床。

常年跟着路岩狐假虎威的边咸和郭筹也没有躲过去，也被追捕到案，全部诛杀。

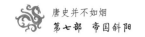
天道有常，循环往复！抬头向上看，老天放过谁！

人生在世，可以不做一个好人，但也要有个底线——不作恶！

心 愿 已 了

时间走到咸通十四年（873年），李漼的生命进入倒计时。

史书上并没有记载李漼是否吃过丹药，但李漼的身体还是出现了问题，这一年他四十岁。

为了给自己祈福，李漼作出一个决定，让钦差宦官前往法门寺迎接佛骨。

所谓迎接佛骨，不是我们想象的那么简单，去法门寺打个招呼，然后就把佛骨迎回来了，这个过程必须要有盛大的仪式，而且场面一定要宏大。

文武百官纷纷上疏劝阻，甚至有人警告说："宪宗皇帝迎接佛骨后不久，即行逝世。"说这话的官员以为就此能拦住李漼，还是没拦住，李漼无怨无悔地说："朕活着时只要能看一眼，死了也没有遗憾。"

好吧，成全你。

李漼一声令下，迎接佛骨准备工作启动。有关部门开始兴建佛塔，用珠宝编成帷帐、檀香木制成人力推车、鲜花缀成长幅旌旗和车顶伞盖，前往凤翔迎接。从首都长安到法门寺三百里之间，车马奔驰，日夜不停。

四月八日，佛骨抵达长安，迎接佛骨的队伍由禁军仪仗队为前导，绵延数十里，仪式之盛大，超过祭天大典。如果将这一次的仪式与宪宗李纯那次相比，李纯那次可谓望尘莫及。

李漼在安福门守望，然后下楼，走到佛骨之前，双手合掌，举到额前，伏地叩头，泪流满面。

作为佛教徒而言，李漼足够虔诚，这一次总算了了心愿。

佛骨才入于应门，龙已泣于苍野。

心愿了了，该上路了！

咸通十四年七月十六日，李漼病势危急，生命进入倒计时。

又到了立储的关键时刻，宦官们准时出现了。左军中尉刘行深、右军中尉韩文约权衡了一番，决定杀长立幼，他们立的是李漼最年幼的儿子，普王李俨。

这一年李俨十二岁。

七月十八日,李漼下诏:"封李俨为皇太子,暂时管理军国大事。"

一天后,李漼驾崩于咸宁殿,享年四十岁。李漼遗诏命韦保衡担任摄冢宰,这是韦保衡靠边站的信号。

十二岁的李俨登基称帝,追封亡母王贵妃为皇太后,加封刘行深、韩文约为封国级公爵。

半年后,李漼被安葬于简陵,谥号昭圣恭惠孝皇帝,庙号懿宗。

懿:温柔贤善曰懿;温和圣善曰懿;体和居中曰懿;爱人质善曰懿;柔克有光曰懿;浸以光大曰懿。

李漼配得上这个"懿"字吗?

原本在其父宣宗李忱任内,大唐王朝有了几分中兴的模样,但大好河山交到他的手里,江河日下,国运倒转,当其被安葬于简陵之时,大唐王朝的末世挽歌已隐约可闻。

秋后算账

李漼离世,李俨登基,王朝又进入一朝天子一朝臣的节奏。

红人韦保衡倒了,老丈人李漼不在了,小舅子李俨也不保他了。准确地说,宦官集团嫌韦保衡碍眼,必须拿下。

宦官们轻轻动动手脚,韦保衡就被仇家揭发违法线索,朝廷里便没有了韦保衡的立足之地。李俨一纸诏书,将韦保衡贬为贺州(今广西贺县)刺史。

与韦保衡一同被贬的还有之前红得发紫的乐师李可及,李可及在长安也待不下去了,只能去岭南促进岭南人民的音乐发展了。

说起李可及当年受的宠爱,一般人比不了。

李可及给儿子娶亲,李漼赏赐两银壶酒,李可及掀开壶盖一看,根本没有酒,银壶居然是实心的!等于赏了两实心银壶。

时任右神策军中尉的宦官西门季玄不断规劝李漼不要过度赏赐李可及,李漼拒不接受,给李可及的赏赐还是接二连三。

有一次李漼又赏赐了李可及,这一次东西多到要动用皇家车辆运输。西门

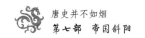

季玄一旁看着，挖苦道："等有一天你被抄家，这些东西还得动用皇家车辆运回来。这不是赏赐，只是辛苦了牛腿。"

李可及恨得咬牙切齿，西门季玄，你就是吃不到葡萄说葡萄酸！

事实证明，西门季玄说的是对的，皇帝的恩宠，如同热带雨林上空的雨，说来就来，说走就走。

现在雨走了，李可及的苦日子来了。李可及被流放岭南，家产充公，妻子儿女罚没为奴，一切正如西门季玄的预言。

> 财富再多，守不住，也只不过是一个经手的保管员。

不过，幸福是对比出来的，与韦保衡相比，李可及还是幸福的。

韦保衡呢？

他的人生路走到头了。

这个借助驸马身份红极一时的前宰相被一贬再贬，由贺州刺史再被贬为崖州澄迈县令，县令也没当几天，不久被勒令自杀！

再让你狂！

韦保衡的弟弟、翰林学士兼兵部侍郎韦保乂被贬为宾州司户，亲信、翰林学士、户部侍郎刘承雍被贬为涪州司马。

刘承雍是刘禹锡的儿子，爷俩的仕途都够坎坷的。

第二十四章　危机四伏

废 纸 一 张

李俨在登基的第二年改元，年号"乾符"。

乾符原本指帝王受命于天的吉祥征兆，现在被李俨当作自己的年号，显然是要讨个吉利，只是王朝到了末年，吉利是自己争取出来的，而不是讨出来的。

十三岁的李俨哪里懂得这些，他知道，田令孜懂得多，信任他准没错。李俨和田令孜的感情有些年头了，那时李俨还是普王，田令孜还是皇宫小马房管理宦官，从那时起，两人就很投缘。

李俨登基后，擢升田令孜为宫廷机要室主任宦官（知枢密），不久又让田令孜当上了右神策军中尉。李俨对田令孜信任有加，国家大事都委托给了田令孜，并且在田令孜的头上又加了一个头衔——干爹！

自此，田干爹风生水起，身价陡增，成为朝中炙手可热的红人，五品以上官员任命，有时甚至三品以上官员的任命，田令孜都能自己做主了。

每次觐见李俨，田令孜事前准备两盘糖果。二人坐定，一边饮酒，一边吃糖，东拉西扯，谈笑风生，许久之后，田令孜才起身告退，李俨小朋友依然恋恋不舍，与老友田令孜相约下次再见。

就差起身一起唱《难忘今宵》了。

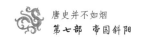
好的传统代代相传，不好的传统也容易代代相传。

十三岁的李俨跟他的父亲李湛一样，也是一个喜欢滥发赏赐的主。他喜欢跟宫里的差役工匠混在一起，对乐师、演员的赏赐，动辄以万计数。

王朝后期，家底已经薄了，时间不长，宫库枯竭，赏赐快发不出来了。

干爹田令孜给李俨支了一招：搜刮长安东西两市商店和旅客的所有的财宝货物，全部送到宫库！

涸泽而渔！

不过呢，虽然这个记载来自《资治通鉴》，我还是表示怀疑，我认为但凡神智正常的皇帝都不会干这种事，真相很有可能是这样的——田令孜建议李俨加收税率较高的商品税，以此来补充宫库。

我认为这样的解释是相对合理的，如果按照《资治通鉴》原文，恐怕当时长安就乱了，东西两市商店的商品全部充公，商户就没法活了。

总而言之，李俨和李湛这对父子皇帝，一蟹不如一蟹，国政越来越乱，百姓越来越苦，王朝倒计时的钟声越来越响了。

尽管李湛、李俨父子成天忙于享乐，但并不意味着他们一点事不做，事实上他们还是想做一点事的。

在朝政混乱之际，还是有一些有识之士。

翰林学士卢携便是其中的一位，他给李俨上了一道关于关东旱情的奏疏。奏疏中，卢携详细写到旱情的严重以及百姓的苦难，奏疏最后，卢携建议皇帝敕令各州县政府，对于人民所欠捐税一律赦免，停止征收，同时打开义仓，赈济灾民。

李俨看过之后，下诏批准，然而有关单位并不执行，诏书居然变成了废纸一张。

福无双至祸不单行，旱灾之后还有蝗灾。

一望无际、漫天遍野的蝗虫从东到西，遮天蔽日，所过之地，树叶和田地里的庄稼都被吃光，只剩下赤地千里。

灾情如此严重，京兆尹杨知至的奏报是这样的：蝗虫飞到京畿之地，不吃庄稼，都抱着荆棘而死。

见过无耻的，没见过这么无耻的。

还有如此懂事的蝗虫，不吃庄稼，感念皇恩，然后冲向荆棘集体自杀。

宰相们纷纷附和，向皇帝李儇表示热烈祝贺。

当宰相们都不向皇帝说实话时，这个王朝已经埋下了悲剧的伏笔。

当百姓到了生死存亡的边界，离揭竿而起还会远吗？

王仙芝起义

乾符元年，濮州（今山东省鄄城县）人王仙芝聚集数千饥民在长垣起义。

数千饥民为了吃饱饭聚集到一起，拿起武器便成了起义军。在他们的面前是各州县数量很少的军队，太平日子过久了，州县军队士兵早已不会打仗，遇到人多势众的起义军几乎一触即溃。

半年后，王仙芝与同伴尚君长一起攻陷濮州、曹州，此时起义军已经有数万人规模。天平节度使薛崇派军迎战，很快也被击溃。

王仙芝这边形势大好，紧接着一个重要人物登场，这个人可谓大唐王朝掘墓人。

此人便是冤句人黄巢。

黄巢与王仙芝一样，年轻时都贩卖过私盐，属于时代的弄潮儿。

黄巢与王仙芝又不一样，黄巢读过的书比王仙芝多。

黄巢精通骑马射箭，为人行侠仗义，儒家经典也粗略读过，为追求功名，黄巢曾经屡次参加"进士科"考试，可惜屡次落第，未能如愿。

失落的黄巢在又一次赶考失利后写下了《不第后赋菊》：

> 待到秋来九月八，我花开后百花杀。
>
> 冲天香阵透长安，满城尽带黄金甲。

"满城尽带黄金甲"，写得好有霸气。

菊花可谓黄巢的最爱，黄巢还写过一首《题菊花》：

> 飒飒西风满院栽，蕊寒香冷蝶难来。
>
> 他年我若为青帝，报与桃花一处开。

科举梦碎，自诩满腹经纶的黄巢没有了用武之地，虽然贩卖私盐回报丰

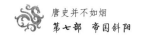

厚，黄巢还是感觉内心空荡荡的。

如今王仙芝举起大旗，黄巢看到了机会，时势造英雄，该趁时势成就一番英雄大业了。

黄巢揭竿而起，呼应王仙芝，附近缴不出赋税或失去土地的贫苦百姓纷纷向他归附，仅仅几个月的时间，黄巢的部众也有数万人了。

各地民变的情报汇总到了长安，朝廷方面才意识到事态的严重。

李儇下诏，命淮南、忠武、宣武、义成、天平五个战区节度使会同五个战区监军宦官，积极讨伐变民军队，能消灭消灭，能招安招安。

李儇的诏书一下，立马有人看出了其中的问题，五个战区联手听上去很美，但谁听谁的呢？谁来统一指挥？

平卢节度使宋威给李儇上疏，建议由专人负责，集中力量讨伐变民军队。

李儇准奏，任命宋威为诸道行营招讨草贼使，另拨付禁军三千人、骑兵五百人，黄河以南各战区派出的讨伐变民的作战司令（都头），一律听宋威指挥。

在这里做一下说明，一般而言，起义是有褒义色彩的，统治阶级是不会把这个词用到农民身上的，在朝廷眼里，所谓的农民起义，无非就是变民、流民暴动。

看看宋威的头衔，"招讨草贼使"，草贼。

之前有过一个历史剧，里面有个宦官惊慌失措地向皇帝汇报："不好了，大泽乡农民起义了！"

历朝历代，如果哪个宦官这么报信，结局基本上都是——拉出去砍了！

用词，也是有阶级属性的！

乾符三年七月，诸道行营招讨草贼使宋威与王仙芝大战于沂州城下，这一仗宋威大获全胜，王仙芝仅以身免。

急于邀功的宋威既没有抓住活的王仙芝，也没有见到王仙芝的尸体，但宋威推测，王仙芝大约应该可能已经死于乱军之中。

宋威马上向皇帝李儇奏报：王仙芝已被诛杀。

宋威接下来命令，各战区特遣兵团解散，返回各自防区，自己则带着本部人马回到平卢战区，这仗总算打完了！

李儇得到消息，喜不自胜，文武百官纷纷进宫向李儇祝贺，大家都沉浸在胜利的喜悦之中。

三天后，州县加急奏报：王仙芝仍在人世，劫掠财产，攻打城池，跟从前一样！

闹了半天，宋威报的是假新闻啊！

得，从头再来吧，李俨再次下诏征调各战区人马，刚刚回防的士兵恼怒不已，恨不能立刻哗变。

朝廷的兵马还在征调之中，王仙芝再次出动，攻陷汝州，生擒汝州刺史王镣。王镣还有另外一个身份，当朝宰相王铎的堂弟。

在接下来王仙芝与朝廷的和谈中，王镣将扮演重要角色。

王仙芝又挥军攻打蕲州，担任蕲州刺史的人叫裴偓。裴偓是宰相王铎做总考官时录取的进士，从这里论，王铎与裴偓有师生之谊，王铎是裴偓的座主。

王铎的堂弟王镣正在王仙芝军中，自然知道裴偓与王铎的这层关系，王镣便替王仙芝写信给裴偓，信中表达了王仙芝的迫不得已，以及在适当时候愿意向朝廷归顺的愿望。

裴偓一看和谈有望，马上回信约定双方停战，自己奏请皇帝招安，委任王仙芝一个官职。王镣不敢怠慢，马上做王仙芝的思想工作，最终王仙芝也接受了这个条件。

裴偓打开城门，邀请王仙芝、黄巢等三十多位起义军高层进城，盛情款待，并摆出大量金银，一并送给了王仙芝和他的战友们。

裴偓的奏疏送到长安，宰相们发生了分歧，有人主张继续围剿，有人主张即刻招安，最终在王铎的坚持下，朝廷同意招安，任命王仙芝为左神策军押牙兼监察御史。

王仙芝的委任状很快到了蕲州，和平似乎就在眼前。

王仙芝得到了梦想中的官职，非常高兴，王镣和裴偓也向王仙芝祝贺，双方对此次和谈达成的成果都很满意。沉浸在和谈成功喜悦中的三人，没有注意到黄巢越来越沉重的脸。

黄巢腾地站了起来："开始的时候大家一起立誓，除暴安良，横行天下，现在你自己弄了个官职要去左神策军报到，我们这五千多将士又往哪里投奔！"

黄巢向王仙芝扑了过去，向其头部猛击，王仙芝猝不及防，头部受伤。两个头领打了起来，下面的士兵也乱了套了，王仙芝慌了，如此发展下去，自己恐怕过不了今天这一关了。

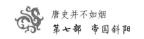
王仙芝大喝一声，宣布绝不接受招安，永远和兄弟们一条心。

王仙芝和黄巢纵兵在蕲州城内劫掠，城内居民半数被杀，半数被劫掠而去。和谈未成的裴偓逃亡鄂州，前来送委任状的钦差宦官则逃亡襄州，被困王仙芝军中的王镣依然未能脱身，只能跟着王仙芝的队伍继续奔走。

劫掠完毕，王仙芝和黄巢也彻底掰了。原本合军一处的五千多人马，三千多人跟随王仙芝，两千多人跟随黄巢，从此各奔前程。

被招安拨动心弦的王仙芝依然与朝廷藕断丝连，诸道行营招讨草贼副使、总监军宦官杨复光，又派出和谈代表与王仙芝商谈，王仙芝又动心了。为了表示诚意，王仙芝派自己的副手尚君长去进见杨复光，商谈正式投降。

王仙芝又一次看到了希望，却又一次失望了。

就在前去进见杨复光的路上，尚君长一行居然被劫持了！

劫持尚君长的是招讨草贼使宋威，宋威向皇帝李俨奏报：与尚君长在颍州会战，将之生擒，押送京师献俘！

这边宋威献俘邀功，那边杨复光紧急上疏说明：尚君长等人已经归降，并不是宋威的俘虏。

被宋威和杨复光搞晕的李俨弄不清真相，下令侍御史归仁绍调查，查来查去，依然没能查出真相。

最终，和谈代表尚君长被当成俘虏押解狗脊岭，斩首！

王仙芝的希望又破灭了。

两次和谈失败，对王仙芝打击是致命的。

身为起义军领袖，如果一门心思带着大家打天下，那么人心齐泰山移，如果你身为领袖，天天想着跟朝廷和谈，然后自己去神策军报到，底下的兄弟会怎么想？还会跟你齐心协力共同对外吗？

和谈失败两个月后，王仙芝再次与朝廷军队激战。

这一次率军与王仙芝激战的不再是宋威，而是新任招讨草贼使曾元裕，宋威因讨贼不力被免职了。

这一战发生在黄梅，原本应该是普通一战，结果却成了王仙芝的最后一战。这一战，王仙芝军心涣散，阵亡五万余人，王仙芝也死于乱军之中，人头被呈献长安，党羽部众星散而去。

王仙芝就这样结束了自己的历史使命，起义的大旗交到了黄巢手中。

第二十五章　苦主黄巢

拉 锯 战

同王仙芝相比，黄巢难对付多了。

王仙芝的属下尚让率领残部前往投靠黄巢，众人推举黄巢当最高首领，称"冲天大将军"，年号王霸。

黄巢有模有样地任命了文武百官及僚属，正式与朝廷分庭抗礼。

同王仙芝一心想被招安不一样，黄巢把招安当成了过场戏。

合兵一处的黄巢开局不好，不断被官军击败，于是黄巢便写信给天平节度使张裼，请张裼上疏皇帝招安。

皇帝李儇下诏命黄巢当右卫将军，不过有个条件，先解除武装，遣散部众，再到京师报到。

黄巢看了看条件，当我傻啊！

不谈了，接着打！

黄巢绝对是唐王朝的梦魇，如果没有黄巢，唐朝可能还会续命几十年。

黄巢率军进攻宣州，宣歙道观察使王凝组织部队抵抗，在南陵被黄巢击败，不过黄巢未能攻陷宣州城。

接下来黄巢展示了他的卓越军事才能，竟然率军渡长江南下，凿开山路七百里，进入福建，劫掠各州。

黄巢的战略大转移是历代统治者最头疼的，这神出鬼没的打法，让朝廷军队防不胜防。若国力强盛，全国上下一盘棋，黄巢的流动作战不会取得太大战果，如今唐王朝国力衰弱，各节度使虚与委蛇，各自为战，黄巢的流动作战就显示出了威力。

黄巢如同打入唐王朝体内的钢针，随着血液不规则流动，黄巢一天不除，唐王朝一天不安，哪一天黄巢这枚钢针流进了唐王朝的心房，麻烦就大了。

黄巢率军攻陷了福州，福建道观察使韦岫弃城而走。

黄巢正要得意，狠人来了。

狠人名叫高骈，刚刚接任镇海节度使。

高骈，字千里，幽州人。祖籍渤海蓚县（今河北省景县），先世为山东名门"渤海高氏"。晚唐诗人、名将、军事家，南平郡王高崇文之孙。

高骈出身禁军世家，咸通六年（865年），率军破峰州蛮。次年，进兵收复交趾，出任首任静海军节度使。后历任天平、西川、荆南节度使。

高骈一上任就与黄巢死磕，派出部将张璘、梁缵分别向黄巢进攻，连连获胜，黄巢手下数十位将领纷纷投降。

黄巢一看势头不好，挥军转向岭南。

如果把前后的史料组合到一起会发现，高骈的军事能力在黄巢之上。如果高骈能够得到足够支持，他自己又没有那么多私心，黄巢很有可能被高骈剿灭。

可惜，历史没有如果。

暂时受挫的黄巢又玩起了求招安的把戏，黄巢写信给浙东道观察使崔璆、岭南东道节度使李迢。黄巢表示，只要朝廷任命他为天平节度使，便接受招安。

二人如实向上奏报，遭到了朝廷的拒绝。黄巢索性自己上疏，要求当岭南东道节度使。

李俨让宰相等高官讨论，左仆射于琮强烈反对，广州是国际船舶及海外珠宝聚集之地，岂能让盗匪得到！

于琮的说法得到了众人的呼应，大家决定再为黄巢讨论一个官职。

不久，讨论结果出来了，拟任命黄巢为东宫侍卫军司令。

这个职位为正四品，不用问，条件还是黄巢先解除武装。

毫无诚意的任命状送到黄巢手里，黄巢大失所望，破口大骂，太瞧不起人了！

黄巢挥军攻打广州，当天攻下，活捉岭南东道节度使李迢。

黄巢命李迢上疏陈述自己的感受，李迢断然拒绝："我世代都受皇恩，亲戚遍布朝廷，手腕可以砍断，奏章不可以替你这种人写！"

气节可嘉！

黄巢不再与李迢啰唆，推出去，斩！

黄巢已成心腹大患，该如何除掉呢？

镇海节度使高骈上疏提出了征剿黄巢大战略，高骈说："我建议舒州刺史郎幼复出任镇海候补节度使，留守镇海，都知兵马使张璘率军五千据守郴州险要，兵马留后王重任率军八千进驻循州、潮州，准备拦截；我自己率军一万，越过大庾岭直扑黄巢大本营广州。黄巢听说我亲自出征，一定逃走，请诏令王铎率军三万，据守梧州、桂州、昭州、永州四州险要，严阵以待。"

高骈的大战略对付黄巢的流动作战还是有用的，如果大战略得以实施，黄巢可能提前被剿灭。

不知什么原因，大战略并没有得到批准，一切只留在高骈的规划之中。

黄巢依然盘踞广州，如果没有意外发生，黄巢会驻扎下来，耐心经营广州大本营。对于朝廷而言，虽然损失掉广州，但总比让黄巢到处流窜好。

不料，广州依然没有留住黄巢。

让黄巢不敢久留的原因是瘟疫。黄巢阵中士兵受瘴气瘟疫传染，死亡率高达百分之四十。虽说广州繁华，黄巢也不敢久留了，与众将商议后，还是准备回北方发展。

黄巢再一次显示出卓越的军事才能，他命人在桂州编制了数十条大木筏，趁山洪暴发，江水暴涨，率军沿湘江而下，经过衡州、永州，到达潭州（今湖南省长沙市）城下。

黄巢的突然出现让潭州守军目瞪口呆，不是说黄巢盘踞在广州吗？怎么说来就来了！

潭州行营副都统李系登城固守，不敢出战，想用潭州城的铜墙铁壁把黄巢耗走。黄巢不跟李系啰唆，急行攻击，只一天，潭州城破。

李系力战，逃出一命，前往朗州投奔。李系手下的官兵就惨了，全部被

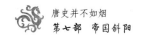

杀，尸首扔进了湘江。

黄巢部将尚让乘胜逆江而上，进逼江陵，为虚张声势，对外号称大军五十万！

真敢吹！

尚让吹破了牛皮，也吓破了江陵守军的胆。当时江陵守军不足一万，总指挥官王铎听闻尚让率军五十万，顿时心胆俱裂。

王铎强作镇定，安排部将刘汉宏留守江陵，自己率一部分人马逃奔襄阳，声称与山南东道节度使刘巨容会师，再作打算。

刘汉宏这个人原本就是个摇摆分子，一会儿效力于官军，一会儿效力于叛军，接受王铎安排时，他还效力于官军。接下来，他将摇身一变。

王铎前脚刚走，刘汉宏立刻发动了兵变，自己率军在江陵城大肆劫掠，纵火焚烧，然后率军北返，正式成为盗匪了。

江陵已成空城，尚让的"五十万大军"轻松进入江陵城。黄巢随后来到江陵，率军由江陵北上，直扑襄阳。

负责襄阳防务的是山南东道节度使刘巨容，辅佐他的是江西招讨使、淄州刺史曹全晸，二人联军驻防荆门阻截黄巢。

黄巢军队抵达后，刘巨容在山林中埋伏兵马，曹全晸率轻骑兵迎战，接战不久，佯装不敌，向后撤退。黄巢军队早已习惯官军一触即溃，不疑有诈，紧追不舍。

接近山林时，伏兵四起，曹全晸和刘巨容联军杀出，黄巢军队猝不及防，溃不成军。刘巨容率军追到江陵城外，格杀及俘虏的叛军十有七八。黄巢和尚让不敢恋战，收拾残军，渡长江向东逃窜。

部将们建议刘巨容继续追击，可以将黄巢军队一网打尽。

刘巨容将如何应对？

刘巨容摇摇头，对众人说："皇上喜欢辜负人，紧急时又是升官又是赏赐，一旦平定，就把人抛弃，甚至还定罪判刑。不如留些盗匪在世界上，作为我们升官发财的资本。"

刘巨容的话有无依据呢？

有，殷鉴不远，平定庞勋叛乱的康承训就是先例，平定叛乱后被连降数级，一直降成了恩州司马。

刘巨容的话有无道理呢？

没有。历来养寇自重的将领都没有好下场。

刘巨容的一念之差，放走了黄巢，为王朝留下了心腹大患，也为自己的人生埋下了悲剧的伏笔。

十年后，刘巨容被田令孜陷害，罪名为"玩寇自重、意欲谋反"，被鸩杀、灭族。

刘巨容的人马全部停止追击，曹全晸则不放弃，率部渡过长江，继续追击。

悲催的是，恰巧这时来了新的人事任命，任命泰宁战区都将段彦谟担任江西招讨使，曹全晸不再担任！

曹全晸仰天长叹，大喝一声，愤怒无处发泄。

无可奈何，曹全晸这边的追击也停止了。

此消彼长，黄巢声势又振，转而攻击鄂州、信州、池州、宣州等十五州，不长时间，部众又发展到了二十余万人！

各地狼烟四起之际，小皇帝李俨依然不问国事，专门游戏玩耍，随意赏赐，毫无节制。更加作死的是，他居然赐死了上疏规劝他改过的左拾遗侯昌业。

左拾遗侯昌业眼见四处火起，大事不妙，上疏苦苦规劝，结果惹怒了李俨。李俨火冒三丈，召唤侯昌业到内侍省待命。侯昌业以为会等来皇帝的回心转意，结果等来的却是勒令自杀。

从处死侯昌业这一年算起，二十七年后，唐朝灭亡。

留给唐王朝的时间不多了！

错 失 良 机

黄巢的声势越来越大，长安宫中的田令孜也动起了脑筋。

万一长安守不住了，该到哪里安身呢？

熟知唐朝历史的田令孜把目光放到了巴蜀，安史之乱时，唐明皇李隆基便是逃到了巴蜀，如今形势紧急，该好好经营巴蜀之地了。

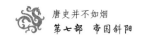

如此重要的地方，交给别人不放心，还是交给自己人吧。

田令孜把经营巴蜀的想法告诉了李俨，然后提供了理想人选，分别是陈敬瑄、杨师立、牛勖、罗元杲。

陈敬瑄是田令孜的亲哥，其余三位均是田令孜的心腹。

田令孜原本姓陈，跟随义父入宫当了宦官，就随着义父姓田。田令孜发达后，把自己的哥哥陈敬瑄安排进了左神策军。没几年，就把原本农贸市场上卖烧饼的陈敬瑄提拔成了左金吾大将军。

四个人选摆在李俨面前，四个人选出三个，将分别成为东川、西川、山南西道节度使。

不着四六的李俨在节度使人选上居然想出了一个妙招：四个人比赛打马球，按成绩确定排名。

最终马球成绩第一的陈敬瑄被任命为西川节度使。

身在长安的田令孜畏黄巢如虎，身处淮南的高骈却没把黄巢放在眼里。

此时的高骈已由镇海节度使调任淮南节度使，他派出部将张璘连续攻击黄巢军队，捷报频传。宰相卢携趁机上疏，推荐高骈出任诸道行营兵马都统，统一指挥征讨黄巢的各战区部队。

高骈喜出望外，下令征调各战区部队，自己也招兵买马，大肆扩张，仔细一盘点，高骈手下的部队已达七万人。

恰在此时，黄巢队伍内部又出现了瘟疫，士卒大量死亡，战斗力急剧下降。淮南将领张璘趁机猛烈攻击，黄巢抵挡不住，节节败退。

怎么办？难道就这样坐以待毙？

黄巢左思右想，想到了一招——行贿。

黄巢命人给张璘送去了大量黄金，恳请张璘手下留情，不要赶尽杀绝。有钱能使鬼推磨，拿了黄金的张璘果然停止了攻击，给了黄巢喘息之机。

黄巢故技重施，又上演了假投降的戏码。黄巢热情洋溢地给淮南节度使高骈写了信，表达了投降的急切心情，并请高骈向朝廷保举自己当官。

高骈喜出望外，他正想将黄巢生擒活捉，现在机会来了。

黄巢和高骈双方都没有诚意，都把对方当成了傻子，就看谁到最后是真傻子。

高骈准备贪天之功，他要独吞这份大功劳。

在高骈心思活泛时，昭义、感化、义武等战区的特遣兵团抵达淮南，运用得当的话，这些兵团将在平叛黄巢的过程中起到重要作用。

不过，在贪功的高骈心里，这些部队都是来抢功的。

高骈自作聪明地给皇帝上了一道奏疏：盗匪不久就要扫平，不再需要各军协助，请各战区特遣兵团各自回本战区。

这道极其不负责任的奏疏到了长安，居然被同意了！

各战区特遣兵团纷纷渡过淮河北上，黄巢也渡过了最艰难的时期，这时又放出话来，不投降了，还是决战吧！

高骈顿觉眼前一黑，糟糕，又上了黄巢的当了。

高骈大怒，急令部将张璘出击，这一次要狠狠教训一下黄巢。

出乎意料的是，以前对黄巢几乎百战百胜的张璘这一次却栽了，被黄巢杀得大败，张璘竟然死于乱军之中！

究其原因，可能跟张璘私下收受黄巢的黄金有关。世上没有不透风的墙，张璘接受黄巢行贿的消息可能走漏了，引起了士兵的普遍反感。一旦士兵与主将离心离德，再多的部队也是一盘散沙。

形势急转直下，黄巢兵锋又盛。

黄巢趁势横渡长江北上，包围天长、六合，声势浩大。淮南部将毕师铎原本是黄巢部将，后投降高骈，一看黄巢来势汹汹，连忙向高骈发出预警："帝国安危都系于大帅一身，如今盗匪数十万之众乘胜北上，如入无人之境，如果任由他们通过，不能紧守险要，迎头痛击，一旦让他们越过长淮关，就再也无法控制，一定会成为中原的灾难。"

高骈神情漠然，无可奈何。

局势已经无法收拾了，各战区特遣部队早已遣返，得力干将张璘刚刚战死，军心涣散，以目前的兵力想阻挡黄巢几无可能。为今之计，只能加强戒备，守住阵地了。

高骈又给朝廷上了一道奏疏：盗匪六十余万人进驻天长，距我所在扬州城不到五十里！

奏疏到了长安，朝廷上下，一片哗然。前一道奏疏还说盗匪不日将被歼灭，这一封就说盗匪已经发展到了六十万人，无法控制。

早知如此，为何还要遣散已经到了淮南的各战区特遣兵团？

皇帝李儇下诏责备高骈，高骈也不含糊，绝不背锅，又把锅甩了回去："臣上奏遣返特遣兵团，批准的却是陛下。如今臣竭力保护淮南，安全没有问题。怕的是盗匪辗转北渡淮河，陛下最好紧急下令给东方各战区道，严密戒备。"

高骈潇洒地把锅甩给了皇帝，然后自己称病不出，不再派军出击。

王朝到了末年，朝廷控制力江河日下，皇帝李儇对高骈恨之入骨，却也无可奈何，只能紧急补救，下诏黄河以南各战区道派兵进驻溵水，泰宁节度使齐克让进驻汝州，防范黄巢北上。

数日后，再命淄州刺史曹全晸为天平军节度使，兼正东方面军副总指挥。

亡羊补牢，未为晚矣。

亡羊补牢，已经晚了。

新任天平节度使曹全晸尽显良将本色，以本部人马六千奋勇应敌，对面是黄巢号称十五万的大军。曹全晸左冲右突，杀伤颇多，无奈寡不敌众，只能退守泗州，等待援军。称病不出的高骈对曹全晸孤军不闻不问，曹全晸终究没能等来援军。黄巢军队继续攻击，曹全晸残军接战，六千兵马全军覆没，曹全晸战死于乱军之中。

倘使朝廷早日信任曹全晸，或许局面不至于不可收拾；

倘使高骈有曹全晸的一半忠心，或许黄巢早就覆没了。

李儇的亡羊补牢之举失败了一半，另一半呢？

感化战区特遣兵团三千余人前往溵水驻防，路过许昌，驻防许昌的是忠武节度使薛能，以前担任过感化战区节度使。感化战区士兵凶悍狂悖，恶名远播，沿途经过的地方，地方官员纷纷与之划清界限，能不接待就不接待。

薛能自认当过感化战区节度使，对这些士卒有恩德威信，足以驾驭，便接待了他们，让他们住进了忠武战区球场。

到了夜里，感化战区士兵鼓噪了起来，薛能登上子城，询问原因。感化战区士兵纷纷抱怨，供应缺失，条件太差，薛能安抚了许久，感化战区士兵才平静下来。

外来士兵平静了，许昌军民却不平静了，家门口来了这么一批不省心的外地兵，安全谁来保障？

消息传到了忠武战区大将周岌那里，周岌的心思动了。

周岌原本率忠武特遣兵团前往潒水驻防，还没有走太远，听闻感化战区士兵在许昌生事，周岌当晚率军折返，天刚亮时进城，袭击感化战区士兵，全部诛杀。

事情到了这一步，得有人对这次事件负责，周岌把锅甩到了节度使薛能身上，谁让你自作主张接待他们！

周岌率军将薛能驱逐出境，薛能只好带领全家逃亡襄阳。薛能以为就此躲过一劫，不料半路又被周岌派出的人马追上，全家被杀。

到此时，周岌亮出了自己的底牌——自称忠武候补节度使。

一个周岌，毁了两个特遣兵团，感化战区特遣兵团全军覆没，忠武战区特遣兵团全军回防许昌，剩下的特遣兵团呢？

泰宁节度使齐克让担心周岌杀红了眼，向自己发动袭击，便先下手为强，率军返回了自己的防区——兖州！

其余战区特遣兵团一看，得，大家都散了吧！

本应重兵把守的潒水居然门户大开，黄巢乐不可支，趁势渡过了淮河，挺进中原。

黄巢的棋局彻底活了，李唐王朝的路越走越窄。

原本，高骈有希望将黄巢彻底扑灭，却因为私心作祟，错失良机。在之后的岁月里，高骈得过且过，只顾自保。即便如此，高骈依然没得到善终，最终死于部将毕师铎之手。

误了王朝的人，终究也误了自己。

第二十六章　长安乱

战 潼 关

各地告急的战报不断传往长安，皇帝李儇彻底乱了阵脚。

汝、郑围堵军政总指挥官、泰宁节度使齐克让奏报说："黄巢自称天补大将军，发布文告，通告政府各军，声称'你们最好各守岗位，不要冒犯我的先锋！我就要进入东都洛阳，然后再到京师，我只想亲自审问罪犯，不关大家的事'。"

黄巢的公告很讲技巧，把自己起兵说成了跟皇帝的私人恩怨，让那些本就首鼠两端的藩镇有了作壁上观的借口，进而把长安直接暴露在黄巢的面前。

公元 880 年十一月十二日，李儇登延英殿，对着宰相，惶恐不安，流泪哭泣。这一年李儇十八岁，孩子终究还是个孩子。

面对危局，田令孜还在吹牛："请陛下准许我遴选左右神策军弓箭部队，前去守卫潼关，我愿充当总指挥军政围堵司令官。"

十八岁的李儇不再是三岁小孩，他明白田令孜在说大话，黯然道："禁卫将士不熟悉战场厮杀，恐怕没有用处。"

田令孜当然只是说说而已，他要说的话重点在后面："从前安禄山叛变，玄宗前往蜀中避难。"

宰相崔沆说道："安禄山只有五万人，跟黄巢不能相提并论。"

宰相豆卢瑑接过话头："哥舒翰有十五万大军，仍守不住潼关，现在黄巢大军有六十万，而潼关却没有哥舒翰的庞大军队。幸好田令孜为帝国着想，事先都有安排。三川节度使都是他的心腹，比起玄宗，现在可是早有准备。"

李儇的心如同坠入冰窖，两位当朝宰相，不为如何破解危局出谋划策，居然为避难蜀中早有准备而沾沾自喜，帝国还有希望吗？

李儇大不高兴，对田令孜说："你姑且替我派军驻守潼关。"

当天，田令孜推荐了三个人选，分别是左神策军马军将军张承范、右神策军步军将军王师会、左神策军兵马使赵珂。李儇将三人火线提拔，任命张承范为兵马先锋使、王师会为制置关塞粮料使、赵珂为句当塞栅使（处理关塞事务总监）。另外，李儇如田令孜所愿，任命其为总指挥暨军政征剿司令。

如此配置，能解危局吗？

先看看张承范率领的部队构成吧。

李儇下令从左右神策军弓箭部队遴选了二千八百人，交由张承范统领，开赴潼关前线。这二千八百人都是些什么人呢？多数是长安富有人家的子弟，通过贿赂宦官，把姓名登记到军籍簿上，然后领皇家赏赐，穿华服骑骏马，对外傲娇地自称神策军士兵。

如今战争一触即发，常年滥竽充数的公子哥们傻眼了，不会真的上战场吧？刀剑无眼啊。

生离死别之际，父子抱头痛哭，大脑高速运转，还是找到了破解危局的方法——花钱买命，李代桃僵。

多数公子哥花钱雇佣病患收容所里的穷人替自己出征，这些穷人颤颤巍巍，甚至拿不动兵器。

这样拼凑起来的二千八百人，能有多少战斗力呢？

此时洛阳已经陷落，汝郑围堵军政总指挥官齐克让率领一万残军驻扎在潼关城外，张承范则带领二千八百人的"生力军"前往增援，而黄巢的部众据称有几十万！

张承范当面奏报道："现在派我率两千余人进驻潼关，却没有听说怎么发给粮饷，竟想用这些人阻挡盗匪，我暗中感到寒心，但愿陛下督促各战区道早派精锐部队前来增援。"

李儇安慰道："你只管出发，援军随后就到。"

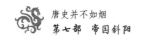

李俨的话只是一句空话，张承范出发后，再也没有得到一兵一卒的增援，甚至给养也是在路上自己解决。张承范路过华州时，华州几乎成了空城，万幸在粮仓里发现了一千余斛谷米，士卒们这才有了能吃三天的粮食。

十二月一日，张承范抵达潼关，马上加强防务，严峻的问题摆在面前，无论是齐克让的部队，还是张承范的部队，都断粮了。

黄巢部队抵达潼关城外，齐克让部队接战，黄巢部队进攻受挫，稍稍后退。过了一会儿，黄巢部队爆发出山呼海啸的欢呼声，原来黄巢亲自到了潼关前线！

从中午12时到下午6时，战斗持续了六个小时。齐克让的部队饥饿难忍，瞬间崩溃，四散逃命而去，齐克让率少量残部退入潼关城。

如今潼关城只剩下张承范这两千多人！

张承范清理了一下军中物资，把所有物资和粮食都散发给了士兵，然后派使节送奏章向皇帝告急："臣离京六日，士兵未见增加一人，赏赐及粮饷不见踪影。抵达潼关当天，庞大的盗匪兵团也抵达潼关，我军以两千余人抵抗六十万人。关外友军因饥饿难忍，瞬间崩溃。我有失职守，即令受炉锅烹杀，也能甘心，但朝廷谋臣，颜面又何在？有人说陛下已考虑前往西方视察（暗指李俨将逃亡巴蜀），殊不知御驾一动，上下立刻瓦解。臣冒死进言，请陛下与最亲密的官员再作深入讨论，万不可轻率行动，而应急速征调各军，增援潼关，则高祖、太宗的大业还能保持！使黄巢继安禄山之后灭亡，我则比哥舒翰更能光荣殉国。"

临危受命的张承范说出了肺腑之言，可惜皇帝李俨听不进去。

十二月二日，黄巢军队猛烈进攻潼关，张承范全力抗击，从凌晨4时一直抵抗到下午4时，潼关守军的箭用光了，只能用石头替代。

黄巢军队抓住机会，驱赶一千余名村民运土，不一会儿的工夫，填平了潼关城外的壕沟，大军越过壕沟，挺进到潼关城墙下。

夜晚，黄巢军纵火焚烧潼关城楼，全部化为灰烬。

十二月三日，黄巢军总攻开始，夹攻潼关，守关军队崩溃，张承范换穿平民衣服，带领残余部队逃离战场，另外一个火线提拔的将领王师会则没有那么好的运气，被困于乱军之中，自杀身亡。

张承范率残军走到野狐泉，奉天两千援兵赶到了。张承范欲哭无泪，叹息连连："你们来晚了！"

潼关失守，门户大开，长安已无险可守。

长 安 易 主

十二月四日，李儇下诏：任命黄巢为天平节度使。这道诏书就是一个冷笑话。若数月前下诏，或许还能换来短暂和平，如今，潼关陷落，再下诏任命黄巢为天平节度使，李儇，你是负责搞笑的吗？

十二月五日，李儇任命了两名新宰相，贬斥了一位老宰相，被贬的是卢携，他是被田令孜甩出来背锅的。

田令孜听闻黄巢已经攻入潼关，担心皇帝李儇怪罪自己，便把所有责任都推到了卢携身上，都怪卢携当年保荐高骈，结果贻误战机，都怪卢携不肯授予黄巢节度使职位，结果黄巢打过了潼关。

卢携百口难辩，也罢，锅背着吧。当晚，卢携服毒自尽。

朝会结束后，可怕的消息传了过来，黄巢军队已经进入长安了。

没有比这更可怕的消息了。

田令孜不敢怠慢，赶忙率领五百神策军保护李儇从金光门逃出，随行的只有四位亲王和几位嫔妃，其他文官浑然不知皇帝的去向。

李儇骑在马上，惊慌失措，日夜不停，疲于奔命。

长安被李儇抛到了身后，无限江山，别时容易见时难。

来不及逃走的士卒和长安城内不安分的百姓看到了机会，趁着混乱，争先恐后地闯进了国库，百年一遇的机会啊，能抢点就抢点。

从清晨开始，长安已乱。到中午时分，黄巢军队才真的进了长安城。

"识时务"的左金吾将军张直方（原卢龙节度使张仲武之子）率文武官员数十人前往灞上迎接黄巢。

历来朝代鼎革之际，总有这样"识时务"的人。

不过人总是复杂的，张直方虽然在迎接黄巢方面表现得很积极，但他跟黄巢并不是一条心。之后，他收留大臣豆卢瑑、崔沆、于琮等数百人，又与凤翔节度使郑畋暗通消息，事泄，被诛三族。

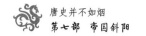

这一天是黄巢人生的高光时刻，他乘坐黄金装饰的双人小轿向长安城进发，卫士们身穿锦服，手拿武器，紧紧跟随，全副武装的铁甲骑兵多如流水，辎重车辆塞满道路，绵绵不绝。

长安百姓聚集在道路两旁观看，黄巢手下重将在所经过的地方向百姓宣示："黄王兴起义军，只是为了百姓，不像李唐皇帝，不爱护你们。诸位尽管安居乐业，不必害怕。"

观其言，察其行，别看广告，重点看疗效。

起初几天，黄巢部众秋毫无犯，看到贫苦百姓，往往还给予施舍。几天后，原形毕露，大肆劫掠，纵火焚烧，随意杀人，黄巢也无法彻底禁止！

历史那般波澜壮阔，波澜壮阔下隐藏着每个人的百味人生。

如今黄巢进城，李儇出城，二人都在与时间赛跑。

李儇逃亡奔向骆谷，接下来将落脚兴元，接下来去往成都。

被李儇抛弃在长安城的皇族则坠入万劫不复的深渊，黄巢下令，全部清除，一个不留，甚至婴儿！

十二月十三日，黄巢在含元殿登基称帝，国号为大齐，年号金统，封妻子为皇后，命尚让为太尉兼中书令，赵璋兼侍中。黄巢下诏，原唐朝四品及以下官员原地不动，照常上班，三品以上官员就地停职。

黄巢以为就此开天辟地、改朝换代，事实证明，他把问题想简单了，他得到的仅仅是一个长安城，而不是天下。

即便在长安，黄巢也没有得到民众的真正支持。

仅仅几个月后，长安爆发了一场文字灾难。

有人在尚书省大门题诗，讽刺政府官员，过路的人指指点点，不时爆发出哄笑声。太尉尚让大怒，先把怒气撒到了大门守卫以及尚书省官员身上，竟然全部挖出眼珠，脚朝上头朝下，倒吊在那里。然后全城大搜捕，凡是城中能写诗的知识分子一律诛杀，这场搜捕，诛杀了三千余人。

尚让还不解气，又搜捕识字的市民，全部罚做卑贱差役。

这样庚气十足的政府，永远不会得到民众的支持，这样匪气十足的统治，从一开始就埋下了失败的伏笔。

长 安 劫

黄巢所处的长安城，越来越像一个牢笼，周边围绕的是唐王朝各地前来的勤王部队，对黄巢虎视眈眈。

凤翔节度使郑畋受命出任京城四面诸军行营都统，负责指挥各地勤王部队。郑畋推荐泾原节度使程宗楚为副都统，前朔方节度使唐弘夫为行军司马，诸将协力，讨伐黄巢。

黄巢没有把郑畋放在眼里，太尉尚让也没有把天下勤王的部队放在眼里，五万大军浩浩荡荡从长安出发，进攻凤翔。

尚让以为郑畋只是一个不懂军事的文人，这一次，他想错了。

郑畋命唐弘夫在险要处埋伏，自己率数千人，引诱尚让进攻。尚让五万大军在战鼓声中缓缓前进，不成队形，走到龙尾陂时，唐军伏兵齐出，杀得齐军大败，斩首两万余人。

这场大败让黄巢心惊胆寒，眼看天下勤王部队即将完成对长安合围，黄巢不敢久留，决定放弃长安。

公元 881 年四月五日，黄巢放弃长安，向东撤退，京城四面诸军行营副都统程宗楚首先发动攻击，从延秋门进城，行军司马唐弘夫的部队随后而至，义武节度使王处存也率领精兵五千趁夜进入长安。

形势本来朝着有利于唐军的方向发展，关键时刻，程宗楚起了贪功之心，身为副都统，他居然没有通知其余勤王部队进城，他不想论功行赏的人太多！

长安百姓喜迎王师归来，纷纷响应，争相出来迎接，有的用瓦片攻击尚未退出长安的齐军士兵，有的从地上收拢齐军射出的箭送给唐军使用。

长安百姓万万没想到的是，进城的唐军士兵并没有忙于四处驻防，安定百姓，他们居然把手伸向了长安百姓，四处劫掠，私闯民宅，大肆搜刮长安城中的金银绸缎布匹甚至妇女！

长安百姓彻底懵了，来的到底是兵还是匪啊？

程宗楚高兴得太早了，他压根儿没有注意到黄巢并没有走远，就在灞上露天扎营。

黄巢扎营灞上做了两手准备，如果唐军控制住了长安城，他便继续引军东去，寻找下一个安身之所，如果唐军控制不住长安城，那就有机会了。

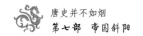

得到探马消息，黄巢决定杀一个回马枪，再回长安城。

黄巢部众从长安各门杀进长安城，正在纵兵抢劫的程宗楚、唐弘夫猝不及防，仓促迎战，程宗楚、唐弘夫双双被杀，抢劫收获颇丰的唐军士兵负重太多，无法跑动，纷纷倒在血泊之中。

激战过后，唐军折损百分之九十以上，义武节度使王处存集合残兵，狼狈回营。

四月十日，黄巢再进长安，鉴于长安市民之前纷纷帮助唐军，他要给长安市民一个永远忘不了的教训。

黄巢部众四出屠杀，被屠市民的鲜血汇成了小河，称为"洗城"。

黄巢注定当不了长安之主，长安百姓永远无法与之和解。

第二十七章 尘埃落定

狼 虎 谷

再回长安，黄巢面临的依然是困局。

经过一年的准备和调度，唐军从四面八方向长安周边集结，长安以北、以西都有唐军驻扎，交通被切断；长安以南是秦岭，无法逾越，留给黄巢的只有向东一条通道。

黄巢的势力开始萎缩，实际控制范围不过长安城外加同州和华州两州。地盘萎缩的同时，粮草日益吃紧，长安城内一斗米售价高达三十贯。

同州防御使朱温跟随黄巢起兵，多年来屡立战功，本想跟着黄巢过好日子，不成想日子越过越苦。

朱温正面与河中节度使王重荣遭遇，战事吃紧，然而屡次向黄巢告急，奏章都被左军使（左最高统帅）孟楷压了下来，朱温望穿秋水，不见援兵。

朱温心寒了，也看穿了，如今黄巢实力日益萎缩，长久不了，该为自己的下一步早作打算了。

亲信将领趁机劝朱温向唐投降，朱温思考了几天，同意了。

公元882年九月十七日，朱温诛杀监军宦官严实，举全州向河中节度使王重荣投降。朱温的母亲姓王，以这个由头，朱温称王重荣为舅父。能在乱世混得风生水起，朱温还是有两把刷子的。

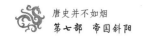
王重荣将朱温投降的消息写成奏章，快马送往成都，皇帝李儇阅后，大喜过望，把朱温当成上天赐予自己的礼物，李儇任命朱温为左金吾大将军、河中行营招讨副使，并赐名朱全忠。

他并不知道，二十余年后，灭亡唐朝的正是他亲自赐名的朱全忠。

投降也是可以传染的。

投降后的朱温受到朝廷诸多礼遇，这让驻守华州的华州刺史李详羡慕不已。都是给黄巢扛活的老伙计，既然朱温能投降唐朝享受礼遇，我李详为什么不能？

李详没有朱温幸运，投降的念头刚发芽，就被监军宦官检举告发了。

黄巢不敢迟疑，立斩李详，任命自己的弟弟黄思邺为华州刺史。

形势向着有利于唐军的方向发展，但一时半会还是扑灭不了黄巢。围困长安的勤王部队总体实力在黄巢之上，但论单支部队的作战能力，都不是黄巢对手。大家都担心自己受损失，都不敢主动出击，双方就这样一直僵持着。

河中节度使王重荣忧心忡忡，求计于特遣兵团监军宦官杨复光，该如何打破僵局呢？

杨复光的养父杨玄价与李克用的父亲李国昌有过交往，关系甚笃，有了这层关系，杨复光与李克用也有交情，关键时刻，杨复光隆重推荐了李克用。

李国昌、李克用父子出自沙陀部落，率领沙陀部落投降唐朝，被赐姓李。蜜月期过后，父子二人想多占地盘，与朝廷产生龃龉，从此双方互相猜忌。

眼下朝廷正是用人之际，杨复光想用这个机会让李克用与朝廷和解，只要李克用率领沙陀兵勤王，唐军与黄巢的均势就能打破。

杨复光的建议得到了朝廷认可，李克用遂率沙陀军四万进抵河中，黄巢的苦日子要更苦了。

黄巢知道李克用来者不善，黄巢的士兵也知道沙陀兵难缠，纷纷提醒："乌鸦兵来了，还是躲着点吧。"（李克用的士兵穿着黑色军服，被称为乌鸦兵）

黄巢想拉拢李克用，派出使节给李克用送礼求和，李克用脸皮够厚，礼收下，使节送回，但该打还得打。

公元883年二月十五日，李克用率军抵达乾阬，与河中、义武、忠武各战区特遣兵团会师。

黄巢属下太尉尚让率军十五万驻扎梁田陂，准备与李克用决一死战。

第二天，会战开始，双方数十万大军缠斗在一起，从中午打到了傍晚。有了李克用的沙陀兵助阵，唐军战斗力得以提升，到傍晚时分，胜负已定，唐军大胜，齐军大败，被俘及被杀数万人，尸横三十里。

这一战让黄巢伤了元气，更加雪上加霜的是，长安又断粮了。

长安待不下去了，黄巢暗自筹备，计划退出长安。

李克用得胜不饶人，步步紧逼，步兵进逼渭桥，骑兵驻扎渭水之北，尤其欺负人的是，每晚派兵潜入长安，纵火焚烧草料和粮食，长安城每晚都有一处火光冲天，那是李克用送给黄巢的礼物。

四月五日，李克用等军从光泰门攻入长安，黄巢抵挡不住，纵火焚烧皇宫，逃出长安城。齐军士兵或战死，或投降，伤亡惨重。作为王者之师的唐军，奸淫烧杀，大肆劫掠，与齐军行径并无分别。

长安，命运多舛。

时隔两年四个月，长安城终于回到唐军手中，若论战功，李克用当之无愧功高第一。这一年李克用二十八岁，因为一只眼睛比另一只眼睛小，人送外号：独眼龙。

皇帝李儇没有亏待李克用，之前任命李克用为雁门节度使，立下头功之后，李儇赏赐升级，升任李克用为河东节度使，这可是李克用梦寐以求的职务，现在终于得到了。

从这时起，李克用成为一个可以影响时局的风云人物。

退出长安的黄巢部众向东转移，左最高统帅孟楷率军一万攻打蔡州，驻防的奉国节度使秦宗权迎战，被孟楷打得大败。秦宗权退守州城，经不住孟楷的猛攻，便打开城门投降，向黄巢称臣，掉转枪头向唐军作战。

黄巢以为还会像以往一样席卷附近的州城，没想到，在蔡州邻近的陈州（今河南省淮阳县）城下，黄巢遭遇了一生中最难打的一仗，这一仗打了将近三百天。

陈州刺史赵犨是一个有大局观的人，早在黄巢还盘踞长安时，赵犨便断定，如果黄巢不死在长安，就一定会向东逃窜，而陈州首当其冲。

赵犨提前挖好了壕沟，加固了城墙，磨利了武器，积蓄了草料粮食。在陈州城外，赵犨实行坚壁清野，六十里以内，稍有余粮的人家全部强行

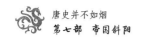

迁往城内居住。

左最高统帅孟楷收降秦宗权后，进驻项城，准备一鼓作气攻下陈州。

陈州城下，赵犨先故意示弱，待孟楷稍有松懈，事先埋伏好的兵马齐出，孟楷猝不及防，溃不成军，本人也被生擒，后被斩首。

孟楷的死震动了黄巢，黄巢率领全部兵马进驻与陈州相隔不远的溵水。

六月，黄巢与秦宗权联军合围陈州，四面八方猛烈攻城。城内的赵犨沉着冷静，不仅防守，还主动开城门出击，每次出击都能把齐军击破。

黄巢被深深激怒了，他决定不走了，一定要拿下陈州，一雪前耻。

这个决定是黄巢一生中做的最错误的决定，这个决定注定了黄巢的大败局。

陈州城外的黄巢建立了营寨，修筑了宫殿，设立政府机关，做长期经营的打算。然而这只是黄巢的一厢情愿，陈州城外民生凋敝，残存的百姓家中根本没有余粮。

黄巢想出了一个惨无人道的办法——掠夺农民充当粮食，把人投入特制的大号石臼中捣碎或磨碎，然后当成军粮发放下去。

如此惨无人道，焉能不败！

陈州城下，黄巢联军围困了近三百天，大小战斗数百次，然而城内军民越发齐心，城防依然坚固。

小小的陈州城让黄巢困顿了三百天，也为唐朝各路特遣部队会师赢得了宝贵时间。

河东节度使李克用率本部兵马与忠武、宣武等战区特遣部队在陈州城外会师，留给黄巢的时间不多了。

公元884年四月三日，唐军开始进攻，接连攻克太康和西华。黄巢得到消息，这才意识到陈州这一仗不能打了，再打下去就会陷入蜂拥而至的唐军的包围圈。黄巢引兵撤到故阳里（今河南省淮阳县北），被围困达三百天之久的陈州终于解围。

从此时，黄巢走上了下坡路，在下坡路上越走越快。

五月三日，天降大雨，平地积水三尺，黄巢的营寨全部被大水冲走，真真是上无片瓦，下无立锥之地。

可怕的传言在军中蔓延，言之凿凿——李克用的沙陀兵马上就到。

黄巢挥军直扑汴州，想要夺取汴州作为自己的喘息之地。

若在以往，夺下一个城池对黄巢而言易如反掌，现在不行了，宣武节度使朱全忠得到消息已经急行军回防，同时派出信使向李克用紧急求援。

五月六日，李克用从许州出发，追赶黄巢。

五月八日，李克用在中牟北王满渡追上了黄巢。

别看李克用是沙陀人，却也是熟读兵法。

李克用早不进攻，晚不进攻，就等黄巢军队渡河渡到一半时，李克用部队发起猛烈攻击，这一次，黄巢军队彻底崩溃，被杀一万余人，剩下的四散而去，各自逃命。

黄巢最为倚重的太尉尚让率部向感化节度使时溥投降，其余一部分将领则率部向朱全忠投降。

黄巢无暇他顾，率领残部绕过汴州，向北逃亡。

李克用紧追不舍，五月九日，在封丘追上，又一次击破黄巢。

五月十日夜，又是天降大雨，黄巢部众惊慌失措，继续向东逃亡。李克用依然穷追不舍，在后面追杀。

黄巢收拢残兵败将，只剩下不到一千人。黄巢叹息几声，向东逃奔兖州。

五月十一日，李克用追到了冤句，这里是黄巢的老家。

李克用回望自己的骑兵部队，能跟上来的只有几百人，日夜马不停蹄奔走了两百余里，人困马乏，粮秣用尽。李克用决定，还是先回汴州，补充一下给养，再上路追赶。

这个决定，让李克用错失了生擒黄巢的机会，也让自己险些命丧朱全忠之手。

五月十四日，李克用抵达汴州，率军在城外扎营。宣武节度使朱全忠十分热情地邀请李克用进城，宾主把酒言欢，说了很多肝胆相照的话。

几杯酒下肚，李克用的酒劲上来了，发起了酒疯，对朱全忠多有言语上的冒犯。朱全忠忍不下这口恶气，暗起杀机。

关于这段记录，我将信将疑，以朱全忠的品性和眼光，恐怕李克用发不发酒疯都会凶多吉少。

身处烽火连天的末代王朝，朱全忠恐怕早已暗藏称霸天下的野心，在他的视野之内，李克用是一个不可小视的人物。如果能在自己的地盘上提前将李克

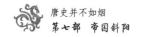
用除掉，朱全忠求之不得。

当晚，李克用酩酊大醉，下榻汴州城内宾馆昏昏睡去。

朱全忠派出兵马，包围李克用所住宾馆，发动猛攻。李克用的数十位亲兵拼死护卫李克用，登上汴州城南门，用绳索将李克用缒下城墙，这才勉强逃出一命。跟随李克用进城的其余三百余人则没有逃脱，全部被朱全忠部下屠杀。

这场较量，朱全忠大获全胜，却也折损了一员大将杨彦洪。

正是杨彦洪与朱全忠定计，趁夜包围宾馆除掉李克用。定完大计后，杨彦洪特别强调："沙陀兵遇到紧急情况，一定会跨马奔驰，只要看到有人骑马，立刻射箭！"

当天夜晚，恰巧杨彦洪骑马经过朱全忠面前，朱全忠抬手一箭，将杨彦洪射死！

巧合？

回到大营的李克用盛怒之下准备率兵攻打朱全忠，却被妻子刘氏拦住了，刘氏说出了自己的理由，没有天子命令，擅自调兵攻打朱全忠，天下人如何能辨别其中的是非曲直？

李克用强忍住愤怒，给朱全忠写了一封信，声讨朱全忠的背信弃义。

接信后的朱全忠十分重视，连忙回信："前夜的兵变，事先我根本不知道。后来才知道是朝廷使节和杨彦洪的阴谋，现在杨彦洪已经被处死，只有请您多多原谅了！"

狡诈如朱全忠，无耻如朱全忠，将一切责任推给被他一箭射死的杨彦洪，高，实在是高！

自此，李克用与朱全忠成了一生的死敌，再无和解的一天。

回过头再说黄巢的结局。

六月十五日，感化战区将领李师悦会同降将尚让，追击到了瑕丘（今山东省兖州市），黄巢以下士兵几乎全被消灭，黄巢带领妻儿以及外甥林言进入了狼虎谷（今山东省莱芜市西南）。

六月十七日，外甥林言痛下杀手，斩杀黄巢以及黄巢的妻儿，砍下黄巢等人的人头准备当成投名状，向感化节度使时溥投降。

走到半路，林言遇到了沙陀军和博野兵团，对方顿时眼前一亮，夺走了黄巢等人的人头，顺手将林言斩杀，连同林言的人头，一并呈献感化节度使时溥。

投降时溥的太尉尚让从此在史书中消失，通过细枝末节推演，尚让很有可能被时溥卸磨杀驴，秘密诛杀。

至此，黄巢终于覆灭，从公元 875 年六月聚众起兵，到 884 年六月覆灭，前后九年，终点又回到起点。

路过的人，早已忘记，

经过的事，随风而去，

驿动的心，渐渐平息，

疲惫的他，谁与相依？

倒退九年，如果让黄巢重新选择，他会选择揭竿而起，还是继续贩卖私盐呢？

人生如果如遥控器一般，有退格键该有多好！

庙号僖宗

公元 885 年三月十二日，皇帝李儇终于回到长安。

眼前的长安已经有了野生动物园的模样，城中满是荆棘野草，狐狸和野兔时不时在野草中快乐地奔跑。

李儇大不高兴，不是说已经做了修缮吗？就修成了这个样子？

不高兴的事还在后头。

此时朝廷号令能到达的地方已经少得可怜，只有河西、山南、剑南、岭南数十个州而已，这就是朝廷可以依仗的全部地盘，与鼎盛时期再已无法相提并论。

仅存的可怜的家底，接下来还在瞎折腾。

权力宦官田令孜为了供养直属部队，计划从河中节度使王重荣手中夺取安邑、解县两地盐池，王重荣坚决不肯，双方发生矛盾。

盐池本为朝廷所有，黄巢攻进长安后，王重荣趁乱将盐池专款截留，每年只向朝廷贡献三千车盐了事。

田令孜要动盐池这块奶酪，王重荣自然不肯。

双方互相指责，你来我往，摩拳擦掌，只差动手。

原本李克用没有参与这场争夺，他的目标是向朱全忠复仇。王重荣还是把李克用拉了进来，王重荣建议李克用，先扫除君王身边的奸佞，再扫除朱全忠也比较容易。

李克用本来也对朝廷憋了一肚子气，在他和朱全忠的问题上一味和稀泥，根本不主持公道。

再者，如今田令孜依仗的邠宁节度使朱玫、凤翔节度使李昌符都在暗中支持朱全忠，李克用下定决心与王重荣联手。

不知死活的田令孜以李儇的名义下令，命朱玫、李昌符会同神策军、延、灵等诸镇军队共三万人，讨伐王重荣。

双方在同州对峙一月有余，接到求援的李克用率军抵达，加入会战。

这场大战以朱玫和李昌符大败结束，两人各自逃回本战区，溃散的士兵沿途烧杀劫掠，无恶不作。

对朝廷不满的李克用趁势率军逼近长安，摆出要和朝廷算账的架势。

长安城中，吓破了胆的田令孜再次裹胁李儇出逃，长安城再遭劫难。

劫掠长安的并不是李克用的部队，而是溃散的邠宁和凤翔战区士兵，经此一难，长安城几乎成了遗址公园。

李克用呢，没有进入长安城，而是率军退回了河中。

李儇再回长安，已是 888 年二月。

这时的李儇已经患病，生命进入倒计时。

三月一日，日全食。三月六日，李儇在灵符殿去世，享年二十六岁，终于走完了提心吊胆的一生。

寿王李杰改名李敏，以皇太弟身份继位，是为昭宗。

九个月后，皇帝李敏将兄长李儇安葬于靖陵，谥号惠圣恭定孝皇帝，庙号僖宗。

小心畏忌曰僖；质渊受谏曰僖；有罚而还曰僖；刚克曰僖；有过曰僖；慈惠爱亲曰僖；小心恭慎曰僖；乐闻善言曰僖；恭慎无过曰僖。

混吃等死无所建树，但也没有大错的君王一般就是这个谥号。

混了一辈子，混了个"僖"，李儇，惊不惊喜，意不意外？

大 混 战

继位的皇帝李敏没有力挽狂澜的能力，恰恰相反，还把手里仅剩的几张牌一一打丢了。

李敏继承了父兄改名的传统，改名为李晔。

名字改了，国运却改不过来了。

为了铲除田令孜、陈敬瑄兄弟，李晔向西川用兵，从结果来看，达到了目的，横行多年的田令孜和陈敬瑄兄弟一一伏法，李晔总算为兄长、为自己也为受田令孜欺压的人出了口恶气。

然而，在铲除田令孜的过程中，王建悄然崛起，派兵封锁剑阁，切断与唐朝联系，逐步吞并三川，为自己打下了基业。王建后来建国，国号为蜀，史称前蜀。

李晔打丢了三川这张牌，接着打丢了神策军这张牌。

在好战宰相张濬的鼓动下，李晔决心重振神策军，在长安募兵十万。如果李晔真的有雄才大略，这十万人就是唐王朝改变国运的机会。

可惜，募集来的十万人，没有经过多少训练，就被张濬带上了战场。

张濬因为李克用看不起自己，便力主向李克用用兵，纸上谈兵的张濬遇上老于兵事的李克用，结果是显而易见的。

张濬惨败，神策军几乎全军覆没。

从此，李晔的朝廷再也不被各路节度使放在眼里，在手握重兵的节度使眼里，此时的朝廷已是纸老虎。

苦命的李晔日子过得战战兢兢、颠沛流离，最后甚至沦为了节度使手中的人质，被大宦官胁迫逃出长安，困在凤翔城。

公元903年正月二十二日，李晔走出凤翔城，进入朱全忠大营，朱全忠跪下磕头，前额触地，痛哭流涕，极尽臣属的礼仪。

明明是乱臣贼子，表现得却像爱国忠臣，一等一的好演员。

一年后的八月十一日，为防止李晔落到其他人之手对自己不利，朱全忠痛下杀手，将李晔杀害于洛阳寝宫。

从公元888年继位，到904年被杀，李晔走完了这段坎坷的人生路。

李晔身后，他的儿子李柷被朱全忠立为皇帝，这是唐朝最后一个皇帝，留

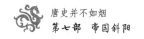
给唐朝的时间只剩下了四年。

孤寂的背影

酒，毒酒！

月，冷月！

公元908年二月二十二日，唐朝最后一个皇帝李柷走到了人生的十字街头，他知道这一天早晚会来，只是没有想到来得这么快。

屈指算来，也就是一年前，李柷接到了权臣朱温的明示：小李，该禅让皇位了。

"禅让"，看似崇高的词语，此时却变得俗不可耐，从北周到隋，从隋到唐，从唐再到朱温的后梁，每一次权力的交替都以"禅让"为名，一切看上去很美，一切又看上去那么俗，因为谁都知道，所谓"禅让"就是虚张声势的一个名词，权力交替哪次不是赤裸裸的抢夺，所谓"禅让"就是皇帝的新装。

于李柷而言，这个皇帝当又何喜，不当又何忧，原本他就不想当，在他父亲李晔的末期，唐王朝已经到了终点，父亲和自己都不过是朱温手里的稻草人，除了煞有介事地以天子之名吓唬一下藩镇，剩下的作用估计就是恐吓一下麻雀了。

父亲李晔已经死于朱温之手，自己这个皇帝则是比父亲还要傀儡的傀儡，尽管在自己手上唐王朝又延续了三年，然而这三年何尝不是行尸走肉的三年。

有的人死了，但他还活着；

有的人活着，但他已经死了。

唐王朝在李柷手上何尝不是一个活死人。

李柷知道，朱温迟早要动手，唯一区别的只是时间早晚。

接到朱温的指示之后，李柷马上下诏，禅让皇位，没想到居然还遭到了朱温的再三拒绝，此时的李柷只有一个权力，那就是不准朱温拒绝："强迫"朱温取代自己当皇帝。这是什么权力呢？这恐怕是最无可奈何的权力，也是最欲哭无泪的权力。

公元 907 年四月二十二日，朱温建立大梁，改名为朱晃（取日之精华），改年号为开平，从这一天开始，中国大历史中最辉煌的大唐王朝结束了，从 618 年开始的风云近三百年的王朝终结了。

一个风云数百年的朝代，总是以一群强者英武的雄姿开头，而打下最后一个句点的，却常常是一些文质彬彬的凄怨灵魂、孤魂野鬼，李柷正是那些孤魂野鬼的代表之一。

看着眼前的毒酒，李柷没有选择，他只能选择喝，尽管这个选择很难，但事已至此，他反而更加释然。

世上最可怕的不是死，而是等死，世上最可怕的不是死亡的结局，而是在惶惶不可终日之中不知道死亡的方式。

现在答案揭晓了，楼上那只始终悬着的靴子终于落了下来，心中那块忐忑不安的石头也终于落了地，而这杯毒酒也到了入肚为安的时候。

从北周到隋，从隋到唐，从唐到后梁，世事的变幻就是一杯毒酒。北周静帝宇文阐、隋朝恭帝杨侑、唐朝哀帝李柷，他们的结局都是一杯毒酒，他们的先祖们怎么也不会想到，他们绑架了皇位，而皇位也绑架了他们的子孙，他们骑到了皇位这只老虎身上，而他们的子孙最终还是要被这只老虎吞噬。

杯空，酒残，月冷，星稀。

一个孤寂的身影在月影中倒地，一个人的人生在无声无息中终结，一个王朝的辉煌以一杯残酒作为结束，从此历史翻过新的一页，从此唐朝已成背影，已是往事。尽管人不能改变很多东西，但时间会改变一切，时间会渐渐擦去唐朝的痕迹，直到那一切彻底成为历史。